Hoch wie der Himmel,
tief wie die Erde

Sylvia Wetzel

Hoch wie der Himmel, tief wie die Erde

Einsichten und Übungen zu Leben und Liebe, Beziehungen und Arbeit

Patmos Verlag

Wichtiger Hinweis:
Die in diesem Buch enthaltenen Informationen, Hinweise und Übungen wurden nach bestem Wissen der Autorin erstellt und sorgfältig geprüft. Sie ersetzen jedoch nicht den persönlich eingeholten (psycho-)therapeutischen Rat. Verlag und Autorin können für Irrtümer oder etwaige Schäden, die aus der Anwendung der dargestellten Informationen, Hinweise oder Übungen resultieren, keine Haftung übernehmen. Deren Nutzung bzw. Durchführung erfolgt auf eigene Verantwortung der Leserinnen und Leser.

MIX
Papier aus verantwortungsvollen Quellen
FSC
www.fsc.org
FSC® C083411

Klimaneutral
Druckprodukt
ClimatePartner.com/14549-2003-1001

Für die Verlagsgruppe Patmos ist Nachhaltigkeit ein wichtiger Maßstab ihres Handelns.
Wir achten daher auf den Einsatz umweltschonender Ressourcen und Materialien.

Bibliografische Information der Deutschen Nationalbibliothek
Die Deutsche Nationalbibliothek verzeichnet diese Publikation in der Deutschen Nationalbibliografie; detaillierte bibliografische Daten sind im Internet über http://dnb.d-nb.de abrufbar.

Verlagsgruppe Patmos in der Schwabenverlag AG, Ostfildern
www.patmos.de
Aktualisierte und erweiterte Neuausgabe des 2013 in 4. Aufl.
erschienenen Taschenbuchs *Hoch wie der Himmel, tief wie die Erde. Meditationen zu Liebe, Beziehungen und Arbeit* (1. Aufl. 1999)

Umschlaggestaltung: Finken & Bumiller, Stuttgart
Gestaltung, Satz und Repro: Schwabenverlag AG, Ostfildern
Druck: CPI books GmbH, Leck
Hergestellt in Deutschland
ISBN 978-3-8436-1369-9

Inhalt

Vorwort ... 7
Vorwort zur Neuausgabe 2022 ... 9

Teil 1: Ich und die Welt ... 11
1. Wurzeln und Flügel ... 13
2. Frei und geborgen ... 28
3. Individuum, Gesellschaft und Politik ... 35
4. Erwachsen werde und Erwachen ... 44

Teil 2: Beziehungen ... 53
5. Liebe und Anhaftung ... 55
6. Die Welt als Spiegel ... 65
7. Den inneren Reichtum entdecken ... 73
8. Vier heilsame Haltungen ... 84
9. Schmerzhafte Emotionen umwandeln ... 101
10. Ethisch handeln ... 115
11. Heilsames Reden ... 130

Teil 3: Arbeit ... 141
12. Was, wie und warum wir arbeiten ... 143
13. Achtsamkeit ... 151
14. Sammlung und Energie ... 162
15. Vertrauen und Einsicht ... 172
16. Fünf Hindernisse ... 182

Teil 4: Der buddhistische Weg in Glück und Leid ... 191
17. Leiden und seine Ursachen ... 193
18. Der achtfache Pfad ... 200
19. Üben – warum und wozu? ... 210
20. Die regelmäßige Übung ... 215

Zum Abschluss ... 228

Anhang

Überblick über die Übungen 231
Anmerkungen 237
Leseempfehlungen 245
Dank 249
Informationen zum Buddhismus 250
Entspannung, Meditation, Buddhismus mit Sylvia Wetzel 251
Ausführliches Inhaltsverzeichnis 255

Vorwort

Das Haus meiner Eltern – wir lebten in einer Großfamilie und betrieben eine Gastwirtschaft, in der ich schon sehr früh mitarbeitete – war kein Ort der Stille und Kontemplation. Und doch erinnere ich mich, wie ich als Kind immer wieder hinunter in den Getränkekeller ging, um über grundlegende Fragen nachzudenken. Einmal brütete ich über der Frage: »Was macht glücklicher: Lieben oder Geliebtwerden?« Nach tagelangem Ringen kam ich zu der Antwort: »Lieben macht glücklicher.«

Im Laufe der Jahre erkannte ich immer klarer, dass das Glück im eigenen Herzen liegt. Es dort zu suchen und zu finden ist heutzutage nötiger denn je, da viele äußere Sicherheiten weggebrochen sind, vor allem in den Bereichen Arbeit und Beziehungen. Diese zentralen Faktoren verändern sich so rasch und radikal, dass viele Menschen den Boden unter den Füßen verlieren.

Nach einem Blick auf unsere Vorstellungen über das Leben mit uns und anderen im ersten Kapitel beginnt das zweite Kapitel mit einem Blick auf Beziehungen und das Zusammenspiel von innen und außen. Danach möchte ich Sie einladen, sich nach innen zu wenden, um Ihren inneren Reichtum zu entdecken: Ihre grundlegende »Gutheit«, die im Buddhismus Buddha-Natur genannt wird. Sie macht inneres Wachstum erst möglich und offenbart sich als die Qualitäten von Offenheit, Klarheit und Feinfühligkeit.[1] Doch ohne Meditation verhindern Verlangen, Abwehr und Unwissenheit allzu oft, dass wir unsere Buddha-Natur spüren und in ihr ruhen.

Als Heilmittel für uns und unsere Beziehungen können wir Liebe, Freude, Mitgefühl und Gleichmut entwickeln, den Weisheitskern aus schmerzhaften Emotionen herausschälen und uns um ein ethisches Leben bemühen. Aber bitte verstehen Sie die vorgeschlagenen Richtlinien nicht als Vorschriften, als ein autoritäres Muss, sondern als ein Experimentierfeld, auf dem Sie Verhaltensweisen erkennen und ausprobieren können, um immer öfter das zu tun, was Sie und alle Beteiligten glücklich macht.

Im dritten Teil möchte ich Ihren Blick auf fünf Fähigkeiten lenken: Achtsamkeit, Sammlung und Energie, Vertrauen und Einsicht. Diese sind in jedem Menschen angelegt. Wir können sie ins Gleichgewicht bringen und zu Kräften entwickeln, so dass wir unsere Lebensenergie immer besser in freudigem Tun ausdrücken können. Das ist meine Definition von »guter Arbeit«. Mit eventuellen Hindernissen beschäftigt sich ein weiteres Kapitel.

Im letzten Teil stelle ich die wichtigsten Themen des Buches in einen explizit buddhistischen Zusammenhang, denn der Buddha war ein kluger Ratgeber. Er lehrte nicht, sich vom Leben abzuwenden, in süßer Ekstase zu schwelgen oder Schmerzen und Schwierigkeiten unter einen rosageblümten Teppich zu kehren, sondern sie klar zu erkennen und zu durchleben.

In diesem Teil finden Sie auch einige grundlegende buddhistische Übungen, die Sie durch Ihr Leben begleiten können, während viele andere der in diesem Buch vorgestellten Übungen der Klärung von bestimmten Situationen und Schwierigkeiten dienen. Sie müssen nicht alle machen. Spüren Sie einfach in sich hinein, was Sie anspricht.

Zur Unterstützung und Vertiefung können Sie auch ein Tagebuch führen. Dort ist Platz für Selbsterforschungen und Ihre Erfahrungen mit den Übungen. Sie können Entscheidungen und Veränderungen dokumentieren, malen und Zitate, Gedichte und Gedanken festhalten. Auf diese Weise gewinnen Sie mehr Klarheit über sich selbst und den Weg, den Sie gehen möchten.

Mögen Sie alles überlesen oder vergessen, was Ihnen schaden könnte. Mögen Sie offen sein für alles, was Ihnen guttut. Mögen Sie glücklich sein.

Vorwort zur Neuausgabe 2022

Anfang 1999 erschien die 1. Auflage dieses Buches im Theseus Verlag, Berlin. Kurze Zeit später, 2004, veröffentlichte dtv eine Taschenbuchausgabe, und 2010 erschien es wieder bei Theseus, inzwischen ein Teil des J. Kamphausen Verlags in Bielefeld. Ich bin der freien Autorin Karin Burschik immer noch sehr dankbar, dass sie mir 1998 vorschlug, den ersten Entwurf dieses Buches gründlich zu überarbeiten und mit einigen Auszügen aus meinen Vorträgen zu ergänzen. Sie kannte meinen zugänglichen Vortragsstil aus Kursen und fand meinen ersten Manuskriptentwurf etwas zu schwerfällig. Ihre Überarbeitung hat sehr zur leichten Lesbarkeit des Buches beigetragen.

2021 entschloss sich der Patmos Verlag auf meine Anfrage hin, eine erweiterte Neuausgabe dieses Übungsbuches herauszubringen. Für viele Menschen, die meine Vorträge und Kurse besucht haben und besuchen, war es zu einem fast zeitlosen treuen und hilfreichen Alltagsbegleiter geworden. Denn die heilsame Gestaltung von Liebe, Beziehungen und Arbeit ist zu allen Zeiten eine große Herausforderung, aber ganz besonders in der heutigen Umbruchzeit.

Der erste Teil des Buches wurde neu verfasst und enthält vier Kapitel, die die immer komplexer werdenden Beziehungen zwischen Individuum und Welt beleuchten. Menschen sehnen sich mehr denn je nach scheinbar Widersprüchlichem: Sie suchen nach Wurzeln und Flügeln, nach Geborgenheit und Freiheit. Viele wollen die Welt zu einem besseren Ort machen und lernen manchmal unter großen Schmerzen, wie schwer das ist. Auf diesem Weg müssen wir nämlich lernen, mit Menschen auszukommen, die sehr anders denken und fühlen, reden und handeln. Als Unterstützung dieser herausfordernden Aufgabe gibt es im ganzen Buch alltagsbezogene Überlegungen und Hinweise und viele Übungen, mit denen wir unser Leben mit seinen banalen und besonderen, seinen tragischen und erhabenen Momenten reflektieren können. Vielleicht wird es so möglich, die »normalen« Konflikte des Lebens besser auszuhalten und unsere Beziehungen in vielen kleinen Schritten zum Positiven zu verändern.

Das neue und vorletzte 19. Kapitel beleuchtet unterschiedliche Motive und Absichten, die uns in Alltag und Freizeit, in Arbeit und Muße, allein und mit anderen leiten, und es empfiehlt den Weg der »weisen Selbstsucht«: Ein Leben zum Wohle aller Wesen, den Bodhisattva-Weg.

Ich danke dem Patmos Verlag für den Mut zur Neuausgabe eines schon über zwanzig Jahre alten Buches und meiner Lektorin Dr. Christiane Neuen für die anregende Zusammenarbeit bei den neuen Kapiteln und für ihre klugen Fragen und Vorschläge zur Aktualisierung der ersten Fassung.

Möge dieses Buch dazu beitragen, das Vertrauen in sich selbst, in andere und ins Große Ganze zu wecken und zu fördern. Zum eigenen Wohl und dem aller. Mögen alle Wesen glücklich sein.

Ludwigsfelde im Sommer 2021
Sylvia Wetzel

Teil I

Ich und die Welt

1. Wurzeln und Flügel

Die Globalisierung und die mit ihr einhergehenden immer schnelleren Veränderungen in Wirtschaft und Politik, Gesellschaft und Kultur verunsichern viele Menschen. Der Soziologe Andreas Reckwitz spricht von der Spaltung der Gesellschaft in drei große Gruppen: Tonangebend in Medien und Kultur sei die kosmopolitisch orientierte neue Mittelschicht, die alte Mittelschicht fühle sich kulturell abgewertet, und die alte Arbeiterschicht zusammen mit dem neuen Prekariat im Dienstleistungssektor erlebt immer unsichere Arbeitsbedingungen. Die letzteren beiden Gruppen sehnten sich nach der guten alten Zeit, die es so nie gab, nach Homogenität und Sicherheit, und seien verführbar durch rechte und extremistische Parteien.

Diese Dreiteilung ist natürlich ein grober Holzschnitt, benennt aber Ansatzpunkte für politisches und gesellschaftliches Handeln. Das Bedürfnis nach Sicherheit und Orientierung ist legitim, kann aber besonders in Zeiten von Corona leider nicht so erfüllt werden, wie sich das verunsicherte Menschen wünschen. Für eine konstruktive und konkrete Politik braucht es Menschen mit Mut und Zuversicht, die unterschiedliche Perspektiven einnehmen können, sich selbst und andere realistisch einschätzen und respektvoll miteinander umgehen. Auch darum geht es in diesem Buch.

Die bis in die 1980er-Jahre einigermaßen stabilen sozialen Milieus lösen sich auf und in der Folge auch die alten Volksparteien. Unterschiedliche Vorstellungen von einem guten Leben machen es immer schwerer, sich mit anderen zu verständigen. Eine Konfliktlinie ist der behauptete Gegensatz zwischen Orientierung an Heimat auf der einen und Offenheit für die bunte weite Welt auf der anderen Seite. Die kosmopolitisch orientierte neue Mittelschicht fühle sich überall zu Hause und sehe Menschen, die eine Verbindung zu einer Region schätzen, als rückständig an. Umgekehrt hielten die heimatverbundenen Menschen die Kosmopoliten für vaterlandslose Gesellen.

Ich bin 1949 in einer badischen Kleinstadt mit knapp viertausend Einwohnern im Schwarzwald geboren und bis zum Abitur dort aufgewachsen. In einem traditionsbewussten stolzen Handelsstädtchen mit Stadtrecht seit 1260, einer ehemaligen Kreisstadt mit Finanzamt, Polizeistation und Kreiskrankenhaus, vielen Restaurants und Einzelhandelsgeschäften, mehreren Fabriken und einer Glashütte, mit Sportplatz, Schwimmbad und Campingplatz und einer großen Volks- und Realschule.

Auch wenn ich seit dem Abitur 1968 nicht mehr dort lebe, ist das eine meiner drei Heimaten neben Berlin und dem ländlichen Brandenburg seit Anfang der 1990er-Jahre. Ich denke mit Wertschätzung an meine buddhistischen Studien in Indien von 1977 bis 1979 und an viele Kurse und Seminare in Spanien von 1992 bis 2008. Ich kenne Europa recht gut, habe 1974 ein Semester im damaligen Leningrad, heute wieder St. Petersburg, studiert, besuchte 1975 und 1977 für jeweils drei Wochen China und kenne auch die USA von Besuchen und Tagungen. Ich habe die große weite Welt gesehen und bin doch sehr heimatverbunden. Ich liebe die seen- und waldreiche Landschaft in Brandenburg, das chaotische Berlin und seinen etwas schnodderigen Dialekt, aber auch den Schwarzwald und den badischen Dialekt, die süddeutsche Lebensart und natürlich die vielfältige badische Küche.

Halt in unsicheren Zeiten

Die Soziologie spricht von fünf traditionellen Säulen des Lebens, die dem Haus unseres Lebens Halt geben: Familie, Wohnort, Arbeitsplatz, Religion bzw. Kirchengemeinde und Gesundheit. Wenn eine oder zwei Säulen wanken, können uns die anderen drei oder vier Säulen halten. Wenn wie in den Zeiten von Corona mehr als drei Säulen wanken, wird das Leben schwierig. Die Moderne versprach Sicherheit und Fortschritt, und bis in die 1990er-Jahre war das für die Mehrheit der Menschen in Deutschland eine Tatsache. Etwa die Hälfte der Deutschen findet seit den Nuller-Jahren Religion unwichtig, die Scheidungsrate steigt, und nicht mehr alle fühlen sich eng mit der Herkunftsfamilie verbunden. Die Arbeitswelt fordert Flexibilität und Mobilität, und vermutlich in engem Zusammenhang damit stehen die drei großen Krankheiten unserer Zeit: Allergien, Schlafstörungen und Verdauungsprobleme. Sie gelten als Folge von Stress und Druck, die durch Unsicherheit und Angst verstärkt werden.

Was trägt und gibt Halt? Freundschaften werden immer wichtiger, und die Mitarbeit in Vereinen gibt immer noch rund der Hälfte der Jugendlichen und Erwachsenen Halt und Sinn. Menschen mit einem stabilen Beziehungsnetz sind häufig gesünder und scheinen sehr viel weniger anfällig für Ängste und Verzweiflung als Singles. Nach meiner Erfahrung mit sehr vielen unterschiedlichen Menschen brauchen wir mindestens drei unterschiedliche Gruppen mit Kontinuität, denen wir uns zugehörig fühlen, z. B. Angehörige und Nachbarinnen, Arbeitskollegen und Teams im Ehrenamt, sowie stabile Freundschaften.

Damit uns diese Beziehungen auch in schweren Zeiten tragen, müssen wir sie in guten Zeiten pflegen. Wir begegnen in solchen Gruppen meist sehr unterschiedlichen Menschen und das fördert Offenheit, Toleranz und Anpassungsfähigkeit. Das schmeckt nicht allen, vor allem nicht denjenigen Menschen, die vor allem ihre Besonderheit »authentisch« leben und ausleben wollen und sich daher am liebsten nur mit Gleichgesinnten umgeben. Der regelmäßige Kontakt mit ein paar Menschen, die anders denken, fühlen und handeln als wir selbst lohnt sich aber, denn wir brauchen das als Herausforderung. In einem Satz: Wir brauchen andere, auch unterschiedliche Menschen, wie die Luft zum Atmen.

Heilige Orte, Zeiten und Worte

Wir Menschen haben überall auf der Welt im Laufe unserer Kultur- und Religionsgeschichte drei Elemente oder Faktoren entdeckt, die uns helfen, die starke und sinnvolle Ausrichtung auf den Alltag und seine Anforderungen immer wieder einmal loszulassen: heilige Orte, Zeiten und Liturgien. Von Stammeskulturen bis zu den Hochreligionen finden wir *heilige Orte*: Lichtungen, Haine und Bäume, Steinkreise und Tempel, Kirchen und Moscheen und vieles mehr. Es gibt *heilige Feste*, die uns durch das Jahr begleiten, zum Gedenken an Göttinnen und Götter, Propheten und Heilige, an wichtige Ereignisse und große Menschen, und schließlich überall auch *heilige Schriften* und *Gebete*, *Liturgien* und *Gesänge*.

Der Ethnologe Mircea Eliade hält diese drei Elemente für eine erprobte und einfache Art und Weise, individuell und vor allem gemeinsam in einer Gruppe das *lineare* Denken in Raum, Zeit und Worten zu transzendieren. Wenn wir unsere alltäglichen Zwecke und Ziele und das ganze Nützlichkeitsdenken für Momente vergessen, entlastet uns das für diese Zeit von der Verantwortung für das immer auch beschwerliche Leben, das unablässig Forderungen stellt und uns immer wieder herausfordert. Wir brauchen nicht nur Menschen wie die Luft zum Atmen, sondern auch besondere Orte, Zeiten und Worte. Wir brauchen nicht nur Arbeit und Beziehungen, sondern auch Feste, Feiern und Überfluss.

Heimat, Feste und Lieder

Menschen, die eine vertraute Religion aktiv ausüben oder damit aufgewachsen sind, kennen besondere Orte, Feste und Lieder. Vielleicht geben uns die Erfahrungen der *Verbundenheit* mit einer bestimmten *Landschaft*, von *Heimat*, von vertrauten *Festen* im Jahreslauf und von *Liedern*, die wir seit Kindheit und Jugend kennen, ein Stück Boden, der auch in schweren Zeiten trägt. Auch die Stammkneipe und das Lieblingsrestaurant, vertraute Urlaubsorte und das Off-Kino um die Ecke stabilisieren uns, genauso wie bestimmte Festtagsrituale zu Geburtstagen, das vertraute Weihnachtsessen und Silvesterbräuche. Und dann gibt es natürlich die Musik, mit der wir aufgewachsen sind, die wir mit dreizehn, vierzehn oder Anfang zwanzig geliebt haben und die wir jetzt vielleicht wieder neu entdecken. Vertraute Orte, Feste und Musik können heilen und trösten. Wir brauchen sie zum Leben, und sie tragen vor allem dann, wenn wir sie mit anderen Menschen schon lange teilen können.

Spielen, Stimmigkeit, Schönheit und die Gesetze des Lebens

Leben ist komplex, oft unvorhersehbar und anstrengend, aber auch spannend und immer wieder aufregend und neu. Wie lernen wir neue Dinge? Der aus England stammende buddhistische Lehrer Rigdzin Shikpo spricht von drei Schritten: Spielen, Stimmigkeit, Kompetenz oder Schönheit. Wenn wir eine neue Meditation kennenlernen, sollten wir damit *spielen* wie Kinder mit einem neuen Spielzeug: es ausprobieren, damit experimentieren, unterschiedliche Varianten entdecken usw. Genauso sollten wir vorgehen, wenn wir andere Dinge lernen wie ein neues Lied oder Musikstück, wenn wir ein Kochrezept ausprobieren oder uns in ein neues Thema vertiefen.

Wir *spielen* so lange mit der neuen Atemmeditation oder der Sitzhaltung, mit dem Lied oder Rezept, einem neuen Thema oder Ablauf, bis wir ein Gefühl von *Stimmigkeit* erleben. Wir wissen genau, wann die Suppe schmeckt, das Lied richtig klingt oder der Satz stimmt. Mit dieser Erfahrung von Stimmigkeit wiederholen wir den Ablauf viele Male. Wir machen das immer wieder, bis es uns in Fleisch und Blut übergeht. Bis »es« von alleine klappt, wir »es« mühelos kochen oder spielen, singen oder sagen können. Und dann wird der Ablauf *schön*. Jedes gelungene Tun hat seine eigene Schönheit, auch wenn das Ergebnis eine einfache Sache ist: eine Suppe oder ein neu gelerntes Lied, ein Beet mit Rucola-Pflanzen oder der aufgeräumte Kleiderschrank, ein handgeschriebener Brief oder ein selbst verfasstes Gedicht.

Natürlich haben wir unterschiedliche Lernstile und Temperamente. Manche kochen gerne nach Rezept und singen nach Noten vom Blatt, andere lernen lieber von einer Person und probieren die Dinge selbst aus. Eine *spielerische* Haltung erleichtert das Lernen und das Leben. Darum geht es. Rigdzin Shikpo betonte einmal, dass die buddhistischen Lehren nichts vom Alltag Getrenntes seien. Buddhistische Lehren und Übungen bringen uns schlicht und einfach bei, wie das Leben funktioniert. Wir entdecken mit ihrer Hilfe die Gesetze des Lebens. Und ein Dreiklang des Lehren und Lernens lautet: Spielen, Stimmigkeit, Kompetenz oder Schönheit.

Wir entdecken immer wieder neue Welten oder neue Seiten an vertrauten Menschen und Abläufen, verstehen Zusammenhänge etwas tiefer und formulieren neue Arbeitshypothesen usw. Dann spielen wir mit unseren Erfahrungen und Einsichten und überprüfen sie immer wieder, bis wir ein Gefühl von Stimmigkeit erleben. Und dann machen wir weiter, bis uns das Neue so vertraut wird, dass wir uns in dieses Tun hinein entspannen können. Das ist das Geheimnis der Schönheit »selbstgemachter« Dinge und von hingebungsvollem Tun, von religiösen und alltäglichen Ritualen, von Hobbys und Fertigkeiten.

Das Allerschönste dabei ist, dass wir uns in solchen vertrauten Abläufen selbst vergessen. Das ist die beste Erholung und Tiefenentspannung, die es gibt. Daneben sieht jede systematische Übungsanleitung und jedes Handbuch, das uns sofortige Entspannung und Entlastung mithilfe bestimmter Methoden verspricht, blass und langweilig aus. Wenn wir uns selbstvergessen einem Tun hingeben, bleibt für Momente die Zeit stehen. Wir erleben einen Vorgeschmack der Ewigkeit. Das ist die schönste Erfahrung, die es für mich gibt. Wir können sie allerdings nicht erzwingen, sondern nur fördern, indem wir einen Ablauf gut kennenlernen und viele Male wiederholen, bis er mühelos und von selbst geschieht.

Noch ein Hinweis zum Tun und Lassen. Wenn wir einen Ablauf von Anfang bis Ende kennen und selbst durchführen und das Ergebnis dann in den Händen halten, erleben wir uns als fähig und selbstwirksam, betont der Arzt Kurt Bodamer. Das fehlt vielen Menschen, die vor allem mit den neuen Medien arbeiten, häufig Kurzinfos nachschauen und primär elektronisch googeln, wischen und tippen. Wenn wir ein Brot backen oder einen Vortrag entwerfen und schreiben, einen Rosenstrauch beschneiden, oder eine Meditation ohne App, nicht angeleitet und ohne Textvorlage machen, erleben wir eine wunderbare Verbindung von Selbstwirksamkeit und Geschehen-lassen-können. Genau diese Verbindung ist sehr heilend, denn in einem vertrauen Ablauf vergessen wir uns selbst, während wir etwas tun. Das heilt von Einsamkeit und Selbstzweifeln, von Verlorenheit und Druck, denn es geschieht mühelos und von selbst und wir wirken dabei mit.

Eigene und andere Kraft

Hilf dir selbst, dann hilft dir Gott.

Tu Gutes, meide das Böse und kläre deinen Geist.
BUDDHISTISCH

Wenn wir mit ganzem Herzen bei der Sache sind und uns einem Tun völlig hingeben können, machen wir die wunderbare Erfahrung von Tun und Geschehen-lassen in einem Ablauf, in einem Vollzug. Mit anderen Worten: Wir erleben ein Zusammenspiel von *eigener* und *anderer Kraft.* In der japanischen Tradition des Buddhismus wird damit eine Erfahrung beschrieben, die viele Menschen kennen, die aber unserem Zeitgeist völlig widerspricht. Auch der Kulturphilosoph Jean Gebser nennt es die Hauptaufgabe der Menschen von heute herauszufinden, wie beides integraler Bestandteil des Lebens werden kann: Selbertun und Geschehenlassen.

Moderne Menschen glauben immer noch an das autonome Persönlichkeitsideal und wollen am liebsten alles selber machen. Wir glauben an Fortschritt und Selbstwirksamkeit und leiden gleichzeitig unter Ohnmacht und Überforderung. Vertraute Abläufe, die uns am Herzen liegen, sind eine wunderbare Möglichkeit, das Mitwirken einer unfassbaren *anderen* Kraft zu bemerken. Menschen, die gut sind in dem, was sie machen, kennen und wissen das, und sie vertrauen darauf. Wir können immer nur gute Bedingungen suchen und schaffen und dann abwarten und hoffen, dass das Glück mitspielt.

Die indische Tradition beschreibt vier Faktoren für *Erfolg* bei einem Tun, sei es im Alltag oder in der Meditation: 1. Absicht oder Entschlossenheit, 2. innere Bedingungen, 3. äußere Bedingungen, 4. Verdienste oder gutes Karma. Wir würden diesen vierten Faktor vielleicht Glück nennen. Eine buddhistische Liste nennt: 1. materielle Ursachen und 2. allgemeine Bedingungen, 3. Bestandteile und 4. Benennung und bezeichnet als zusätzlichen allgemeinen Faktor X: alle Bedingungen, die wir übersehen, vergessen oder nicht erwähnt haben. Ost und West sind sich einig, dass man Glück und Erfolg nicht wirklich machen oder erzwingen kann.

Wenn wir eine Suppe kochen wollen, brauchen wir 1. den Entschluss oder die Absicht, 2. die Fähigkeit zu kochen, 3. Gemüse und Gewürze, ein Gefäß und einen Herd. Ohne 4. ein bisschen Glück gelingt aber auch erfahrenen Köchinnen die Suppe nicht immer. Das Leben ist komplex, alles verändert sich immer wieder und wir bekommen unser Leben nie völlig in den Griff. Wir können von unserer Seite her alles tun, was sozial verträglich und in unserer Macht liegt und dann darauf vertrauen, dass es schon klappen wird.

Wir können den »Glücksfaktor« durch *heilsames* Handeln stärken. Dazu gehört der Wunsch, niemanden zu verletzen, sich über gute Umstände zu freuen und nach Möglichkeit anderen Gutes zu tun. Ein buddhistischer Spruch fasst es so zusammen: Tu Gutes, meide das Böse und kläre deinen Geist. Das sind Übungen und keine Vorschriften. Wir üben es und achten auf die Folgen dessen, was wir denken, sagen und tun. Immer und immer wieder.

Mich entlastet und entspannt dieser Hinweis auf die wirkende *andere* Kraft sehr. Wenn ich etwas sehr wichtig finde, tue ich mein Bestes und vertraue auf diese Kraft, die mir hoffentlich hilft, die mitwirkt und mich unterstützt. Die christliche Tradition sagt es ganz schlicht: Hilf dir selbst, dann hilft dir Gott. C. G. Jung sieht das genauso: Zuerst müssen wir all unsere Kräfte einsetzen, und wenn wir dann vor der Vollendung eines Tuns aufgeben wollen, kann es sein, dass uns eine andere, hilfreiche Kraft zuwächst, die vom Selbst ausgeht, dem numinosen Zentrum der Gesamtpsyche.

Vertrauen in andere, in mich und ins Große Ganze

> Ich nehme Zuflucht zu Tara im Außen.
> Ich nehme Zuflucht zu Tara in mir.
> Ich nehme Zuflucht zu Tara unfassbar.
> Sie trägt mich was auch geschieht.
> »Unser« Zufluchtslied zu Buddha Tara

Was gibt Halt in schwierigen Zeiten? Der Buddhismus spricht von drei Arten der Zuflucht oder des Vertrauens, die wir zum Leben brauchen. Vertrauen in *andere* Menschen, die uns lehren, anleiten und begleiten. Vertrauen in *uns selbst*, in unsere Fähigkeit etwas zu lernen und umzusetzen. Und schließlich Vertrauen ins *Große Ganze*, in Buddha-Natur, in die uranfängliche Weisheit. Im Christentum nennt man es Gott. Es ist und bleibt unfassbar, und alle Worte und Bilder sind und bleiben Finger, die auf den Mond zeigen, wie es im Zen heißt.

Wir lernen unendlich viel von und mit anderen Menschen, und zwar unser ganzes Leben lang. Offenheit für die Erfahrungen und das Wissen von anderen, von Vorbildern, Lehrerinnen und Mentoren sind zentral für unser aller Leben. Die Welt ist schlicht zu groß und zu komplex, und wir können nicht alles selber wissen und kennen. Kluge Menschen wissen, wen sie um Rat fragen können. Wer das nicht kann oder will, bleibt dumm. Wir müssen das Gelernte dann aber auch ausprobieren und anwenden. Das weckt und stärkt

Vertrauen in uns selbst, und es fördert Selbstwirksamkeit. Wir bleiben aber das ganze Leben lang auch angewiesen auf den Rat und Beistand anderer.

Beide Dimensionen dieses fassbaren Vertrauens haben aber Grenzen. Wir verlieren Menschen aus den Augen, entfremden uns von ihnen oder sie sterben. Und auch unser Selbstvertrauen hat Grenzen, denn wir verstehen, kennen und können nicht alles oder nicht mehr gut, etwa durch Krankheit bzw. im Alter. Möglicherweise verlieren und vergessen wir wichtige Fähigkeiten und Fertigkeiten, wenn wir sie nicht mehr anwenden wollen und können. Vertrauen in andere und in uns selbst bleibt unser Leben lang wichtig und unverzichtbar. Aber es trägt nicht immer und überall.

Es gibt Erfahrungen und Schicksalsschläge, die uns und andere überfordern. Was trägt uns dann? Vielleicht entdecken wir nun, dass uns nicht nur *fassbares* Wissen und Können tragen, sondern ein *unfassbares* Vertrauen ins Leben und in die Welt, in den Kosmos oder in das Große Ganze. Einen Großteil des Lebens leben wir mit diesem impliziten Vertrauen, auch wenn wir es nicht bemerken. Es trägt aber nur, wenn wir es nicht zu einem begrifflich definierten Etwas machen. Es trägt nur dann, wenn es die Welt des Wissens und Könnens übersteigt und wir ohne fassbare Gewissheit vertrauen. Denn alles Fassbare ist endlich und vergänglich, und wir können es daher verlieren.

Manche Menschen entdecken dieses tiefe Vertrauen, diese tiefe Zuversicht in und durch eine Krise, die sie von Grund auf erschüttert. In solchen Erfahrungen spüren wir vielleicht wie ein Wunder eine Kraft, die uns trägt und Mut macht, mitten im Leid. Christinnen und Christen nennen es Gottvertrauen oder Hoffnung. Der Tibetische Buddhismus spricht von geheimer oder *unfassbarer* Zuflucht zu Buddha-Natur, zur uranfänglichen Weisheit jenseits von Worten.

Alle alten Traditionen wissen, dass dieses Vertrauen unsere Schulweisheit übersteigt und letztlich nicht fassbar ist. Und doch trägt es. Wer's glaubt, wird selig. Das wird zwar meist abschätzend und ironisch gesagt. Es stimmt aber. Wer glauben kann, dass eine unfassbare Kraft uns trägt, fühlt sich auch im Leid und in schweren Zeiten getragen. Das bedeutet nicht, dass wir dann immer ausgeglichen und fröhlich sind. Aber wir können unser Leid aushalten und verzweifeln nicht daran. Zumindest ist das meine Erfahrung und die vieler Menschen, die ich kenne, die dieses tiefe Vertrauen entdeckt und zugelassen haben. Auch wenn sie nicht verstehen, wie das geschieht.

Dankbarkeit und Freude als Heilmittel für Sorgen

> Leben ist tragisch und erhaben,
> alles, was kommt, muss auch wieder geh'n.
> Leben geschieht, niemand hat es im Griff.
> Nur das Ende des Haderns bringt Frieden.
> MEINE LIEDFASSUNG DER VIER SIEGEL DES BUDDHA

Das Leben ist nicht nur leicht und unterhaltsam, sondern auch schwer und manchmal unerträglich. Wir machen uns immer wieder Sorgen: um uns selbst und um andere, um Lebensunterhalt und Gesundheit, Zuwendung und Anerkennung, um Status, Besitz, Erfolg usw. Wir sorgen uns um Angehörige und seit den Befreiungsbewegungen der 1960er-Jahre vermehrt auch um Menschen in Not, die wir nicht oder nur wenig kennen, überall auf der Welt. Der Blick auf das Leid von uns und anderen weckt Mitgefühl, und das gilt als heilsam und wertvoll – aber nur dann, wenn wir uns selbst damit nicht unter Druck setzen und überfordern und wenn wir nicht empört und selbstgerecht Leute oder Institutionen suchen, die daran schuld sind oder sein sollen (siehe auch Kapitel 12).

Mitgefühl gilt dann als klug, wenn unsere Absicht wohlwollend ist und wir wissen, was wir tun, und zwar ohne Feindbilder und Sündenböcke. Das wird möglich, wenn wir die drei Daseinsmerkmale bzw. die drei Gesetze des Lebens – Leiden, Unbeständigkeit und Unkontrollierbarkeit – erkennen, anerkennen und annehmen (siehe auch Kapitel 17). Das *natürliche Leiden* gehört zum Leben dazu, weil eben alles *unbeständig* und letztlich *nicht* völlig zu *kontrollieren* ist. Wir sollten also damit rechnen, dass wir Alter, Krankheit und Sterben, Verlust erleben und unangenehme Erfahrungen machen und klug und heilsam damit umgehen lernen. Dann können wir ohne Ohnmacht, Wut und Angst klug und mitfühlend handeln – im Wissen darum, dass diese Welt nicht perfekt wird, solange es auch nur einen einzigen Menschen gibt, der von den drei

Giften Gier, Hass und Verblendung angetrieben wird. Auch das ist keine Vorschrift, sondern eine lebenslange Übung.

Diese drei Gifte verführen uns dazu, mehr haben zu wollen, als wir brauchen, und an dem festzuhalten, was wir mögen, das abzuwerten und zu verteufeln, was wir nicht mögen, und das zu ignorieren, was uns weder anzieht noch abstößt. Sie gelten als die Ursachen des *zusätzlichen* Leidens, verstärken also das *natürliche* Leiden, das zum Leben gehört, und zwar für uns und für andere. Wir können heilsam und mitfühlend handeln, wenn wir uns nicht von unseren Sorgen erdrücken lassen und uns öffnen für das Gute in uns und allen Menschen. Mitgefühl hilft uns und anderen, Leiden auszuhalten und anzunehmen und nicht daran zu verzweifeln. Denn wir wissen: Geteiltes Leid ist halbes Leid. Vielleicht löst sich Leiden, das wir mit vielen Menschen teilen, fast ganz auf. Das ist zumindest der Ansatz der Bodhisattvas (siehe Kapitel 19). Allerdings klappt das nur in Verbindung mit Dankbarkeit und Freude. Denn geteilte Freude ist doppelte Freude. Und Freude, die wir mit vielen teilen, wächst immer mehr an, vermutlich exponentiell.

Sich zu sorgen hat viele Aspekte. Die sinnvolle Sorge ist aufmerksam und achtet auf das, was uns und anderen schaden könnte. Je unzufriedener, unsicherer und ängstlicher wir sind, desto mehr Sorgen machen wir uns. Dann neigen wir dazu, unsere aktuellen Sorgen auf ewig hochzurechnen und sehen die Welt in immer schwärzeren Farben. Wir vergessen dann, dass das Leben eben nicht nur tragisch ist, sondern auch wunderschön und sogar »erhaben«, mit Augenblicken der tiefen Freude und Dankbarkeit.

Dankbarkeit und *Freude* gelten als Heilmittel für Sorgen. Wir können lernen, immer wieder einmal gezielt und bewusst auf das Schöne und Wertvolle zu achten, was wir erleben. Wir freuen uns darüber und bedanken uns bei den Beteiligten und beim Leben, das uns diese Erfahrung geschenkt hat. Wir lernen auf diese Weise die für uns spezifischen Bedingungen für Freude erkennen und können sie so suchen und bewusst schaffen – für uns und andere. Denn, um es nochmals zu wiederholen: Geteilte Freude ist doppelte Freude.

Der Buddhismus beschreibt vier Arten des Glücks, vier Gruppen von Bedingungen, die angenehme Gefühle und Freude auslösen können: 1. Sinnesfreuden, 2. gute Beziehungen, 3. Erfahrungen der Sammlung und Hingabe und 4. tiefes Verstehen.

Sinneserfahrungen: Die Erfahrungen unserer fünf Sinne wecken leider nicht nur angenehme, sondern auch unangenehme Gefühle. Wenn wir klug sind, freuen wir uns über angenehme Gefühle, erwarten aber nicht, dass sie lange anhalten. Sinnesfreuden sind kurzlebig und daher neigen wir dazu, die Dosis zu erhöhen. Wir werden zu Sinnesfreuden-Junkies. Das ist nicht gesund. Auch hier ist weniger mehr. Und Maßhalten erhöht den Genuss, der allerdings unbeständig bleibt.

Gute Beziehungen: Beziehungen schenken Glück und Leid. Das Glück, das wir in gelingenden Beziehungen erleben, dauert viel länger an als Sinnesfreuden, manchmal sogar ein ganzes Leben. Wir können unsere Beziehungen mit den vier unermesslichen Haltungen pflegen: mit Freundlichkeit, Mitgefühl, Freude und Gleichmut. Da ich sie im vierten Kapitel ausführlich beschreibe, erwähne ich sie hier nur kurz.

Wenn Begegnungen gut laufen, üben wir Freundlichkeit und Freude bzw. Dankbarkeit. Wenn sie schwierig werden oder sind, üben wir Mitgefühl und Gleichmut oder Gelassenheit. Das wird möglich, wenn wir verstehen, dass nicht nur unser Leben, sondern auch das Leben der anderen nicht immer leicht ist. Auch sie erleben Leiden, Unbeständigkeit und Unkontrollierbarkeit. Und das tut weh.

Sammlung und Hingabe: Darüber habe ich schon in diesem Kapitel im Zusammenhang mit dem selbstvergessenen Tun gesprochen. Sammlung schenkt auch deshalb so viel Glück, weil wir uns dabei leicht selbst vergessen können. Und weil wir durch Übung und Vertrautheit mit einem Tun selbst zu diesem Glück beitragen können. Sammlung und Hingabe an ein Tun können wir lernen und üben. Immer und immer wieder.

Tiefes Verstehen: Verstehen gilt als das höchste Glück im Buddhismus, denn es beruhigt Herz und Verstand, und damit auch den Körper. Und zwar immer und immer tiefer. Ich fasse hier den Ansatz meines Kollegen McLeod in eigenen Worten zusammen. Er unterscheidet vier Schritte zu höchstem oder tiefstem Verstehen: Der *erste* Schritt ist *begriffliches* Verstehen. Wir können eine Erfahrung in einen größeren Zusammenhang einordnen, und das beruhigt. Die *zweite* Art des Verstehens kann während der Meditation oder bei selbstvergessenem Tun geschehen und sie geht mit einem Energieschub einher. Sie geht uns sozusagen durch Mark und Bein. Der Kulturpsychologe Erich Neumann spricht von einem Schauer des Entzückens, der durch den Körper rauscht und blockierte Energie freisetzt. Die tibetische Tradition unterscheidet drei besondere Meditationserfahrungen, die angenehm, aber unbeständig sind: Licht, Nichtdenken und Seligkeit. Sie warnen davor, sie für das Ziel des Weges zu halten. Die *dritte* Art des Verstehens ermöglicht ein *anderes Verhalten*. Christinnen und Christen nennen das *Umkehr*: Ich höre auf zu rauchen. Ich esse kein Fleisch mehr. Ich fange an regelmäßig zu meditieren. Solange Einsicht unser Verhalten nicht verändert, ist es nur begrifflich oder bloß ein schönes Gefühl.

Den *vierten* Schritt nennt McLeod *Befreiung*, und damit meint er die Befreiung von emotionaler Reaktivität. Wir hadern nicht mehr mit den drei Daseinsmerkmalen – Leiden, Unbeständigkeit und Unkontrollierbarkeit –, nehmen das Leben, wie es ist, und machen das Beste aus unseren Erfahrungen. In aller Kürze: Zustände sind keine Lösung. Sie können angenehm und wohltuend sein, verführen aber leicht zum Festhalten. Wir haben dann tiefes Verstehen entdeckt, wenn wir das Leben nehmen, wie es ist, und das Beste daraus machen für uns und andere. Das gilt als das höchste Glück.

Übung: Heimat und Welt

Was ist Heimat für mich? Welche Orte, Menschen oder
Abläufe gehören dazu?
Welche Sprache und Literatur, welche Musik oder Kunst?
Was bedeutet mir Heimat?
Welche Beziehung haben die Menschen in meinem Umfeld
zur Heimat und zur großen weiten Welt?

Übung: Halt in unsicheren Zeiten

Was gab mir in der letzten Krise Halt? Welche Menschen,
Abläufe und Orte, welche Lebenserfahrungen und
welches Wissen haben mich getragen?
Welchen Beistand habe ich bekommen?
Was hätte ich mir gewünscht?
Was gab vertrauten und fremden Menschen in meinem Umfeld
in ihrer letzten Krise Halt und Hoffnung?
Wie können wir einander besser beistehen und uns
gegenseitig unterstützen?
Was fehlt? Was ist da und tut gut?

Übung: Heilige Orte, Zeiten und Worte. Heimat, Fest und Lieder

Gibt es heilige Orte, Zeiten und Worte, die mich in Krisen getragen haben und/oder heute noch tragen?
Was trug mich in meiner letzten Krise? In der Kindheit? In der Jugend? Vor dreißig, zwanzig, zehn Jahren?
Was ist mir Heimat, die mich trägt?
Welche Feste gehören dazu? Welche Lieder?
Wie erleben das die Menschen in meinem Umfeld?

Übung: Spielen, Stimmigkeit, Schönheit

Welche meiner Fähigkeiten finde ich wichtig?
Wie habe ich sie gelernt? Mit wem? Von wem?
Was tue ich gerne und mit Hingabe?
Was davon in den letzten Tagen, Wochen und Monaten?
Bei welchem Tun kann ich mich selbst vergessen?
Was tun Menschen in meinem Umfeld selbstvergessen und mit Hingabe?

Übung: Eigene und andere Kraft

Kenne ich das Gefühl der Unterstützung durch eine andere Kraft?
Wann habe ich so etwas das letzte Mal erlebt?
War ich da allein oder mit anderen Menschen zusammen?
War ich draußen in der Natur oder in einem vertrauten Raum?
Welche Umstände und Bedingungen fördern das Vertrauen in eine andere Kraft?

Übung: Vertrauen in andere, in mich und ins Große Ganze

Welchen Menschen vertraue ich?
Von wem habe ich wesentliche Dinge gelernt?
Welches Tun gibt mir das Gefühl von Selbstwirksamkeit?
Kenne ich Erfahrungen tiefen Vertrauens in das, was größer ist als ich?
Vertraue ich dem Großen Ganzen? Kenne ich Gottvertrauen?
Wann habe ich so etwas das letzte Mal erlebt?
Worauf vertrauen die Menschen in meinem Umfeld?

Übung: Meine Lieblingssorgen
Worüber mache ich mir derzeit Sorgen?
Was war es in der letzten Woche gewesen?
Welche Sorgen hatte ich als Kind?
Was plagte mich mit fünf, zehn, vierzehn und zwanzig Jahren?
Was vor zwanzig, fünfzehn, zehn, fünf Jahren?
Welche Probleme habe ich nicht?

Übung: Dankbarkeit
Was habe ich heute und in den letzten Tagen Schönes erlebt?
Was klappt alles in meinem Leben? Was an Hilfreichem
ist vorhanden?
Was tat gut in den letzten Tagen, Monaten und Jahren?
Wer hat mich als Kind gefördert? Mich unterstützt?
Welche Fähigkeiten sind mir wichtig?
Wem verdanke ich sie? Mit oder von wem habe ich sie gelernt?
Denken Sie an ein, zwei wichtige Fähigkeiten
und freuen Sie sich darüber.
Danken Sie allen Beteiligten und dem Leben dafür.
Immer und Immer wieder.

Übung: Sternstunden oder Momente des Wohlbefindens
Worüber habe ich mich gestern gefreut?
Welche Art von Freude war das?
Welche Sinne standen im Vordergrund: Hören, spüren, sehen…?
Welche Menschen spielten eine Rolle? Nahe oder fremde Menschen?
War ich ganz versunken in einem Tun? Ganz mit dem Herzen dabei?
Wurde mir plötzlich etwas klar? Hatte ich eine wichtige Einsicht?

Übung: Vier Schritte zu tiefer Einsicht
Welche Arten der Einsicht kenne und schätze ich:
Begriffliches Verstehen? *Energieschub?*
Ein anderes *Verhalten? Befreiung* von reaktiven Emotionen?
D. h.: Kennen Sie Momente, in denen Sie aufhören, mit Leiden,
Unbeständigkeit und Unkontrollierbarkeit zu hadern?
Freuen Sie sich über jedes bisschen Einsicht.
Und fördern Sie Bedingungen, die sie unterstützen.

2. Frei und geborgen

Wir Menschen sind ziemlich widersprüchliche Wesen, vor allem, wenn wir miteinander oder übereinander reden und anderen die Meinung sagen. Wir wollen alles, und zwar gleichzeitig und am besten sofort: Wir suchen Freiheit und Geborgenheit, wollen gleich und verschieden sein, Individuen und soziale Wesen. Vielleicht sind wir in dem Maße erwachsen, wie es uns gelingt, diese Widersprüche zu spüren, sie auszuhalten, ihnen Raum zu geben und auch andere in diesem schwierigen Prozess so gut wie möglich zu unterstützen.

Frei und geborgen, gleich und verschieden

Die Frohe Botschaft der Neuzeit lautet seit der Französischen Revolution: Freiheit, Gleichheit und Brüderlichkeit bzw. Solidarität. Wir sehnen uns nach *Freiheit* und wünschen uns *Geborgenheit*. Wir fordern *Gleichheit* und wollen aber auch in unserer *Einzigartigkeit* und Besonderheit anerkannt werden. Das ist das Paradox der Moderne, ein theoretisch und praktisch unlösbarer Widerspruch. Wir brauchen und wollen beides: Gleichheit und Anerkennung der Unterschiede. Wir wollen als gleich oder gleichwertig anerkannt werden und anderen Menschen auf Augenhöhe begegnen. Und wir erleben uns und andere als verschieden und wollen auch dafür Anerkennung und Wertschätzung. Manchmal inspirieren uns Menschen, die anders sind und anders denken, fühlen und handeln; häufig stört uns das aber auch. Begegnungen mit anderen bereichern und irritieren, denn wir sind und bleiben konkret verschieden und wollen doch als Gleiche anerkannt werden.

Die Neuzeit schaffte mit der Auflösung der vormodernen Ständeordnung Raum für unterschiedliche Lebensentwürfe und -stile und schenkte und schenkt uns damit immer mehr Freiheit. Das hat Vor- und Nachteile. Die vielen Möglichkeiten überfordern uns, wir leiden unter der Qual der Wahl. Und es gibt mehr Konflikte, weil wir weniger Vorstellungen und Werte miteinander teilen. Hannah

Arendt unterscheidet klar und pragmatisch *Politik* und *Recht* als Raum der Gleichheit und die *Gesellschaft* als Raum für Unterschiede. Diese funktionale Unterscheidung gibt beiden Bedürfnissen Raum, denn wir haben unterschiedliche Bedürfnisse, Vorlieben und Abneigungen und wollen sie auch leben.

Individuum und soziales Wesen, Raum und Kontakt

Dann kommt der zweite Widerspruch. Wir sind Individuen *und* soziale Wesen. Genau genommen sind wir zuerst soziale Wesen und wir bleiben auch das ganze Leben angewiesen auf andere. Wenn wir uns als Kinder und Jugendliche geborgen und verbunden genug fühlen, können wir uns vor diesem Hintergrund zu selbstständigen Individuen entwickeln. Der Entwicklungspsychologe John Wellwood betont, dass Kinder beides brauchen, Raum *und* Kontakt, d. h. verlässliche Beziehungen *und* Geborgenheit mit vertrauten Menschen *und* Freiräume für die eigenständige Erkundung der Welt. Aber nicht nur Kinder brauchen das, auch Erwachsene sehnen sich nach beidem, nach Geborgenheit und Kontakt und nach Freiheit und Freiräumen.

Wir brauchen Freiheit *und* Geborgenheit, Raum *und* Kontakt und suchen Anerkennung für unsere Einzigartigkeit *und* die Erfahrung von Gleichheit. Weil wir verschieden sind, vergleichen wir uns mit anderen und erwarten dann meist zu viel von uns und unseren Mitmenschen. Angeregt durch die Begegnung mit anderen wollen wir neue Fähigkeiten entwickeln, und manchmal gelingt das und manchmal nicht. Wir wünschen uns immer wieder Unterstützung von anderen *und* fordern Freiräume für eigene Experimente. Wir haben Erwartungen und manchmal werden sie erfüllt und manchmal nicht.

Täuschungen und Enttäuschungen, gültige Konzepte

Wie gehen wir um mit *Enttäuschungen*? Der Begriff lädt zum Nachdenken ein. Wir können nur *ent*-täuscht werden, wenn wir uns *ge*täuscht haben. Welche *Erwartungen* sind angemessen und realistisch und welche nicht? Eine kluge Empfehlung des Buddhismus rät, *jede* Erwartung als bloße Vorstellung zu erkennen und *gültige* von *ungültigen* Konzepten zu unterscheiden. Jedes Konzept ist eine *Vor*-stellung. Wir stellen uns etwas vor und stellen dieses Konzept *vor* uns und andere, *vor* Umstände und Dinge. Im besten Fall handelt es sich dabei um ein *gültiges Konzept,* die Wissenschaft spricht von *Arbeitshypothesen.*

Ein Konzept ist dann *gültig*, wenn wir 1. *wissen*, dass es bloß eine Vorstellung ist, und 2. wenn es *funktioniert.* Wir sollten uns also bei jeder Erwartung an uns und andere fragen: Ist mir klar, dass das eine Vorstellung, ein Konzept ist? Und dann sollten wir ausprobieren, ob es funktioniert. Wenn wir so an eine Sache herangehen und unsere Vorstellung nicht funktioniert, sind wir eher bereit, das Konzept zu verändern, statt uns oder andere unter Druck zu setzen und dafür zu verurteilen, dass wir bzw. sie nicht unseren Erwartungen entsprechen. Manche Konzepte funktionieren eine Weile ziemlich gut, auch ohne dass wir bemerken, dass es sich um eine Vorstellung handelt. Wenn dann eine Beziehung oder ein Team, die Erziehung der Kinder oder ein Projekt nicht mehr gut funktionieren, sind wir in der Regel *ent*-täuscht. Vielleicht können wir mit der Zeit lernen, uns über *Ent*-täuschungen zu freuen, da dann ja eine Täuschung endlich auffliegt? Vermutlich werden wir uns aber zunächst über uns und andere ärgern, bis wir die Täuschung hinter der Enttäuschung bemerken.

Ohnmacht, Wut und Angst

Die Welt wird immer komplexer und in diesen Zeiten der Globalisierung begreifen wir immer mehr, dass wir das Leben nicht wirklich im Griff haben. Wir wissen zwar viel, sind aber immer weniger in der Lage, uns mit anderen zu verständigen. Das erleben wir im unmittelbaren Umfeld und in der kleinen und großen Politik. Globale Probleme wie Klimawandel und Artenschutz, Migration, Hunger und Pandemien, Rechts- und Linkspopulismus und Terrorismus lassen sich nicht mehr nur im Rahmen von Nationalstaaten, nicht einmal lediglich durch internationale Vereinbarungen lösen. Wir brauchen dafür *transnationale* Verständigung, Absprachen und Kooperation, wie der Soziologe Ulrich Beck seit den Nuller-Jahren betont. Aber je ohnmächtiger sich Menschen fühlen, desto mehr neigen sie zu Empörung und Angst, Aktivismus und Resignation.

Aus buddhistischer Sicht steckt hinter Wut und Angst das Gefühl der Ohnmacht. Es braucht also die Stärkung der Selbstwirksamkeit bei Individuen und Gruppen, regional und global. Wie können wir als Einzelne dazu beitragen? Ich halte nationale, internationale und transnationale Kooperation für wichtig, aber die regionale Kooperation ist für mich der Schlüssel. In der Zusammenarbeit mit konkreten Menschen im eigenen Umfeld lernen wir – wenn es gut läuft –, mit »Menschen im Plural« über die gemeinsame Welt zu verhandeln.

Im »gemeinsamen Wir« erleben wir Inspiration und Irritation. Und beides brauchen wir. Inspiration nährt und stärkt die Zuversicht und Irritation schützt vor naiven und überzogenen Erwartungen und Ansprüchen an andere. Gute Absichten sind wichtig, reichen aber nicht. Wir müssen sie im Feuer der alltäglichen Begegnung testen, anpassen und umsetzen. Wenn wir mehr Informationen aufnehmen, als wir im Handeln verarbeiten können, fühlen wir uns schnell überfordert und ohnmächtig. Dann regen wir uns auf, suchen nach Sündenböcken, bauen Feindbilder auf, verlieren uns, wie oben schon betont, in Empörung und Angst, Aktivismus oder Resignation. Dosierter Medienkonsum, regionale Vernetzung mit konkreten Menschen und die gezielte Beschäftigung mit den schönen Dingen des Lebens schützen vor Ohnmacht, Wut und Angst. Dazu mehr im dritten und vierten Kapitel.

Erwartungen und Ansprüche, Wünsche und Hoffnungen

Wir sind endliche und unvollkommene Wesen, und wir sind und bleiben angewiesen auf andere Menschen, auf Natur und Kultur, auf Gesellschaft, Wirtschaft und Politik. Und wir sind denkende Wesen und können uns Dinge vorstellen, die wir nicht haben oder die es noch nicht gibt. Wir brauchen einiges zum Überleben, aber wir wollen mehr. Wir wollen die gemeinsame Welt schön gestalten, und in guten Zeiten führen wir Gespräche mit »Menschen im Plural« über die gemeinsame Welt. Das war Hannah Arendts Definition von Politik, die mich seit über 20 Jahren inspiriert.[2]

Arendt unterschied drei Bereiche des *aktiven* Lebens: arbeiten, herstellen und handeln. Darunter verstand sie die *notwendige* Arbeit zum Überleben, die *nützliche* Gestaltung der gemeinsamen Welt und die *demokratische* Gestaltung des Zusammenlebens. Zum *kontemplativen* Leben gehören für Arendt das Selberdenken, das Anliegen der Philosophie, und das Überschreiten des Denkens, das höchste Anliegen der Religion. Es gibt also mindestens fünf Bereiche des Lebens, mit denen sich Menschen befassen wollen, und zu jedem Bereich gehören für Individuen und Gruppen spezielle Erwartungen und Ansprüche, Bedürfnisse, Wünsche und Hoffnungen.

Vor über 200 Jahren hat der Philosoph Immanuel Kant vier Fragen gestellt. Sie inspirieren mich seit den Nuller-Jahren: Was kann ich *wissen*? Was darf ich *hoffen*? Was soll ich *tun*? Was ist der *Mensch*? Wir können und dürfen uns mit dem Segen des Buddha alles wünschen, was uns guttut und niemandem schadet. Wunschpraxis hilft, uns darüber klar zu werden, was uns am Herzen liegt. Und je genauer wir das spüren, desto eher nehmen wir die Angebote in unserem Umfeld wahr und desto mehr Raum darf das einnehmen in unserem Leben. In schweren Zeiten erinnern uns unsere Wünsche daran, dass das Leben nicht nur aus Not und Entbehrung, Druck und Konflikten besteht. Wünsche können in diesem Sinne zu einem Weg werden, wie es das tibetische Wort für Wunschgebet, *mönlam*, ausdrückt: Es geht darum, den Wunsch, *mön*, als Weg, *lam*, zu nehmen.

Wenn unsere Wünsche allerdings zu überzogenen Erwartungen und Ansprüchen an uns selbst und andere werden, ohne Rücksicht auf die vielfältigen Bedingungen und Umstände, dann setzen sie uns und andere unter Druck und machen uns das Leben schwer. Wenn wir Wünsche als Orientierung nehmen, helfen sie uns, unsere Prioritäten zu klären, Unwichtiges loszulassen und dem Raum zu geben, was uns am Herzen liegt (siehe auch Kapitel 14). Wünschen als Weg hält uns offen für neue Möglichkeiten und nährt Zuversicht. Die christliche Tradition nennt das Hoffnung.[3] Hoffnung verführt nicht zu einer überheblichen Gewissheit, die die Erfüllung unserer Wünsche vorwegnimmt, aber auch nicht zu Verzweiflung, die die Nichterfüllung unserer Wünsche behauptet. Hoffnung ist offen für das, was kommen will. Und weiß: Es kann auch gut gehen. Vielleicht hat auch Oscar Wilde recht? Er hat es so ausgedrückt:

> Ende gut, alles gut. Und wenn es noch nicht gut ist,
> ist es noch nicht zu Ende.
> OSCAR WILDE

Übungen zur Selbstreflexion

Wir können uns für die folgenden Übungen jeweils fünf bis fünfzehn Minuten Zeit nehmen und uns Notizen machen, z. B. in einem Tagebuch. Bei Bedarf wiederholen wir sie mehrmals mit unterschiedlichen Personen und Situationen. Mit der ersten der unten vorgestellten Übungen »Aufhänger, Stimmung, Hintergrund (1)«, können wir schwierige und angenehme Erfahrungen immer wieder genauer anschauen. Mit der Zeit bemerken wir unsere Erwartungen häufiger, und das nimmt Druck von uns und anderen.

Zum Ablauf der Selbstreflexionen

Wir sitzen ein, zwei Minuten in Stille bequem auf dem Boden, auf einem Stuhl oder auf dem Sofa. Dann lesen wir die folgenden Fragen und warten auf die Bilder und Gedanken, die dazu aufsteigen, und notieren ein paar Stichworte. Zum Abschluss bringen wir die Übung mit zwei Überlegungen auf den Punkt: 1. Was war wichtig für mich? Was hat mich besonders berührt und erreicht? 2. Was will und kann ich tun, um für meine Erwartungen und Ängste wacher zu werden und Druck aus meinem Leben herauszunehmen? Zum Abschluss widmen wir die Einsichten dem Wohle aller. Das fördert das Gefühl der Verbundenheit mit anderen. Hier ein Bespiel.

Vorschlag für die Widmung

Möge diese Übung mein Herz öffnen und meinen Geist klären,
so dass ich die Verbundenheit mit allen und allem mehr spüre
und mein Verhalten in Gedanken, Worten und Werken
mit Humor und Geduld immer wieder überprüfen kann.
Möge ich, mögen alle Wesen glücklich sein.

Übung: Aufhänger, Stimmung, Hintergrund (1)

Denken Sie an eine kleine unangenehme Situation der letzten Tage.
Lassen Sie dann folgende Fragen auf sich wirken
und warten Sie bis eine Antwort auftaucht –
ein Bild, Satz oder Wort.
Was war der Auslöser oder Aufhänger? Gesten, Worte, ein Blick?
In welcher Stimmung waren Sie unmittelbar davor?
Entspannt? Neutral? Aufgeregt, wütend oder unsicher?
Was haben Sie noch mitgebracht in die Situation?

Was haben Sie erwartet? Von der Situation?
Von den anderen? Von sich selbst?
Welche Muster wurden aktiviert?
Kennen Sie das Verhalten aus anderen Situationen?
Spielen Sie dann mit den Bedingungen und schauen Sie,
ob und was sich dadurch verändert:
Eine gute Freundin oder ein netter Kollege tun dasselbe.
Sie sind bester Stimmung oder sehr niedergeschlagen.
Könnten Sie anders reagieren? Entspannter? Freundlicher?
Sie können diese Übung viele Male mit angenehmen
und unangenehmen Erfahrungen durchspielen.
So lernen Sie sich und Ihr Verhalten besser kennen.
Und Sie üben heilsames oder konstruktives Verhalten.

Übung: Gleich und verschieden
Wo und mit wem habe ich mich in den letzten Tagen und Wochen
als gleichwertig erlebt, als abgewertet und nicht genügend gesehen?
Wo und mit wem habe ich Verschiedenheit als Inspiration erlebt?
Wo und mit wem als Irritation?

Übung: Frei und geborgen
Wo und mit wem habe ich mich in den letzten Tagen und Wochen
als frei erlebt?
Wo und mit wem als einsam und verloren?
Wo und mit wem zusammen als eingeengt und unter Druck?

Übung: Raum und Kontakt
Wann, wo und mit wem habe ich mich als Kind, im Kindergarten
und im Schulalter geborgen und verbunden gefühlt?
Wann, wo und mit wem verloren und verlassen,
einsam und nicht gesehen?
Wir können diese Übung mehrmals machen und dabei
unterschiedliche Phasen von Jugend und Kindheit anschauen:
Wie war das mit zwanzig, fünfzehn, zwölf, acht, fünf, drei Jahren?
Was habe ich genossen? Was habe ich vermisst?
Was hätte ich mir gewünscht?
Wann, wo und mit wem erlebe ich heute Geborgenheit?
Wie war das vor zehn, zwanzig, dreißig, vierzig Jahren?

3. Individuum, Gesellschaft und Politik

Individuum, Gruppe und Masse

Wir sind Individuen und soziale Wesen. Wir sehnen uns nach Freiheit und Geborgenheit, nach Selbstverwirklichung und Zugehörigkeit. Menschen haben viele Jahrtausende lang in kleinen Gruppen von rund dreißig Menschen zusammengelebt. Die heutige Soziologie geht davon aus, dass wir rund fünfzig Menschen persönlich kennen und uns ohne *schriftliche* Absprachen auf Regeln des Zusammenlebens verständigen können. Mit bis zu 150 Menschen können wir uns verbunden fühlen, wenn wir relativ regelmäßig gemeinsam etwas tun. Für das Zusammenleben mit mehr als 150 Menschen brauchen wir klare und verbindliche Regeln. Dank der Ackerbaurevolution vor rund zehntausend Jahren können Menschen mehr Nahrung produzieren und Vorräte anlegen und in größeren Gruppen zusammenleben. Hier regelten dann für lange Zeit Sitten und Brauchtum den Kontakt und die Zusammenarbeit miteinander. Bis weit in die Moderne wurde vieles auf diese Weise geregelt. Selbst heute noch gelten mündlich abgeschlossene Verträge.[4]

Seit Aufklärung, Industrialisierung und vermehrtem Wohnen in Städten leben Menschen in Europa und im sogenannten Westen seltener in Sippen und Großfamilien, sondern eher in Kleinfamilien. Seit der Jahrtausendwende verstehen sich die Hälfte der Bewohner von Großstädten wie Berlin, München und Hamburg als Singles. Was hat das für Folgen für unser Lebensgefühl als Individuen und Gruppen?

Der Kulturpsychologe Erich Neumann unterschied in den 1950er-Jahren die Wirkung von Gruppen und Massen auf die Einzelnen sinngemäß so:[5] *Gruppen* sammeln sich um ein positives Anliegen, bestehen über eine längere Zeit, teilen Aktivitäten und orientieren sich an Vorbildern. Das bietet ihren Mitgliedern die Chance, auf das Niveau der am höchsten entwickelten Person zu reifen. Das ist das Prinzip des *Guru-Kula* in Indien, einer stabilen Gruppe, in der Meisterin und Schüler bis heute gemeinsam lernen und üben. Und das ist vielleicht bis heute Geheimnis und Chance gut funktionierender Schulen und Hochschulen, von lebendigen Vereinen, beruflichen und zivilgesellschaftlichen Gruppen.

Neumann beschreibt hier das Ideal einer *heilsamen* Gruppe, die gerade in Krisen zu Höchstleistungen fähig ist. Alltagsbeispiele sind Teams von Rettungswagen und Krankenstationen, in Betrieben und Vereinen, manche Schulkollegien usw. Schon hier wird deutlich, dass solche Reifungsprozesse nur in stabilen Gruppen mit Vorbildern und Leitfiguren möglich sind. Schon die Einführung der Schichtarbeit bei Volkswagen in den 1990ern zerstörte viele kreative Teams. Einrichtungen, Behörden und Betriebe könnten *sehr* profitieren, wenn sie bei der Zusammenstellung von Arbeitsgruppen und Teams die Frage der Kontinuität und der anerkannten Vorbilder berücksichtigen würde.

Treffen große Menschen*massen* zufällig zusammen, kommt es leicht zu Konflikten. In solchen Momenten regredieren selbst »anständige« Menschen schnell auf ihr niedrigstes emotionales Niveau. So erklärt Neumann das Entstehen von Mobs auf Demonstrationen und Versammlungen, die aus dem Ruder laufen. Traurige Beispiele liefern alle Revolutionen und häufig leider auch das Verhalten von Fußballfans in der sogenannten Fan-Meile. Buddhistisch interpretiert bedeutet das: Wir brauchen überall in Gesellschaft und Politik, in Betrieben und Vereinen stabile und überschaubare Gruppen mit akzeptierten Vorbildern, die gemeinsam und bewusst ihre ethischen Werte leben und *vorleben.*

Neumann betont, dass kleine tragfähige Gruppen selbst eine Massenpanik bei Großveranstaltungen beruhigen und heilsam beeinflussen können. Als ich das 1982 zum ersten Mal las, verstand ich plötzlich, warum es bei einigen Studentendemonstrationen Ende der 1960er- und Anfang der 1970er-Jahre in Heidelberg so viele unschöne Gewaltaktionen gab. Da fehlten solche kleinen tragfähigen Gruppen, die wussten, wie man die hilflose Empörung und Wut einer Massenansammlung deeskaliert. Ich verstand aber auch, warum unsere Rote-Punkte-Aktion gelungen war, mit der wir 1969 in Heidelberg gegen Fahrpreiserhöhungen im Öffentlichen Nahverkehr protestierten. Weil wir die Aktion in kleinen Gruppen vorbereitet und abgesprochen hatten, konnten wir viele »normale« Heidelberger Bürger dazu motivieren, rote Punkte auf ihr Auto zu kleben und fremde Leute im Auto mitzunehmen.

Karma und Gerechtigkeit: Warum gibt es so viel Leid?

Tu Gutes, meide das Böse und kläre deinen Geist.
BUDDHISTISCH

Menschen haben eine hohe Sensibilität für Gerechtigkeit, vor allem dann, wenn sie etwas *bekommen* wollen. Dann betonen sie ihre Gleichheit mit denen, die etwas erhalten. Wenn sie aber Geld oder Privilegien usw. *abgeben* sollen, berufen sie sich darauf, dass sie in einer ganz besonderen Lage sind und daher leider auf nichts verzichten können. Heute erwarten viele Menschen, dass der Sozialstaat für möglichst *gleichartige* Lebensverhältnisse sorgt. Sie fordern aber gleichzeitig, dass Politik und Recht ihnen ihre sehr individuellen *Freiheiten* garantieren und sie auf gar keinen Fall einschränken dürfen. Doch die Freiheit der Einzelnen endet da, wo sie die Freiheit der anderen einschränkt oder verletzt. Schrankenlose *Freiheit* und absolute *Gerechtigkeit* – was kann und soll das bedeuten, wenn Menschen so verschieden sind? Wir wollen zwar alle glücklich sein und möglichst nicht leiden, aber jeder Mensch versteht etwas anderes unter Glück und Leid.[6]

Liebe und Gerechtigkeit sind das große Thema schon in den Psalmen im Alten Testament. Warum gibt es so viel Leid in der Welt? Warum sterben gute Menschen an schweren Krankheiten und böse Menschen leben lange und im Wohlstand? An Allerheiligen 1755 brach in Lissabon nach einer Flutwelle ein verheerendes Feuer aus. Viele Fromme verbrannten beim Festgottesdienst in der Kathedrale, und viele Menschen in der sündigen Bordell-Meile überlebten. Für Voltaire und Leibniz wurde das zur großen Frage nach der Gerechtigkeit Gottes, der Theodizee (von gr. *dike*, Gerechtigkeit, und *theos,* Gott). Wie kann ein gerechter Gott das zulassen? Die großen Theologen Karl Rahner und Romano Guardini betonten nach dem unendlichen Leid des zwanzigsten Jahrhunderts immer wieder: Gott und das Böse sind und bleiben ein Geheimnis.[7] Buddhistinnen und Buddhisten betonen, dass das *natürliche* Leiden zum Leben gehört. Die Welt ist kein Paradies und das Leben keine Wellness-Veranstaltung. Wir können und sollen uns so gut wie möglich einsetzen für eine bessere und gerechtere Welt. Wenn wir das aber mit Feindbildern, Empörung und Wut tun, wird die Welt nicht besser.

Die indische Tradition spricht von gutem und schlechtem Karma (von Sanskrit *kri*, tun, bewirken). Die gleiche Wurzel hat unser Begriff »kreativ«. Der Hinduismus betont, dass die Bedingungen dieses Lebens die *Folge* unseres Handelns in früheren Leben seien. Der Buddhismus richtet den Blick eher in die Zukunft und betont, dass wir unser *künftiges* Schicksal durch heilsames Tun und Nichtverletzen in diesem Leben positiv beeinflussen können. Niemand kann das beweisen, denn selbst wenn eine vertrauenswürdige Person – und sei es eine Heilige oder ein Prophet – glaubt, sie könne Vergangenheit und Zukunft sehen, bleibt das für mich eine Aussage aus zweiter Hand. Und das gibt keine Sicherheit.

Ich schätze die Begriffe »heilsam« und »unheilsam«, denn sie weisen darauf hin, dass es darum geht, die *Folgen* unseres Handelns abzuschätzen: Wir sollten nur das tun, was für uns und andere zum Heil führt, und das lassen, was zum Unheil führt. Ich halte die Karma-Lehren, sofern sie klug und pragmatisch angewendet werden, für eine hilfreiche Pädagogik: »Tu Gutes, meide das Böse und kläre deinen Geist.« Das ist für mich eine gute Orientierung für ein heilsames Leben. Leider können wir die Folgen unseres Handelns aber nicht genau *berechnen*. Wir können sie nur *abschätzen*, und daher braucht Handeln Mut, wie Hannah Arendt immer wieder betont (siehe auch Kapitel 10).

Himmel und Hölle und die Erde auf Erden

Der Philosoph Odo Marquard bringt unsere Erwartungen ans Leben sinngemäß so auf den Punkt: Die Menschen der Neuzeit fordern den Himmel auf Erden. Wenn das nicht möglich ist, halten viele das Leben für die Hölle auf Erden. Wir können und sollten lernen, dass wir nur die Erde auf Erden haben können. Er spricht auch von der »Penetranz der Reste«[8], ein Hinweis auf unsere Neigung, unser relativ gutes Leben für selbstverständlich zu halten. Wir vergleichen unseren aktuellen Lebensstandard nicht mit dem unserer Eltern und Großeltern und der Menschen vor hundert Jahren, sondern mit einem vorgestellten idealen Zustand, den es noch nie gegeben hat. Der fehlende Rest, der zur utopischen Vollkommenheitsidee noch fehlt, plagt uns wie ein Stachel im Fleisch.

Hinter jeder Enttäuschung steckt eine *Täuschung*, wie ich im ersten Kapitel betont habe. Wenn wir zu viel vom Leben erwarten, sind wir schnell frustriert und fühlen uns ohnmächtig. Dann projizieren wir die uns fehlende Macht auf andere, erleben die Welt als böse und ungerecht, bauen Feindbilder auf und suchen und finden immer schnell Sündenböcke.

Die Welt als Spiegel 2.0: Feindbilder und Kooperation

Die Welt ist ein Spiegel und kein Fenster.
AYYA KHEMA

Was uns berührt, hat mit uns zu tun.
C. G. JUNG

Die in Berlin geborene buddhistische Nonne Ayya Khema (1923–1997) inspirierte mich in den 1990er-Jahren sehr mit ihrer großen Fähigkeit, komplexe Inhalte des Buddhismus in griffigen Sätzen zusammenzufassen. Auch der Satz »Die Welt ist ein Spiegel und kein Fenster« ist ein Gleichnis, und Gleichnisse muss man kulturell übersetzen, d. h. interpretieren. Die Welt ist natürlich kein Fenster, sondern sie liegt offen vor unseren Augen. Wir wissen im Prinzip, dass unterschiedliche Menschen sie unterschiedlich interpretieren. Sobald wir aber irritiert und verunsichert, aufgeregt oder wütend sind, glauben wir, sie »objektiv« zu sehen und »wissen«, dass unsere dummen und naiven Mitmenschen leider falsch liegen. Im Modus der Verblendung (Sanskrit *klesha*), d. h. im Griff von Gier, Hass und Unwissenheit, werden wir zu Besserwisserinnen und Rechthabern und fühlen uns umgeben von Dummköpfen oder Feinden.

Streit und Konflikte unter aufgeregten und wütenden Menschen sind eines der ungelösten Probleme der Demokratie, wenn nicht sogar das größte und schwierigste. Menschen fordern Gleichheit in Politik und Recht, ohne Ansehen der Person, und vor allem ohne Ansehen ihrer *emotionalen* Verfassung. Damit Demokratie funktioniert, müssen wir lernen, in aller Ruhe und mit guten *Argumenten* mit »Menschen im Plural« (Hannah Arendt) um die Lösung gemeinsamer Probleme und Herausforderungen zu ringen. Im konstruktiven demokratischen Streit gibt es kein *objektives* Rechthaben, sondern es geht darum, gemeinsam eine Lösung zu finden. Und dazu braucht es emotional reife und erwachsene Menschen, die wissen, dass ihr Wissen begrenzt ist, aber auch wie man sich und andere beruhigt und die besten Seiten bei sich und den anderen fördern kann.

Die Metapher von der Welt als Spiegel kann uns dazu auffordern und ermutigen, unsere emotionalen Reaktionen auf das Verhalten von anderen zu reflektieren. Denn »was uns berührt, hat mit uns zu tun«, weiß auch der Schweizer Psychologe C.G. Jung. Es ist nicht leicht, im Spiegel der Mitmenschen vor allem die *eigenen* Vorlieben und Abneigungen, Erwartungen und Ängste zu erkennen, aber es ist möglich. Dabei helfen langfristige Beziehungen zu Menschen, die wir schätzen und von denen wir uns auch einmal kritisieren lassen. Auch aus diesem Grund sind langfristige Beziehungen so wichtig. Aufgeregte Meinungskollisionen im Schnellfeuer-Modus ermöglichen und liefern keine neuen Argumente und öffnen auch keinen Raum dafür.

Auch deshalb können die modernen Medien und die eher anonymen Internet-Chats die regionale Zusammenarbeit und Kooperation von Menschen, die sich lange kennen und einander im Prinzip vertrauen, nie ersetzen, wenn auch unter bestimmten Bedingungen möglicherweise ergänzen.

Hass wird nicht überwunden durch Hass

> Hass wird nicht überwunden durch Hass.
> Hass wird überwunden durch Liebe.
> BUDDHA

Wir wünschen uns eine *gerechte* Welt und wollen als Individuen und Gruppen gesehen und *anerkannt* werden. Je weniger wir regional und im eigenen Umfeld stabil eingebunden sind, desto größer werden Erwartungen und Befürchtungen, desto häufiger fühlen wir uns übersehen, nicht ernst genommen und enttäuscht, und dann versinken wir entweder in Ohnmacht und Hilflosigkeit oder wir werden wütend. Wir kennen wohl alle die Erfahrung, dass uns Empörung und Wut Kraft geben. Das scheint ein sehr nützlicher Überlebensmechanismus zu sein, denn wir selbst sind der klare

Beweis dafür, dass unsere Ahnen überlebt haben, vermutlich weil sie auch ab und zu mal wütend waren.

Ärger, Wut und Empörung können ungeahnte Kräfte wecken. Wenn wir sie allerdings *brauchen*, um aktiv zu werden, wird unser Leben sehr anstrengend. Wir können uns aber auch in aller Ruhe eine schwierige Situation mit anderen zusammen anschauen und überlegen, wie wir das Beste daraus machen können. Wir sind Individuen *und* soziale Wesen und müssen lernen, mit anderen *auszukommen*. Das ist in der Moderne, der Postmoderne und der *zweiten* Moderne, wie der Soziologe Ulrich Beck unsere Zeit nennt,[9] schwieriger als in der Vormoderne, als der soziale Stand und die allgemeinen Sitten die Beziehungen weitgehend regelten. Wenn Menschen vor allem ihre *Freiheit* ausleben möchten, Pflichten für Einschränkungen halten und keine Verantwortung für ihr Handeln übernehmen wollen, gibt es sehr viel mehr Konflikte, und wir brauchen neue und allgemein akzeptierte Verfahrensweisen, um sie zu lösen.

Je mehr wir spüren und anerkennen, dass wir nicht nur *Freiheit,* sondern auch *Geborgenheit* brauchen, desto eher »wollen« wir – aus Einsicht in die Notwendigkeit – miteinander auskommen und einigen uns dann auf Abläufe und Regeln. Demokratische Verfahren entstanden in Krisenzeiten und in oft harten und schmerzhaften Auseinandersetzungen. Sie sind ein großer Schatz, den wir immer wieder in der konkreten Begegnung mit anderen, in Beziehungen mit Kontinuität, entdecken und heben können.

Seit meiner Studienzeit habe ich mich immer wieder in sozialen Projekten engagiert: Nachhilfe im Obdachlosenviertel, Deutsch als Fremdsprache unterrichten u. a. Seit Ende der 1990er-Jahre unterstütze ich zwei Projekte in Indien, deren Leitungsteams ich persönlich kenne. Durch den langjährigen Kontakt kann ich die konkreten Auswirkungen dieser Unterstützung beobachten, und das macht Mut. Hilfe zur Selbsthilfe weckt Vertrauen und Zuversicht. Einige meiner Schülerinnen haben soziale Projekte zur Unterstützung von Frauen in Indien und Nepal gegründet und machen ähnliche Erfahrungen (siehe Anhang).

Wenn wir mehr schwierige Informationen aufnehmen, als wir handelnd verarbeiten können, fühlen wir uns ohnmächtig. Daher dosiere ich auch die Aufnahme von Nachrichten über das Leid der Welt. Und wenn mich mein eigenes Leid oder das von anderen sehr belastet, ich aber nichts Hilfreiches tun kann, bete ich für mich und andere. Beten ist aktives Tun, und das stärkt Selbstwirksamkeit und Zuversicht. Und es verbessert das emotionale und geistige Klima auf der Welt.

Übung: Individuum, Gruppe und Masse

Welche Gruppen sind mir derzeit wichtig?
Welche waren vor zehn, zwanzig, dreißig Jahren wichtig?
In Kindheit und Jugend?
Habe ich schon einmal eine Massenpanik erlebt?
Welche reaktiven Emotionen habe ich da bei mir selbst
oder bei anderen erlebt?
Wie hat sich die Panik aufgelöst?
Welche Gruppen waren daran beteiligt?
Welche Qualitäten haben sie verkörpert?

Übung: Karma und Gerechtigkeit: Warum so viel Leid?

Wer oder was »ist schuld« an meinem Leid?
Am Leid von mir nahen Menschen?
Am Leid von Menschen in anderen Ländern, die ich nicht kenne,
deren Schicksal mich aber berührt und beschäftigt?
Was trage ich selbst dazu bei, dass die Welt gerechter wird?

Übung: Himmel und Hölle und die Erde auf Erden

Wie sieht »meine« perfekte Welt aus?
Was sollte diese Welt sein? Der Himmel auf Erden?
Was ist diese Welt derzeit für mich? Wie war das früher?
Wann war sie der Himmel, wann die Hölle auf Erden
und wann einfach Erde auf Erden?

Übung: Die Welt als Spiegel 2.0

Schauen Sie sich in der Wohnung oder draußen auf der Straße um.
Betrachten Sie die Welt für ein paar Momente als Spiegel.
Was sehen Sie? Was macht das mit Ihnen?
Wie sah die Welt als Kind für Sie aus?
In Ihrer Jugend? Vor dreißig, zwanzig oder zehn Jahren?
Welche schöne Landschaft inspiriert Sie?
Auch sie ist ein Spiegel.
Wenn Sie häufig niedergeschlagen und resigniert sind,

schauen Sie ab und zu gezielt und bewusst etwas Schönes an.
Auch das ist ein Spiegel.

Übung: Hass wird nicht überwunden durch Hass

Sie können einmal folgende Sätze auf sich wirken lassen:
Hass wird nicht überwunden durch Hass.
Hass wird auch nicht überwunden durch Anhaftung
an eigene Meinungen.
Hass wird überwunden durch Liebe, Dankbarkeit und Freude.
Feindbilder werden nicht überwunden durch Feindbilder.
Nur durch Verstehen und Verzeihen,
durch Gleichmut und Vergeben.
Spielen Sie das durch mit Begriffen,
die Sie beschäftigen und aufwühlen:

> Hass, Feindbilder, Stammesdenken, Vorurteile,
> Ohnmacht, Frustration, Grausamkeit, Unruhe, Neid,
> Gleichgültigkeit, Ungerechtigkeit, Rassismus …

Übung: Wunschgebete

Mögen die Wesen nur Glück erleben,
frei sein von Leid, voller Freud, in Gleichmut ruh'n.
Variante:
Möge das Bestmögliche geschehen. Für mich und für dich.
Mögen wir alle Wege aus dem Leid herausfinden.
Zum eigenen Wohl und dem aller.

4. Erwachsen werden und Erwachen

Ich und die anderen: Standpunkte und Perspektiven

> Wer angibt, hat's nötig.
> SPRICHWORT

Erwachsenwerden ist nicht einfach, aber möglich. Der Unterschied zwischen Erwachsenwerden und Erwachen ist klein, aber folgenreich. Im Deutschen kann man gut mit dem »s« und diesen Wörtern spielen, denn nur *ein* Buchstabe, das »s«, unterscheidet sie. Wir können es als Selbstbild oder Selbstwertgefühl interpretieren. Beim Erwachsenwerden geht es darum, ein Selbstgefühl zu entwickeln, sich ein Stück aus Familie, Sippe, Gruppe herauszulösen und Verantwortung zu übernehmen. Das wird möglich durch ein flexibles und stabiles Selbst- und Selbstwertgefühl, welches wir zusammen mit anderen Menschen entwickeln – hoffentlich in einem spielerischen Austesten von Grenzen und Verbundenheit, von Abgrenzung und Zusammenarbeit. Denn, wie Martin Buber betont: »Ich werde am Du. Alles wirkliche Leben ist Begegnung.«[10]

Menschen sind *einmalig* und konkret immer *verschieden*. Das kann man auch gut bei Geschwistern erkennen. Sie haben dieselben Eltern und sind im gleichen Umfeld aufgewachsen, unterscheiden sich aber doch meist sehr voneinander. Wir wollen irgendwie *gleich* sein mit anderen, auch wenn das immer ein *abstrakter* Anspruch bleibt, denn wir sind verschieden. Wir wollen die gleiche Aufmerksamkeit und Anerkennung wie unsere Geschwister und Spielgefährten, Schulkameradinnen und Sportskollegen.

Die Begriffe »Standpunkt« und »Perspektive« orientieren sich an unserer Stellung im Raum und sagen aus, dass niemand an demselben Punkt stehen kann wie eine andere Person. Wir sehen die Welt aus unterschiedlichen Perspektiven. Das müssen wir begreifen lernen, wenn wir mit anderen auskommen und kooperieren wollen. Eine alte »Indianer-Weisheit« hat mich als Kind sehr berührt: Wir können andere erst dann verstehen, wenn wir einige Tage in ihren

Mokassins gegangen sind. Wir haben eine Chance, andere zu verstehen, wenn wir uns in ihre Lebenssituation hineinversetzen können. Das wird uns nie ganz gelingen, denn wir sind und bleiben verschieden. Aber wir können es versuchen.

In der Gestalttherapie habe ich in den 1970er-Jahren gelernt, spielerisch »den Stuhl« zu wechseln und damit meine Perspektive mit der der anderen Person zu tauschen. Das war sehr aufschlussreich. Und doch bleibt es schwierig, vor allem dann, wenn wir aufgeregt oder wütend, verletzt oder verunsichert sind. Denn dann bleiben wir in unserer eigenen Perspektive stecken.

Daher empfiehlt der Buddhismus, sich vor jedem Versuch einer Klärung zunächst zu beruhigen, und manchmal gelingt das mit guten Erklärungen. Wenn wir uns ein wenig beruhigt haben, können wir uns vielleicht spielerisch in die andere Person hineinversetzen und die Welt mit anderen, mit ihren Augen sehen. Das hat natürlich Grenzen, denn selten können wir uns in alle Erfahrungen von anderen hineinversetzen. Aber wir können es versuchen und zuhören, wenn und wie die andere Person ihre Erfahrungen beschreibt.

Wenn uns eine andere oder eine neue Perspektive irritiert und verunsichert, sind wir selten bereit, unsere eigenen Vorstellungen oder Konzepte zu überprüfen. Wir halten dann meist besonders stark an unseren Meinungen fest, denn *wir* wissen Bescheid und haben recht. Wir unterliegen dem *confirmation bias,* d. h. wir geraten in die Bestätigungsfalle und können nur Argumente hören, verstehen und erinnern, die unsere Sicht bestätigen.

Die eigene Sicht der Dinge können wir nur mit ruhigem Herz und Verstand hinterfragen. D. h. wir müssen lernen uns zu beruhigen und Herz und Geist zu klären. Das stärkt auch das Gefühl von Selbstwirksamkeit und Selbstakzeptanz, denn wir schätzen uns selbst mehr, wenn wir nicht aufgeregt sind und uns nicht ohnmächtig fühlen. Rechthaberei und Besserwisserei, Stolz und Arroganz sind auch aus buddhistischer Sicht Ausdruck von Unsicherheit. Denn: »Wer angibt, hat's nötig.«

Kreativ streiten: Kreativ statt reaktiv

Kann man kreativ streiten, oder ist Streit immer Ausdruck von Unsicherheit und einer kleingeistigen Haltung? Streiten kann dann kreativ werden und sein, wenn es eine *gemeinsame* Basis gibt. Gemeinsame Werte, Vorstellungen und Regeln und ein gewisses Maß an Rücksicht, Umsicht und Höflichkeit sind die Grundlage eines funktionierenden Miteinanders und jeder stabilen Demokratie. Wenn sich Menschen begegnen, die jeweils glauben, recht zu haben, gibt es keinen gemeinsamen Raum, um Wege zur Lösung der gemeinsamen Probleme zu besprechen und auszuhandeln.

Je mehr wir verstehen, dass *alle* Vorstellungen bestenfalls *gültige Konzepte* sind, desto eher können wir zumindest intellektuell einsehen, dass niemand eindeutig oder immer recht haben kann. Erst dann können wir unterschiedliche Einschätzungen als Bereicherung erleben, denn zusätzlich zu unserer eigenen, immer auch *begrenzten* Perspektive lernen wir *andere* Perspektiven kennen. So gesehen ist das Hinterfragen unserer Vorstellungen eine notwendige Voraussetzung für jedes Zusammenleben unterschiedlicher Menschen und auf jeden Fall für eine lebendige Demokratie.

Wir können mit den ähnlich klingenden Worten »reaktiv« und »kreativ« spielen. Wenn wir die Reihenfolge von »reak« zu »krea« ändern, wird aus einer reaktiven Emotion, mit der wir zwanghaft auf einen einzigen Reiz und damit auf einen Ausschnitt der Situation reagieren, ein kreatives Verhalten, das neue Aspekte beleuchtet. Statt *automatisch* mit einem eingefahrenen alten Muster zu reagieren, spielen wir mit der Erfahrung, und so entsteht *spontan* aus einer komplexeren Wahrnehmung etwas Neues, das alle Beteiligten inspirieren kann.

Gier und Sehnsucht

Erfahrungen haben viel zu tun mit unseren Erwartungen und unseren Mustern. Wenn wir uns und die Welt, Menschen, Umstände und Dinge anders haben wollen als sie sind, ohne zu verstehen, wie sie entstanden sind und welche Bedingungen es für eine konstruktive Veränderung braucht, leiden wir mehr als nötig. Wenn wir Veränderungen anstreben, weil wir eine Ahnung davon haben, welche

Bedingungen uns und andere heilen, trösten, fördern und die Not wenden könnten, kann dieses Streben inspirieren, Zuversicht wecken und Orientierung geben. Was ist der Unterschied zwischen Gier und Sehnsucht, unheilsamen und heilsamen Wünschen, zwischen »craving« und »longing«?

Was geschieht, wenn wir etwas aus Gier, Angst oder Minderwertigkeitsgefühlen »haben« oder »anders haben wollen«, und wie zeigt sich der Wunsch oder die Sehnsucht nach »sinnvollen und möglichen Veränderungen«? Die kurze Antwort lautet: Das hängt von unserer Sicht auf uns und die Welt ab. Aus Gier spricht die Stimme des Mangels und der Angst, aus Sehnsucht die Stimme der Weisheit, die die Fülle ahnt. Wenn wir unsicher und ängstlich sind, voller Minderwertigkeits- und Mangelgefühle stecken und von strengen Über-Ich-Ansprüchen und unrealistischen Ich-Idealen angetrieben werden, greifen wir nach allem, was Halt geben könnte, vor allem nach den vier »weltlichen Anliegen«: Status und Besitz, Zuwendung und angenehmen Gefühlen, und wir fürchten uns vor ihrem Verlust bzw. der gegenteiligen Erfahrung.

Doch manchmal – besonders in Krisen, aber auch in guten Zeiten, allerdings eher selten, wenn wir selbstzufrieden sind – hören wir die Stimme der Weisheit hinter unseren konventionellen Rollen und Selbstbildern, hinter reaktiven Emotionen und Enttäuschungen, hinter Verzweiflung und Traurigkeit.

Der Buddhismus geht davon aus, dass heilsame Einstellungen wie Freundlichkeit und Mitgefühl, Freude und Gelassenheit häufiger heilsame Folgen haben als Handlungen, die von Gier und Hass oder von Dumpfheit oder Sturheit motiviert sind. Ob das stimmt, können wir nicht durch Nachdenken herausfinden, sondern nur, indem wir üben, d. h. »Arbeitshypothesen« der Tradition ausprobieren. Denn *Theorien* selbst befreien uns nicht, nur das *Ausprobieren* kann uns den Geschmack der Freiheit vermitteln.

Die Unterscheidung zwischen Gier und Sehnsucht ist immer wieder notwendig auf dem Weg. Denn westliche Erziehung *und* manche buddhistischen Anweisungen fördern die Neigung, uns mit überzogenen Ansprüchen zu überfordern, seien es von anderen übernommene Über-Ich-Ansprüche oder selbst formulierte Ich-Ideale. Der Dreischritt von *unterscheiden, üben* und *hinschauen* hilft uns, kulturell und psychologisch bedingte Unterschiede von Übungsansätzen zu erkennen und zu berücksichtigen. Nur wenn wir das tun, vermeiden wir die Falle, unheilsame Muster durch ungeschicktes Üben zu verstärken. Wir spüren bestimmte Impulse und lernen, Gier und Sehnsucht ein bisschen besser zu unterscheiden. Wenn es gut läuft, üben wir Wohlwollen und Freundlichkeit, Dankbarkeit und Freude, und wenn es schwierig wird, Mitgefühl mit uns und anderen sowie Gleichmut – aus Einsicht, dass Leiden, Unbeständigkeit und Nichtkontrollierbarkeit zum Leben dazugehören. Und so lernen wir, immer genauer hinzuschauen und Gier und Sehnsucht voneinander zu unterscheiden.

Wenn wir unsere Erfahrungen in aller Ruhe genauer beobachten, bemerken wir, dass viele Bereiche des Lebens wunderbar funktionieren, auch ohne dass wir sie begreifen. Innehalten und unterscheiden, üben und genau hinschauen helfen uns, ein immer besseres Gespür für heilsame und unheilsame Ansichten, Einstellungen und Verhaltensweisen zu gewinnen. Und sie stärken unser Vertrauen, dass es in uns und anderen, in der Natur und im ganzen Universum eine Weisheit gibt, die uns leben hilft. Und mit diesem Vertrauen können wir immer genauer unterscheiden zwischen ängstlicher Gier nach bestimmten Erfahrungen und Umständen und der Sehnsucht nach Bedingungen, die uns und andere trösten, nähren und heilen.

Allerdings sagt die Stimme der Weisheit nicht immer das, was wir hören wollen, und manchmal spricht sie mit einem uns unvertrauten Akzent. Sie sagt: »Innehalten«, wenn wir mit dem Kopf durch die Wand wollen, oder: »Vertrauen«, wenn wir gerade verzweifeln, weil Dinge und Menschen nicht nach unserer Pfeife tanzen. Sie flüstert: »Hingeben, nachgeben, loslassen«, wenn wir lieber unser Ding durchziehen wollen, und sehr oft sagt sie: »Das kann niemand verstehen, und das ist so in Ordnung.«

Wir können sie immer dann gut hören, wenn wir unseren Erfahrungen offen, klar und feinfühlig begegnen: uns ihnen öffnen, sie so klar wie eben gerade erkennen und sie annehmen, genauso wie sie sind, ohne sie zu überhöhen oder abzuwerten. Dann stimmen wir uns ein auf den Klang der Weisheit in uns, und vielleicht singen wir dann zusammen das Lied unseres Lebens, mehrstimmig, mal mehr in Dur, mal mehr in Moll. Aber immer im Einklang mit dem was ist, innen und außen.

Das ist das Wunder des Lebens, und wir entdecken es, wenn wir z. B. unsere Gier spüren, sie weder verteufeln noch ihr blind und vorschnell folgen, sondern der Sehnsucht nachspüren, die darin ruft, immer und immer wieder. Wollen wir wirklich das dritte Eis am Stiel oder die fünfte Fortbildung oder sehnen wir uns nach einer anderen Art der Erfüllung und des Genährtwerdens?

Die etwas schlechte Nachricht dabei ist: »Wer nicht hören will, muss fühlen.« Manchmal wollen wir einfach nicht zuhören, geraten immer wieder in dieselben Fallen und Konflikte und ärgern uns oder sind verzweifelt, weil wir etwas nicht bekommen, was wir unbedingt haben wollen. Und das tut weh. Aber – und das ist die wirklich gute Nachricht: Die Stimme der Weisheit hört nie auf zu rufen. Darauf können wir vertrauen, gerade auch dann, wenn es wehtut, auch im Schmerz. Manchmal kann uns ein Schmerz aufwecken, denn er fordert uns auf, genauer hinzuschauen.

Alte Wunden heilen

Manche Erfahrungen belasten uns heute noch, auch wenn sie schon sehr lange vorbei sind. Wie wird eine *einmalige* Erfahrung zu einer *alten* Wunde, die uns nach Jahren immer noch quält? Anders gefragt: Wie halten wir an einer Erfahrung fest? Können wir das verändern und die alte Wunde heilen? Wir können dieses Thema mit Fragen und Thesen zu den drei Leitbegriffen – Wunden, Festhalten und Heilen – umkreisen.

Wunden: Woran leide ich derzeit? Was sind alte Wunden, die mich belasten. Vor welchem Leiden fürchte ich mich in der Zukunft? Sind meine Leiden notwendig? Vermeidbar? Der Buddhismus unterscheidet zwischen *natürlichem* Leiden, das zum Leben gehört, und dem *zusätzlichen* Leiden, das durch überzogene Erwartungen und Befürchtungen, durch reaktive Emotionen und alte Verhaltensmuster entsteht. Darüber habe ich schon im zweiten Kapitel gesprochen.

Festhalten: Erfahrungen kommen und gehen, denn sie sind unbeständig und verändern sich häufig. Um Erfahrungen festzuhalten, brauchen wir zumindest eine diffuse Absicht und Kraft oder Energie. Wie entstehen sie? Erfahrungen entstehen in einem komplexen Zusammenspiel von äußeren Bedingungen und inneren Ursachen, von Wünschen und Erwartungen, von reaktiven Emotionen und alten Verhaltensmustern. In der unten vorgestellten

Übung »Aufhänger, Stimmung, Hintergrund (2)« habe ich zentrale Aussagen zum Festhalten aus den Karma-Lehren so zusammengefasst, dass wir unsere Erfahrungen damit genauer untersuchen können.

Heilen: Können wir alte Wunden heilen und falls ja, wie soll das gehen? Der Buddhismus vertraut darauf, dass *Einsicht* und *Freude* zur Heilung alter Wunden beitragen können. Die Einsicht in und die Akzeptanz des natürlichen und zusätzlichen Leidens sowie das Verstehen der Mechanismen des Festhaltens beruhigen und zeigen uns Wege, wie wir das zusätzliche Leiden verringern und so mehr und mehr fähig werden, das natürliche Leiden anzunehmen.

Die Kultivierung von Freude stabilisiert uns so weit, dass wir alte Wunden mehr und mehr verarbeiten: Wir können auch lernen, uns weniger auf unser Leiden und das von anderen zu fixieren und uns nicht mehr so sehr damit zu identifizieren. Am Ende des ersten Kapitels habe ich bereits vier Dimensionen des Glücks und der Freude beschrieben. Wir können sie bewusst wahrnehmen und gezielt suchen und fördern: Sinnesfreuden, gute Beziehungen, Sammlung und Einsicht (zu Sammlung siehe auch Kapitel 14). Im achten Kapitel beschreibe ich vier heilsame Haltungen, die wir ebenfalls bewusst kultivieren können: 1. Liebe oder Wohlwollen und 2. Freude und Dankbarkeit, wenn es gut läuft; 3. Mitgefühl und 4. Gleichmut, wenn es schwierig wird.

Übung: Ich und die anderen: Standpunkte und Perspektiven

Wann haben Sie in den letzten Tagen oder Wochen
heftig gestritten?
Worum ging der Streit? Wer hatte recht?
Wie war Ihr Selbstwertgefühl unmittelbar vor dem Streit?
Und wie danach?
Wie fühlte sich die andere Person?
Wie war Ihre Stimmung während und nach dem Streit?
Was waren die Folgen des Streits? Mit wem können Sie in Ruhe
unterschiedliche Standpunkte und Perspektiven
besprechen und reflektieren?

Übung: Kreativ streiten: Kreativ statt reaktiv
Wann hatten Sie in den letzten Tagen oder Wochen
ein konstruktives Streitgespräch? Worum ging es?
Was ist die gemeinsame Basis, die Sie beide verbindet?
Welche alten Muster wurden nicht aktiviert?
Welches spontane Verhalten wurde möglich?
Was können Sie selbst zu konstruktiven Gesprächen beitragen?

Übung: Gier und Sehnsucht
Wonach sehnen Sie sich derzeit am meisten?
Worum geht es dabei? Um eine Erfahrung oder eine Einsicht,
um Herzensfrieden oder Klarheit, um Freude oder Leichtigkeit?
Wonach sehnten Sie sich als Kind?
Wonach sehnten Sie sich vor zehn, zwanzig, dreißig Jahren?
Können Sie für die Erfüllung Ihrer Sehnsucht beten?
Sie könnten es versuchen:
»Möge meine Sehnsucht ihre Erfüllung finden.«
Wann spürten Sie in den letzten Tagen und Wochen
ein starkes Bedürfnis nach »etwas«,
wofür Sie den Begriff Gier passend finden? Worum ging es dabei?
Haben, besitzen oder erleben Menschen in Ihrem Umfeld das,
wonach Sie so sehr verlangen?
Woran erkennen Sie Gier? Und woran Ihre Sehnsucht?
Gibt es ein Bild, das den Unterschied deutlich macht?
Kennen Sie die leise Stimme der Weisheit? Hören Sie auf sie?
Woran erkennen Sie diese Stimme?

Übung: Alte Wunden heilen
Woran leide ich derzeit? Welche alten Wunden belasten mich?
Vor welchem künftigen Leiden fürchte ich mich?
Sind diese Leiden natürlich? Sind sie vermeidbar? Wie?
Wie oft denke ich an diese Leiden?
Gebe ich jemandem die Schuld daran?
Welche alte Wunde ist schon geheilt? Was hat dazu beigetragen?

Übung: Aufhänger, Stimmung, Hintergrund (2)

Mit welchem Leid bin ich gegenwärtig konfrontiert?
Was war der Auslöser für diese Verletzung und dieses Leid?
In welcher Verfassung war ich unmittelbar bevor das Leid geschah?
Was habe ich mitgebracht in diese Situation?
Was hatte ich damals erwartet? Von mir selbst? Von den anderen?
Welche alten Muster wurden ausgelöst und aktiviert?
Was kann ich von meiner Seite her tun oder lassen,
um mehr Freude im Leben zuzulassen
oder sie mehr zu bemerken und zu schätzen?
Wer kann mich dabei unterstützen?
Kann und will ich diese Hilfe annehmen?

Teil 2

Beziehungen

5. Liebe und Anhaftung

Noch in der Generation unserer Eltern und Großeltern verbrachten die meisten Menschen ihr ganzes Leben am selben Ort, im selben Beruf und mit demselben Partner, und sie waren eingebettet in das Beziehungsgeflecht ihrer Familie, Nachbarschaft und Gemeinde. Das hat sich weitgehend aufgelöst. Das Leben in der heutigen Zeit ist geprägt von Umzügen und Scheidungen, Berufs- und Stellenwechseln, Kirchenaustritten und abgebrochenen Kontakten zur Herkunftsfamilie. So geht vieles verloren, was früher Sicherheit und Zuwendung, Sinn und Orientierung gegeben hat.

Viele Menschen erwarten nun Ersatz dafür von ihrer Partnerin oder dem Ehemann, und überfordern diese damit ganz erheblich. Das stellt private Beziehungen auf eine ebenso harte Probe wie die zunehmende Individualisierung der Einzelnen und die ökonomischen Bedingungen, die Paare nur noch selten zwingen, zusammenzubleiben.

Liebesbeziehungen scheitern darum häufiger als früher, und eine Trennung wirft die Menschen leichter aus der Bahn: Sie verlieren die Person, von der sie all ihr Glück erhofften, und kein traditionelles Sozialgefüge fängt sie mehr auf. Oft geben sie dann sich selbst die Schuld an der gescheiterten Beziehung. Womöglich halten sie sich gar für beziehungsunfähig. Ihnen kann es helfen zu erkennen, wie schwierig die heutige Zeit tatsächlich ist. Wir leben seit Mitte des 20. Jahrhunderts in einer sehr komplexen Umbruchphase: Atomwaffen und Umweltkrise, religiöser und politischer Fundamentalismus, Artensterben und Klimaerhitzung und heute auch noch Corona. In Umbruchzeiten schälen sich neue Lebensformen erst allmählich heraus. Die meisten Menschen genießen aber die erst neu gewonnenen Freiheiten zu sehr, als dass sie zurückkehren wollten zu der früheren Lebensweise, zu lebenslanger Ehe, Kleinfamilie und traditionellen Geschlechterrollen.

Auch der Buddha lebte vor zweieinhalbtausend Jahren in einer solchen Umbruchphase, und er lehrte, Glück und Sicherheit nicht in äußeren Umständen zu suchen, sondern im eigenen Herzen und in neuen Denk- und Verhaltensweisen. Diese lassen sich nicht von heute auf morgen lernen und ins Leben integrieren. Eingeschliffene Muster lösen sich nur langsam auf. Das zeigt auch unser Essverhalten. Auch heute noch ernähren sich viele Menschen in den reichen Ländern wie Steinzeitmenschen. Sie essen so viel, fett und süß, als müssten sie täglich vierzehn Stunden schuften und sich für magere Zeiten ein Fettdepot zulegen, obwohl sie wissen, dass sie morgen wieder etwas zu essen bekommen. Wenn schon neue Esssitten so schwer zu lernen sind, wie hartnäckig müssen sich dann erst die alten Beziehungssitten halten?

Oft leiden wir unter unseren Liebesbeziehungen. Das hört erst auf – so die buddhistische These –, wenn wir Liebe nicht länger mit Anhaftung verwechseln, das eine entwickeln und das andere loslassen.

Was ist Liebe?

Liebe, so heißt es, ist die Triebkraft des Lebens, der Motor der Welt, die Kraft des Schöpferischen. Sie ist die Erfüllung des Lebens, auch für viele Karrierefrauen und -männer, und kleine Kinder könnten ohne sie nicht überleben. Asketen fürchten sie als Stolperstein auf dem Weg zur Erleuchtung. Tantrische Yoginis und Yogis dagegen feiern sie als die Kraft, die zur allumfassenden Liebe und damit zur höchsten Weisheit führen kann.[11]

Manche glauben, sie könnten nur eine Person lieben. Andere sagen, sie liebten alle Angehörigen, Freundinnen und Freunde, Brahms und den Sonnenuntergang auf Helgoland. Amerikanerinnen und Engländer gehen besonders locker um mit dem Wort »love«. Sie verwenden es auch da, wo wir eher von »gernhaben« sprechen. Das Wort »Liebe« reservieren wir meist für Melodramen mit Treueschwüren und tränenreichen Szenen. Viele glauben auch, Liebe sei die Kehrseite von Hass und könne jederzeit in diesen umschlagen, und meist verbinden wir sexuelles Begehren mit dem Wort. Im Christentum spielt allerdings auch die nichterotische Liebe eine große Rolle – als tätige Nächstenliebe.

Kurz und gut: Für die Liebe scheint es so viele Definitionen wie Menschen zu geben. Andererseits ist sie eine allgemeinmenschliche, existenzielle Erfahrung und unergründlich wie der Tod. Wir werden nie wissen, was sie »wirklich« ist, und können sie nur erfahren. Und wir können herausfinden, was sie für uns bedeutet. Oft erkennen wir bisher unbewusste Einstellungen auch erst aus einem fremden Blickwinkel heraus, aus dem Blickwinkel eines anderen Menschen oder einer anderen Kultur. Darum möchte ich nun die buddhistische Definition von Liebe vorstellen: Sie ist der Wunsch nach Wohlergehen – ich will, dass es der geliebten Person gut geht, und ich will auch dazu beitragen. Und als Liebe zu sich selbst gilt dementsprechend der Wunsch, es möge mir gut gehen, und die Bereitschaft, dafür auch etwas zu tun.

Dieses grundsätzliche Wohlwollen hat wenig gemein mit dem, was in Schlagern und Kitschromanen verherrlicht wird: »Ich will dich, ich brauch' dich, ohne dich kann ich nicht leben.« Solche Gefühle werden im Buddhismus nicht Liebe, sondern »Anhaftung« genannt und zählen zu den »Verblendungen«, das heißt zu den Reaktionen, die Leiden schaffen und den Frieden des Herzens und des Geistes zerstören.

Tatsächlich sind unsere Liebeserfahrungen selten friedvoll. Zu oft sind wir von Habenwollen durchdrungen: Wir wollen Nähe, Aufmerksamkeit und Zuneigung; wir wollen begehrt werden, in Ekstase geraten und uns selbst vergessen. Nun führen Verlangen, Haben- und Festhaltenwollen aber immer zu Unruhe, Unzufriedenheit und Enttäuschung, mithin zu Leiden. Darum gilt im Buddhismus ein Großteil dessen, was wir Liebe nennen, als Anhaftung, als eine Form von Verblendung.

Vier Merkmale

Die buddhistische Psychologie unterscheidet Liebe und Anhaftung anhand von vier Merkmalen, die ich hier vorstellen möchte.[12]

Natürlich ist eine solche Gegenüberstellung notwendigerweise verkürzt. Dennoch gibt mir die folgende Unterscheidung seit Jahren Orientierung im Chaos der Gefühle: Liebe entspringt innerem Reichtum, während Anhaftung durch inneren Mangel entsteht. Liebe sieht die geliebte Person realistisch, sie erkennt und liebt auch ihre Schwächen, während Anhaftung durch eine rosarote Brille schaut. Liebe nimmt stetig zu, während Anhaftung heftig schwankt und in Hass oder Gleichgültigkeit umschlagen kann. Und zu guter Letzt: Liebe tut gut; Anhaftung tut weh.

Es mag ernüchternd sein zu erkennen, dass vieles, was wir für Liebe halten, diesen Kriterien nicht genügt. Aber ist es nicht auch befreiend zu erfahren, dass Liebe nichts, aber auch gar nichts mit Leiden zu tun hat? Also könnten wir nach Herzenslust lieben – und glücklich sein. Was hindert uns daran?

Reichtum und Mangel

Liebe entsteht, wenn wir bereits glücklich sind und dieses Glück mit anderen teilen möchten, wenn wir uns reich und lebendig fühlen und so voller Selbstvertrauen, als könnten wir die ganze Welt aus den Angeln heben. Unser Herz ist so voll, dass es überfließt. Uns geht es so gut, dass wir die ganze Welt umarmen möchten. Besonders gern natürlich die geliebte Person. Wir möchten sie auf Händen tragen, ihr die Sonne schenken und die Sterne und alles, was ihr Herz begehrt. Wir möchten, dass sie glücklich ist.

Anhaftung dagegen entsteht aus einem Gefühl der inneren Leere, des Mangels. Wir fühlen uns unerfüllt und unvollständig, eine halbe Seele. Und was uns fehlt, suchen wir in der Außenwelt: Ein Prinz oder eine Prinzessin soll uns »wach küssen« fürs »richtige« Leben. Sie soll uns retten vor Langeweile und öden Sonntagen, unserem Leben einen Sinn geben und uns dreimal täglich sagen: Ich liebe dich. Er soll uns sexuell befriedigen, ohne dass wir sagen müssten, was wir mögen, und immer ein offenes Ohr haben für unsere Sorgen und Nöte. Sie soll schön und erfolgreich sein und in Gesellschaft brillieren, und zwar immer, damit alle Welt uns beneidet um diesen fabelhaften Menschen, den wir brauchen, so sehr brauchen, weil wir unsere eigene fabelhafte Seite noch nicht entdeckt haben.

Angenommen, wir begegnen in dieser Verfassung einer »ganz normalen« Person, die sich für uns interessiert. Je mehr wir nach Liebe hungern, desto eher sind wir bereit, unsere Wunschbilder auf sie zu übertragen, vorausgesetzt »die Chemie stimmt« und etwas Geheimnisvolles klickt zwischen uns. Wir mögen glauben, die große Liebe habe unser Herz berührt. Doch meist haben sich nur bestimmte Muster ineinander verhakt.

Was tatsächlich geschieht, finden wir im Laufe der Zeit heraus. »Wenn ihr euch in einem Jahr immer noch so liebt, habt ihr eine Chance«, pflegte meine beste Freundin trocken zu sagen, wenn ich wieder einmal von einer neuen großen Liebe erzählte.

Wahrnehmen und Idealisieren

Wenn wir uns einer anderen Person aus dem Gefühl des inneren Mangels heraus zuwenden, können wir ihre Stärken und Schwächen kaum richtig einschätzen, denn wir wollen zu sehr, dass sie die Erfüllung unserer Träume sei, zumindest einiger. Wir dürfen gar nicht richtig hinschauen.

Schwächen werden dann leicht in Stärken umgedeutet: Wer kaum den Mund aufmachen kann, ist geheimnisvoll und tief. Wer ununterbrochen redet, ist unterhaltsam und inspirierend. Wer das Geld zum Fenster hinauswirft, ist großzügig, und wer knausert, hat Sinn fürs rechte Maß. Wagt eine gute Freundin, die glänzende Gestalt an unserer Seite zu kritisieren, fahren wir ihr gleich über den Mund: »Du kennst ihn nicht richtig.« »Er ist eigentlich ganz anders.« »Du hast eben Vorurteile.« Selbst wenn uns die ersten Zweifel beschleichen, versuchen wir meist noch eine ganze Weile, unser Glanzbild aufrechtzuerhalten, weil wir unser Selbstwertgefühl daraus ziehen, einen perfekten Menschen an uns gebunden zu haben.

Doch wenn wir wirklich lieben, können wir auch die Schwächen der geliebten Person annehmen. Wir sind ihr auch dann noch liebevoll zugetan, wenn sie unmögliche Ansichten äußert und sich unpassend anzieht, morgens etwas muffelig ist und manchmal etwas pingelig, wenn die ersten Falten sich zeigen oder das Bäuchlein sich rundet. Das tut der Liebe keinen Abbruch. Wir wissen: Niemand ist vollkommen.

Wachsende Zuneigung

Mit der Zeit wird die Liebe immer tiefer, inniger. Allerdings erleben die meisten Menschen diese Art Offenheit und gereifter, unverbrüchlicher Zuneigung eher in langjährigen Freundschaften als in einer Ehe oder in eheähnlichen Zweierbeziehungen. Diese sind oft mit zu viel Anhaftung durchsetzt und zu kurzlebig. Doch kann Verbundenheit nur wachsen, wenn wir einander immer besser kennenlernen.

Das lässt sich beim Lesen von Romanen recht gut beobachten. Zum Beispiel ist Patricia Highsmiths »Mister Ripley« alles andere als ein guter Mensch. Doch wir erfahren so viel von ihm, von seinen Eigenheiten und Gewohnheiten, seinen innersten Gedanken und Gefühlen, dass wir ihn immer besser verstehen und sogar mögen. Am Ende hoffen wir gar, er – ein Mörder! – möge der Polizei entkommen. Allerdings können wir die Schwächen von Heldinnen und Protagonisten in Romanen relativ gelassen hinnehmen: Wir erwarten nichts von ihnen; sie tun uns nichts; wir müssen nicht mit ihnen leben.

Im realen Leben kann es recht mühsam sein, überzogene Erwartungen aufzugeben und zu lernen, mit den Schwächen der geliebten Person zu leben. Diese aber zeigen sich unweigerlich. Irgendwann müssen wir unsere rosarote Brille ablegen.

Ent-Täuschung und Hass

Doch was passiert, wenn wir die Liebe nicht finden, sondern weiter anhaften?

Ganz gleich, wie sehr wir uns an unsere Traumbilder klammern, irgendwann rüttelt uns das Leben wach, und wir müssen einen Blick auf die ganz normale Person an unserer Seite werfen, auf ihre Maulfaulheit oder Schwatzhaftigkeit, ihren Geiz oder ihre Verschwendungssucht.

Je mehr wir den tollen Prinzen oder die Prinzessin für unser Selbstwertgefühl brauchen, desto höher ist der Thron, den wir bauen, und desto tiefer ist der Fall. Doch das können wir nicht ertragen. Darum klammern wir uns gerade dann besonders stark an unsere Vorstellungen und setzen die andere Person damit unter Druck. Vergebens. Menschen sind, was sie sind, und tun, was sie tun. Sie werden sich niemals von heute auf morgen, von Grund auf und auf Dauer ändern, nur um in unsere Schablonen zu passen. Diese gilt es loszulassen.

Das heißt natürlich nicht, dass wir uns schlecht behandeln lassen müssten. Doch meist verlangen wir zu viel, oder wir wollen, dass die Person Eigenschaften ablegt, die uns gar nicht schaden. Das aber wird sie niemals tun. Sie mag versprechen, sich zu ändern, mag in poetischer Sprache und schönen Briefen den Zauber des Anfangs beschwören oder die Zukunft in den rosigsten Farben ausmalen. Ihr Verhalten aber wird dasselbe bleiben. Verschließen wir die Augen davor und kleben weiter an unseren Traumbildern – »früher warst du ganz anders«, »du hast mir aber versprochen« –, werden wir bloß aufs Neue enttäuscht und leiden immer mehr, statt die Ent-Täuschung als Ende der Täuschung zu feiern und zu lernen, mit den Schwächen der geliebten Person zu leben.

Das kann jahrelang so gehen: Wir sind blind für die reale Person und klammern uns an unser Traumbild. Dann blättert der Putz, und wir sind enttäuscht. Wir restaurieren das Bild und werden wieder und wieder und immer wieder enttäuscht.

Je größer unsere Illusionen waren und je stärker wir uns an sie klammerten, desto leidenschaftlicher reagieren wir, wenn unsere Erwartungen nicht erfüllt werden. Glühende »Liebe« schlägt dann um in brennenden Hass: Wer sich in einen »edlen Ritter« verliebte, hasst ihn nun wegen eines einzigen Neins für seinen »beispiellosen Egoismus«. Wer sich von seiner Partnerin ewige Treue erträumte, hasst sie nun für einen Seitensprung als verdorbene Schlampe. Und wenn unser Salonlöwe mal eine schlechte Figur macht, dann hassen wir ihn gleich als einen erbärmlichen Wicht, für den wir uns überall schämen müssen.

Manche meinen, heftige Gefühlsschwankungen, dramatische Konflikte und leidenschaftliche Auseinandersetzungen seien ein Beweis für echte Liebe. Dabei sind nur unsere Emotionen in Wallung geraten. Ob wir aber wirklich lieben, wäre zu prüfen.

Der Buddhismus lehrt etwas anderes: Was umschlägt in Gleichgültigkeit, Abneigung oder blanken Hass, das ist keine Liebe, sondern Anhaftung, denn dann erhoffen wir unser ganzes Glück von einer anderen Person, übertreiben ihre Stärken und ignorieren ihre Schwächen. Entdecken wir nach einiger Zeit den »ganz normalen« Menschen, fühlen wir uns betrogen und schauen in unserer Enttäuschung jetzt nur noch auf Fehler und Schwächen, übertreiben sie, lehnen sie ab und lassen kein gutes Haar mehr an der anderen Person. So schlägt Anhaftung an Wunschbilder um in Abneigung gegen Negativbilder.

Wenn es wehtut, ist es keine Liebe

Zeitweise können wir uns bezüglich der ersten drei Merkmale vielleicht täuschen, uns also inneren Reichtum, eine realistische Sicht und wachsende Zuneigung einbilden. Doch beim vierten Kennzeichen schlägt die Stunde der Wahrheit. Dann nämlich, wenn wir uns fragen: »Tut diese Beziehung mir gut? Kann ich mich darin positiv entwickeln? Kann ich das Beisammensein unbeschwert genießen? Bin ich glücklich? Ist die andere Person glücklich?« Dann ist es Liebe. »Oder bin ich oft nervös und angespannt? Fürchte ich ständig, die andere Person könne fremdgehen, mich zu wenig lieben oder verlassen? Bin ich oft enttäuscht? Sitze ich oft kettenrauchend und mit tränenfeuchten Augen neben dem Telefon oder Smartphone, das partout nicht klingeln will?« Dann ist es Anhaftung.

Wege zur Liebe

Wenn wir Anhaften als Anhaften erkennen, machen wir den ersten Schritt auf dem Weg zur Liebe.

Es mag ernüchtern, wenn wir unsere Gefühle für einen anderen Menschen untersuchen und dann feststellen: Es ist wenig Liebe da und sehr viel Anhaftung.

Tatsächlich sind die meisten Beziehungen eine Mischung von Liebe und Anhaftung. Vermutlich können nur vollkommen erwachte Buddhas reine Liebe leben. Wir dagegen müssen zuerst einmal erkennen, was wir eigentlich empfinden. Dann können wir versuchen, übertriebene Erwartungen loszulassen und mit mehr Gelassenheit und etwas Zuneigung auf die Schwächen der anderen Person zu blicken. Mit der Zeit werden wir immer weniger anhaften und immer mehr lieben. Besonders, wenn wir die Quelle dafür entdecken, nämlich inneren Reichtum, den ich im übernächsten Kapitel behandeln werde.

In der folgenden Übung können Sie Ihre zentralen Beziehungen anhand der beschriebenen Merkmale überprüfen. Am besten fangen Sie mit einer relativ unbelasteten Beziehung an, so dass Sie klaren Kopf behalten können. Sind Sie mit der Übung vertraut, können Sie auch schwierige Beziehungen untersuchen, gegenwärtige und vergangene.

Übung: Liebe und Anhaften

Wir denken an eine unserer zentralen Beziehungen und fragen uns:
Was ist die Quelle meiner Zuneigung?
Innerer Reichtum oder ein Gefühl des Mangels?
Wie habe ich mich gefühlt, als ich die Person kennenlernte?
Einsam oder relativ wohl mit mir?
Habe ich mich verzweifelt nach einer Beziehung gesehnt?
Neige ich dazu, die Person zu idealisieren
und ihre guten Seiten zu übertreiben?
Wie reagiere ich, wenn ich Schwächen und
Unvollkommenheiten entdecke?
Kann ich sie akzeptieren und damit umgehen?
Ist meine Zuneigung mit den Jahren gewachsen?
Ist sie relativ stabil, auch wenn die Person Schwächen zeigt?
Oder schwankt sie häufig?
Fühle ich mich im Großen und Ganzen wohl,
wenn ich mit der Person beisammen bin
oder an sie denke? Oder stürzen mich unsere Begegnungen
immer wieder in ein Wechselbad der Gefühle?
Was überwiegt: Liebe oder Anhaften?
Wie ist die Mischung in Prozenten ausgedrückt?

Verantwortung übernehmen

Leiden wir in unseren sogenannten Liebesbeziehungen, dann können wir jammern und die andere Person beschuldigen, uns unglücklich zu machen. Das wird das zwischenmenschliche Klima kaum verbessern. Wir können aber auch beginnen, Anhaftungen aufzulösen und mehr zu lieben in dem Bewusstsein, dass wir selbst verantwortlich sind für unser Erleben.

So jedenfalls lautet eine weitere buddhistische These: Wir sind selbst verantwortlich, nicht Opfer von äußeren Bedingungen, nicht Marionette anderer Menschen. Äußere Umstände können Freude und Ärger also nicht verursachen, sondern nur das auslösen, was bereits in uns ist, wozu wir bereit sind aufgrund unserer Stimmung und unseres allgemeinen Hintergrundes aus Vorlieben und Abneigungen, persönlicher Geschichte, Werten, Bedürfnissen und Gewohnheiten. Sind diese inneren Bedingungen unbewusst, bleiben wir gefangen in der ewig gleichen Tretmühle bitterer Erfahrungen.

Also müssen wir die Gegebenheiten zuerst einmal erkennen und annehmen, wie sie sind. Nicht nur auf der oberflächlichen Ebene von: »So ist das nun mal; das muss ich wohl akzeptieren.« Nein, lassen wir uns berühren von unserem Schmerz und unserer Einsamkeit, tauchen wir ein in das dunkle Herz unserer Traurigkeit. Vom Grund des Leidens schöpfen wir dann die Kraft, mit dem Unabänderlichen zu leben und zu verändern, was zu verändern ist. Es gibt immer Menschen und Bedingungen, die unsere Stärken fördern, statt unsere Schwächen und unreifen Seiten hervorzulocken. Wir können immer geeignete Anlässe suchen für Liebe und Freude, Respekt und Dankbarkeit und die Auslöser meiden, die negative Tendenzen stärken.

Natürlich können wir nicht allen Auslösern von unangenehmen Gefühlen aus dem Weg gehen. Möglicherweise begegnen wir auch immer wieder demselben »Typ«, der das immer gleiche schmerzhafte Muster auslöst. Dann gilt es, dieses zu bearbeiten. Doch auch dann kann eine Trennung hilfreich sein: Wenn die Situation uns überfordert, gewinnen wir Zeit und Kraft, an uns zu arbeiten.

Die folgende Übung soll Sie dazu anregen, Ihren Handlungsspielraum zu erkunden und Verantwortung für Ihr eigenes Leben zu übernehmen.

Übung: Verantwortung übernehmen

Fragen Sie sich: In welchem Bereich fühle ich mich
als Opfer der Umstände?
In Beziehungen, bei der Arbeit, bei bestimmten Menschen?
Wie gehen die Menschen in meinem Umfeld
mit Verantwortung um?
Wer fühlt sich als Opfer der Umstände?
Wer nimmt sein Leben in die Hand?
Was kann ich tun, um meine Lebens- und Arbeitsbedingungen
zu verändern?
Welche Menschen und Umstände können mich dabei unterstützen?

Das soeben angesprochene Zusammenspiel von Innen und Außen, Ursache und Auslöser werde ich im nächsten Kapitel genauer untersuchen.

6. Die Welt als Spiegel

Wenn die Ursachen für Glück und Leid in uns selbst liegen, dann tut Selbsterkenntnis not. Diese lässt sich durch Innenschau erlangen, und darüber wird noch viel zu sagen sein.

Oft sind wir aber so verstrickt in unsere Vorstellungen davon, wie wir sind oder zu sein haben, dass wir gar nicht merken, was tatsächlich in uns vor sich geht. Viel leichter können wir dagegen wahrnehmen, was um uns her geschieht, und das hat wiederum sehr viel mit uns selbst zu tun. Die in Deutschland geborene buddhistische Nonne Ayya Khema[13] treibt diesen Gedanken auf die Spitze: »Die Umwelt ist ein Spiegel und kein Fenster.« Wir haben also keinen »objektiven« Blick auf die Welt da draußen, sondern sehen dort ein Spiegelbild unserer inneren Struktur.

Psychologie, Erkenntnistheorie und Kognitionswissenschaft lehren dasselbe. Sogar in der modernen Physik musste das Konzept eines objektiven Beobachters fallen gelassen werden. Trotzdem halten viele sich gern für einen solchen. Und damit nur ja keine Zweifel aufkommen, verbringen sie ihre Zeit womöglich nur mit Menschen, die ihre eigenen Ansichten bestätigen, so dass sie nie dazulernen können.

Sind wir aber ein wenig offen für andere Menschen, dann wird uns rasch klar, dass sie die Welt ganz anders sehen als wir. Stimmung und allgemeiner Hintergrund färben unsere Wahrnehmungen. Ja, wir können sogar noch weiter gehen und unsere Welt als etwas durch uns Gewordenes begreifen.

Neigung und Erfahrung

Alles, was wir denken, tun und sagen, wirkt sich auf unsere Neigungen und Erfahrungen aus, heißt es in den buddhistischen Karma-Lehren. Dieses Gesetz von Ursache und Wirkung bezieht frühere Leben mit ein. Demnach würden wir schon bei der Geburt das

Umfeld und die Gene »ernten«, die wir in früheren Leben »gesät« haben.

Doch lässt sich diese Gesetzmäßigkeit auch innerhalb eines Lebens beobachten. Wenn wir zum Beispiel das erste Mal eine Nussschnitte probieren und sie uns schmeckt, dann werden wir bei nächster Gelegenheit wieder eine essen wollen. Durch das Tun ist also eine Neigung entstanden. Und je öfter wir etwas tun, desto tiefer geht die Neigung. Davon können werdende Nichtraucher*innen ein leidig Liedlein singen. Auch andere Neigungen, zum Beispiel zu Wutanfällen oder Selbstmitleid, entstehen und verstärken sich durch Tun, also wann immer wir jammern oder wüten.

Das Tun wirkt aber nicht nur auf unsere Neigungen, sondern auch auf unsere Erfahrungen. Im Nussschnittenbeispiel stoßen wir »zufällig« auf neue Konditoreien, ein Buch mit köstlichen Rezepten fällt uns in die Hände, und eine Kollegin entpuppt sich als Nussschnittenspezialistin. Vieles lässt sich sicher mit selektiver Wahrnehmung erklären. Wem ist es nicht schon einmal so gegangen, dass ihm ständig z. B. eine bestimmte Sorte Turnschuh ins Auge fällt, die er sich gerade selbst kaufen will? Manchmal aber scheint der Zufall verrückt zu spielen. Wie ein Magnet scheinen wir dann zutiefst bedeutsame Ereignisse anzuziehen. Wenn wir zum Beispiel ein Problem mit uns herumtragen, kann ein Satz in einem wahllos aufgeschlagenen Buch oder ein in der U-Bahn aufgeschnapptes Wort ganz plötzlich eine Lösung bringen. Oder wir versöhnen uns innerlich mit einer Person, und sie schreibt uns ganz unerwartet einen netten Brief.

Doch auch ohne seltsame Zufälle ist einsichtig: Durch unsere Gedanken, Worte und Taten ziehen wir passende Erfahrungen an. Zum Beispiel wird ein Miesepeter selten freundlich behandelt, was ihm wieder Anlass gibt zu noch schlechterer Laune. Ein Gierhals weckt sogar in großzügigen Menschen eine knauserige Seite, was ihm noch mehr Anlass zu Gier gibt. Ist man nicht offen für eine neue Beziehung, verliebt man sich ständig in Menschen, die anderweitig gebunden sind, oder erlebt Zurückweisungen, so dass man sich noch mehr verschließt.

Den buddhistischen Lehren zufolge verursachen wir also unsere Erfahrungen vor allem selbst, und zwar durch das, was wir denken, sagen und tun. Wir irren, wenn wir die primären Ursachen in der Außenwelt vermuten.

Innen und Außen

Wenn wir uns über ein Tässchen Kaffee freuen, glauben wir meist, der gute Kaffee habe uns glücklich gemacht. Wir halten ihn für die Ursache unseres Glücks. Im Buddhismus gilt er aber – wie gesagt – nur als Auslöser. Dieser ist nicht unwichtig, doch wenn wir keinen Kaffee mögen oder keinen Durst haben, kann er uns auch nicht beglücken. Die Sprache ist da sehr weise: »Wir freuen uns«, heißt es. Sich freuen ist ein reflexives Verb. Wir selbst haben uns also Freude bereitet. Nach meiner pädagogischen Statistik, die natürlich nicht stimmt, steuern wir 95, die Außenwelt aber nur 5 Prozent bei zu unserem Glück und Leid.

Bei so simplen Beispielen mag uns das noch einleuchten. Wir können auch leicht einsehen, wie sehr es von unserer Stimmung abhängt, ob uns zum Beispiel ein Regentag grau in grau erscheint, wildromantisch oder melancholisch süß. Komplexere Zusammenhänge sind dagegen schwerer zu durchschauen. Angenommen, wir freuen uns an einem guten Gespräch. Wie leicht halten wir dann die andere Person für die Ursache unseres Glücks und übersehen ganz, was wir selbst alles in die Situation mitgebracht haben. Zum Beispiel müssen wir gerade in der rechten Stimmung sein für ein Gespräch und genug Zeit haben; wir müssen die Person mögen, das Thema und den Stil des Gesprächs. Das wiederum hängt ab von unserem allgemeinen Hintergrund, von unseren Ansichten und Erfahrungen, unseren Gewohnheiten, Vorlieben und Abneigungen. Und je weniger wir darüber wissen, desto eher halten wir andere Menschen und äußere Umstände für die Ursachen unseres Glücks.

Stimmung und Hintergrund

Die tieferen Ursachen für unsere Erfahrungen liegen also in unserer Stimmung und in unserem allgemeinen Hintergrund.

Die Stimmung lässt sich relativ leicht heben. Wir können singen oder spazieren gehen, malen oder meditieren, ein heißes Bad nehmen oder eine Entspannungsübung machen. Die geeigneten Anlässe sind von Mensch zu Mensch verschieden und auch abhängig von der augenblicklichen Situation. Wenn unsere Stimmung ausgeglichener ist, können wir besser an unserem allgemeinen Hintergrund arbeiten und größere Probleme leichter bewältigen. Darum empfiehlt es sich, eine grundsätzliche Auseinandersetzung nicht in schlechter Stimmung zu führen und lieber eine Pause einzulegen, wenn wir wütend werden oder uns verletzt fühlen. Vielleicht fühlen wir uns dann zwar herrlich authentisch, unsere Probleme werden wir so aber kaum lösen und unseren Standpunkt können wir so auch nicht angemessen vertreten.

Diese Erkenntnis können wir auch auf unsere Mitmenschen anwenden. Kommt zum Beispiel unsere beste Freundin und heult Rotz und Wasser, weil ihr Liebster sie verlassen hat, dann sagen wir nicht: »Sieh es als Spiegel; eigentlich hast du ihn nie wirklich geliebt!«, um sie dann ihrem Elend zu überlassen, damit sie an ihrem Karma arbeiten kann oder wie immer wir unsere Lieblosigkeit auch rationalisieren mögen. Die Freundin wird sich jedenfalls noch schlechter fühlen und ihr Problem noch weniger lösen können. Hilfreicher ist es, ihr einen geeigneten Anlass für eine bessere Stimmung zu bieten. Wir können ihr ein Teechen kochen oder sie in den Park locken. Wir können ihr die Liebe geben, nach der sie sich so verzweifelt sehnt. Fühlt sie sich dann besser, wird sie ihr Problem leichter bewältigen können und irgendwann vielleicht auch bereit und fähig sein, an ihren inneren Strukturen zu arbeiten.

Diese sind meist ziemlich eingefahren und lassen sich nur schwer verändern. Dazu müssen wir sie uns erst einmal bewusst machen. Das erfordert viel Mut, Geduld und Distanz zu uns selbst. Wir müssen uns also in Tausenden von Situationen beobachten, vorzugsweise dann, wenn wir emotional besonders aufgewühlt sind, denn dann können wir sicher sein: Das hat viel mit uns selbst zu tun.

Mit der Zeit erkennen wir immer klarer, was wir zu unseren Erfahrungen beisteuern, und wir erleben Momente von Freiheit, wenn wir erkennen: Ich bin kein ohnmächtiges Opfer, ich habe selbst hieran mitgewirkt durch meine Stimmung, die sich heben lässt, und durch meinen allgemeinen Hintergrund, der sich ungleich hartnäckiger hält. Manche Strukturen werden sich vielleicht nie verändern lassen. Wir können aber lernen, geschickt mit ihnen umzugehen, und uns selbst gegenüber ein bisschen großzügig sein.

Schuldgefühle, Größenwahn und Grübeleien

Wie wir gesehen haben, befreit die Einsicht in das Zusammenspiel von Innen und Außen von Opfergefühlen. Vorausgesetzt, wir geraten nicht in die Fallen von Schuldgefühlen, Größenwahn und Grübeleien.

Vielleicht denken wir: Wenn die anderen nicht schuld sind an meiner schlechten Laune, an meiner Einsamkeit und der beruflichen Misere, dann bin ich »selber schuld«. Dann ärgern wir uns nicht mehr über die anderen, sondern über uns selbst. Besonders Menschen, die ihre christliche Prägung – vor allem das Konzept von Sünde – nicht aufgearbeitet haben, neigen zu Schuldgefühlen. Geht es ihnen schlecht, dann glauben sie leicht, das geschehe ihnen recht, sie seien selbst schuld. Dabei ist in Wirklichkeit niemand »schuld«. Weder wir selbst noch unsere Mitmenschen, weder die Gesellschaft noch Gott, der Teufel oder Buddha. Niemand hat das Drama unseres Lebens in der Hand. Niemand kontrolliert das Spiel der Kräfte. Wir mögen zwar oft glauben, wir könnten alles »in den Griff kriegen«, wenn wir uns nur richtig bemühen. In Wirklichkeit können wir aber immer nur Impulse setzen: solche, die Leiden schaffen, oder solche, die das Herz öffnen. Ob die Ereignisse dann wie gewünscht verlaufen, haben wir nicht in der Hand.[14]

Vermeiden wir die Falle der Schuldgefühle, verfallen wir vielleicht dem Größenwahn, indem wir zum Beispiel denken: Von jetzt an werde »ich« nur noch heilsame Impulse nähren. Wir glauben dann: Ich muss mich nur genug anstrengen, viel meditieren, positiv denken, dann werde ich nur Angenehmes erleben und den Alltag in ein Fest der Liebe verwandeln. Und wenn das nicht gelingt – und es gelingt nie! –, halten wir uns für Versager*innen, für schlechte Menschen. Dann müssen wir noch mehr meditieren und noch positiver denken, um diese Erde vielleicht doch noch in ein Paradies zu verwandeln. So dreht sich die Spirale von Größenwahn und unerfüllbaren Ansprüchen zu Selbstzweifeln und negativen Selbstbildern zu noch höheren Ansprüchen und noch tieferen Enttäuschungen. Doch das Leben funktioniert besser – so eine buddhistische These –, wenn wir uns nicht an unsere Selbstbilder klammern, und uns damit abfinden: Niemand hat dieses irdische Theater in der Hand, und es werden nicht nur Lustspiele inszeniert.

In die dritte Falle geraten vor allem Intellektuelle: Sie grübeln und spekulieren, ohne jemals irgendetwas zu tun. Die Gedankenschleifen könnten so aussehen: Wenn ich selbst bestimmte äußere Umstände anziehe, was ist dann die genaue Ursache für den Streit mit der Kollegin X und dem Nachbarn Y? Was bedeutet der Konflikt mit meinen Eltern auf der »karmischen« Ebene? Was soll ich daraus lernen? Wie könnte ich solche Probleme ein für alle Mal lösen? So wird endlos spekuliert über die »wirkliche« Ursache und die absolut »richtige« Lösung. Diese gibt es aber nicht, und das ständige Grübeln führt zu nichts.

Der Blick in den Spiegel

Fruchtbarer ist es, unsere Erfahrungen wieder und wieder auf das Zusammenspiel von Innen und Außen hin zu untersuchen. Mit der Zeit wird unsere innere Weisheit sich ganz natürlich entfalten und neue Wege weisen.

Plötzlich merken wir vielleicht: Unsere Nachbarin redet aus einer Verteidigungshaltung heraus schlecht über andere. Wollen wir also keinen Klatsch und Tratsch mehr anhören, dann können wir ihre guten Seiten loben, so dass sie es nicht mehr nötig hat, über andere herzuziehen. Oder wir erkennen: Unsere Neigung, keine Stellung zu beziehen, lockt die Oberlehrerseite des Kollegen X hervor. Vielleicht wird er sein lästiges Dozieren einschränken, wenn wir öfter unsere Meinung sagen. Liegt uns das nicht, dann müssen wir es eben lernen. Zum Beispiel können wir uns vornehmen, auf jeder Betriebssitzung etwas zu sagen, auch wenn wir nur eine Randbemerkung machen. Hauptsache, wir machen einen Schritt in die richtige Richtung. Dann ändern sich auch – den Karma-Lehren zufolge – unsere Neigungen und unsere Erfahrungen.

Die Umwelt ist ein Spiegel. Wir entdecken diese Wahrheit, wenn wir hineinschauen. Wir verfehlen die Botschaft, wenn wir uns schuldig fühlen wegen der Spiegelbilder, wenn wir versuchen, das wirre Haar im Spiegel zu kämmen, oder nur über den Mechanismus des Spiegeleffekts nachgrübeln. Wir sind auf dem Weg in die Freiheit, wenn wir erkennen, dass wir durchaus entscheiden können, welche Miene wir aufsetzen und in welchen Spiegel wir schauen wollen. Manchmal genügt eine leichte Drehung des Kopfes, und statt grauer Mauern und übellauniger Menschen sehen wir den blauen Himmel oder einen bunten Blumenkasten. »Der Kopf ist rund, damit das Denken die Richtung wechseln kann«, sagte Francis Picabia.[15]

Die folgende Übung soll Ihnen helfen, eine Begegnung auf das Zusammenspiel von Innen und Außen hin zu untersuchen. Sie können sie zuerst mit einer angenehmen und dann mit einer unangenehmen Begegnung durchführen oder umgekehrt vorgehen. Und Sie können diese Übung immer wieder machen, um sich immer besser kennenzulernen.

Übung: Innen und Außen

Denken Sie an eine unangenehme Begegnung in der letzten Woche.
Rufen Sie sich so viele Einzelheiten ins Gedächtnis wie nötig,
damit Sie die Atmosphäre und Ihre Stimmung
deutlich erinnern können.
Fragen Sie sich: Was hat mich geärgert?
Was genau hat den Ärger ausgelöst?
Eine Geste oder ein Wort, eine fehlende Geste
oder ein fehlendes Wort?
Wie habe ich reagiert? Mit offenem oder verstecktem Ärger?
Mit Rückzug oder Ablenken?
Mit Essen, Kaffee trinken, Rauchen, Arbeiten?
Was hat meine Reaktion bewirkt? Hat sich der Konflikt aufgelöst?
Hat er sich verschärft? Blieb alles beim Alten?
Nun können Sie erforschen, was Sie in die Situation
mitgebracht haben durch Ihre aktuelle Stimmung
und Ihren Hintergrund, indem Sie sich fragen:
Wie habe ich mich unmittelbar vor der Begegnung gefühlt?
Entspannt, offen, interessiert?
Habe ich mich auf die Begegnung gefreut?
Stand ich unter Druck?
Hätte ich das Treffen lieber abgesagt?
Was empfinde ich für diese Person? Mag ich sie?
Finde ich sie unausstehlich?
Gehen mir bestimmte Verhaltensweisen schon lange auf die Nerven?
Erkennen Sie Ihren Beitrag zu dem Konflikt?
Fragen Sie sich zum Abschluss: Was kann ich tun,
um die nächste Begegnung fruchtbarer zu gestalten?
Wiederholen Sie die Übung nun

mit einer angenehmen Begegnung
und erforschen Sie auch hier wieder Auslöser,
Reaktion und Wirkung, Stimmung und Hintergrund.

In uns – so lautete die These – liegen die Ursachen für Glück und Leid. Und in uns liegt auch die Quelle echter Liebe, nämlich innerer Reichtum.[16] Diesem möchte ich mich im nächsten Kapitel zuwenden.

7. Den inneren Reichtum entdecken

Um wirklich lieben zu können, brauchen wir ein Gefühl des inneren Reichtums, ein Gefühl von Selbstwert und Würde. Wie aber können wir das entwickeln?

Selbstvertrauen entsteht unter anderem durch ein stabiles und vielfältiges Beziehungsnetz und eine Arbeit, die uns Freude macht. Diese äußeren Bedingungen sind nicht unwichtig. Doch sollten wir uns nicht abhängig fühlen von äußeren Faktoren, die nur den Anlass liefern für unser Glück. Die eigentliche Ursache liegt in uns, in den uns innewohnenden Qualitäten von Offenheit, Klarheit und Feinfühligkeit, in unserem grundlegenden Gutsein, unserer Buddha-Natur.

Die acht »weltlichen« Dinge

Im Buddhismus werden acht »weltliche« Belange genannt: vier, nach denen wir verlangen – Besitz, Status, Zuneigung und angenehme Gefühle; und vier, die wir zu vermeiden trachten – Armut, Schande, Ablehnung und unangenehme Gefühle.

Die einzelnen Bereiche werden von den Menschen verschieden gewichtet, je nach Schicht, Geschlecht und Mentalität. Traditionell spielten für Männer Besitz und sozialer Status eine große Rolle. Jahrhundertelang definierten sie sich über Wissen, Arbeitsplatz und sexuelle Potenz und fühlten sich wertlos, wenn sie ihre Arbeit verloren. Und die Mehrheit der Männer auf dieser Erde tickt immer noch so. Frauen war und ist meist etwas anderes wichtiger: Beziehungen, Zuneigung und angenehme Gefühle, und auch heute noch nicht selten, Besitz und Status des Ehemannes. Sie zweifeln an ihrem Wert als Frau, wenn sie ohne feste Beziehung sind und für niemanden sorgen können. Das verändert sich zwar, aber sehr, sehr langsam. Welche dieser Anliegen auch immer wichtig für uns sind, irgendwann wird uns klar: Die »weltlichen« Dinge sind uns niemals sicher. Wenn wir unser Selbstwertgefühl darauf stützen, fällt es leicht in sich zusammen. Doch können wir es auf einen »Felsen« bauen, wenn wir einen inneren Weg der Selbsterkenntnis und -entwicklung gehen.

Die äußere Lebensform ist dabei nicht das Entscheidende. Auch im Kloster kann man ein »weltliches« Leben führen; dann nämlich, wenn es einem vor allem um angenehme Gefühle geht, um Anerkennung und Einfluss in der Gemeinschaft, um Rechthaben und darum, »besser« sein zu wollen. Entdeckt man aber seinen inneren Reichtum und teilt ihn mit anderen, dann lebt man ein »geistiges« Leben, auch wenn das äußerlich gar nicht auffällt.

Tatsächlich ist der Unterschied oft schwer zu erkennen. Zum Beispiel mag eine Person auf dem geistigen Weg eine tiefinnerliche Freude entdeckt haben. Nun ist sie oft ganz einfach froh und kann auch andere mit ihrer Daseinsfreude anstecken. Jemand anders aber, der genauso oft und womöglich noch süßer lächelt, macht das vielleicht nur, weil es ihm als ein Attribut von Heiligkeit erscheint, und als heilig möchte er gelten und dafür bewundert werden. Oder er will geliebt werden für sein liebes Lächeln. Er will etwas haben, statt zu sein.

Haben und Sein – diese beiden von Erich Fromm analysierten Modi – kommen fast immer gemischt vor. Wir können sie klarer erkennen, wenn wir nicht an unseren Idealbildern kleben, denn sonst glauben wir vielleicht, wir »sind« großzügig, und übersehen dabei ganz, dass wir auch etwas »haben« wollen – ein Dankeschön, Anerkennung oder das Gefühl, ein besserer Mensch zu sein. Das heißt natürlich nicht, wir sollten erst dann geben, wenn wir das aus reiner Freude am Geben können. Besser, man gibt teilweise aus egoistischen Motiven, als dass man gar nichts gibt.

Die guten Seiten des Lebens

Die Einsicht, dass weltliche Dinge *letztendlich* nicht glücklich machen, sollte allerdings nicht dazu führen, sie zu verdammen. Wir können sie wertschätzen und uns an ihnen freuen.

Das fällt vielen Menschen gar nicht leicht. Oft konzentrieren sie sich fast ausschließlich auf Probleme, Mängel oder Schwierigkeiten. An gesunden Gliedern können sie sich nicht freuen, aber wehe, wenn sie sich einmal den kleinen Zeh verstauchen. Sie bemerken zwar die tropfende Nase, aber nicht, wie oft sie nicht erkältet sind. Unser Lebensgefühl verbessert sich spürbar, wenn wir auf die schönen Dinge achten und auf das, was im Leben klappt.

Zu den guten Seiten des Lebens gehören auch die vielen Probleme, die wir *nicht* haben. Wenn wir in schwierigen Zeiten daran denken, lassen wir den Mut nicht so leicht sinken. Lebensfrohe Menschen nehmen eine solche Haltung ganz natürlich ein. Geht etwas schief, denken sie: Es könnte noch schlimmer sein. Wenn das Auto nicht durch den TÜV kommt, eine Steuernachforderung ins Haus flattert oder der Sohn in der Schule sitzen bleibt: Kopf hoch, das Leben geht weiter, denn der Sohn lebt noch, und wir haben immerhin so viel verdient, dass wir Steuern zahlen müssen.

Auch wenn nicht immer alles haargenau so läuft, wie wir es gerne hätten, geht es uns im Westen meist recht gut. Ein tibetischer Lama sagte nach seiner ersten Rundreise durch mehrere europäische Städte, er habe noch nie in so kurzer Zeit so viele wohlhabende Menschen jammern gehört. Die folgende kleine Übung ist inspiriert von dem vietnamesischen Zen-Lehrer Thich Nhat Hanh. Sie kann – wie die Übung »Mein Leben ist kostbar« – die Stimmung rasch heben und Dankbarkeit und Freude wecken.

Übung: Die fünf Sinne

Sprechen Sie innerlich folgende Sätze mehrmals vor sich hin,
berühren Sie die angesprochenen Sinnesorgane
und freuen Sie sich an ihnen:
Ich berühre meine Augen. Wie wunderbar, ich kann sehen.
Ich berühre meine Ohren. Wie wunderbar, ich kann hören.
Ich berühre meine Nase. Wie wunderbar, ich kann riechen.
Ich berühre meine Zunge. Wie wunderbar, ich kann schmecken.
Meine Hände berühren sich. Wie wunderbar, ich kann spüren.

Das kostbare Menschenleben

Wie aber können wir uns innerlich reich und wertvoll fühlen, unabhängig von äußeren Faktoren?

Als Christen oder Jüdinnen könnten wir zum Beispiel sagen: Ich bin ein Kind Gottes und werde es immer bleiben. Analog dazu betonen die buddhistischen Lehren: Jedes Lebewesen ist wertvoll, weil es »Buddha-Natur« besitzt. Im Grunde sind wir schon jetzt vollkommen, wir müssen nur zu unserer wahren Natur »erwachen«, also Buddha werden.[17] Was aber ist ein oder eine Buddha? Für den Anfang genügt es zu sagen: Buddha ist ein Wesen, das in höchstem Maße unsere Ideale verkörpert, sei es nun Weisheit oder Freude, Kraft oder Mitgefühl. Diese Qualitäten sind schon jetzt in unserem Geist, sonst könnten wir sie uns gar nicht vorstellen. Wir tragen sie also bereits in uns, und das menschliche Leben ist überreich an Gelegenheiten, zu unserer wahren Natur zu erwachen.

Da sind Ärger, Streit und Schicksalsschläge. Sie können uns wachrütteln, damit wir über uns nachdenken und unserem Leben eine neue Richtung geben. Wie im vorigen Abschnitt können wir auch an das Gute in unserem Leben denken und daran, dass wir frei sind von vielen Problemen, diesmal aber unter dem Aspekt, dass wir uns dadurch innerlich entwickeln können. Zum Beispiel haben wir genügend Kraft und Freiräume, an uns zu arbeiten, wenn wir nicht schwerkrank sind oder ums Überleben kämpfen müssen, nicht an Süchten und Gewohnheiten kleben oder uns in endlosen Vergnügungen verlieren. Günstig ist auch ein Umfeld, in dem ethische Werte und geistige Wege vermittelt werden; Menschen, Bücher und Veranstaltungen, durch die wir spirituelle Lehren und Methoden kennenlernen können. Wichtig ist aber auch der Wille und das Vertrauen, uns auf einen geistigen Weg einzulassen. Dann haben wir den buddhistischen Lehren zufolge die besten Voraussetzungen, Glück und Frieden zu finden, tiefe Einsicht zu gewinnen und uns von allem Leid zu befreien.[18]

Übung: Mein Leben ist kostbar

Denken Sie im ersten Schritt an große Probleme,
die Sie von anderen kennen,
selbst aber nicht haben. Freuen Sie sich darüber.
Lassen Sie im zweiten Schritt folgende Sätze
auf sich wirken und registrieren Sie die Gedanken,
Bilder und Gefühle, die sie auslösen.
Wenn Sie manche Schwierigkeiten hin und wieder erleben,
freuen Sie sich, dass das nicht ständig geschieht:
Ich bin frei von schwerer Krankheit, von höllischer Wut,
von unersättlicher Gier,
von ständiger Angst und Gewalt,

von heftigem Neid und brennender Eifersucht,
von geistigen Blockaden und engstirnigen Ansichten.
Freuen Sie sich, dass Sie frei davon sind.
Denken Sie im dritten Schritt an alles,
was in Ihrem Leben gut funktioniert.
Denken Sie zum Beispiel an Ihre Gesundheit, Ihre Wohnung,
Ihre Familie, Ihre Arbeit, an Freund*innen und Bekannte,
an Kleider und Bücher,
an Bilder, Möbel und alles, was Sie besitzen.
Richten Sie dabei Ihr Augenmerk auf das, was da ist.
Freuen Sie sich über alles, was Ihr Leben bereichert
und Freude bereitet.
Lassen Sie im vierten Schritt folgende Sätze auf sich wirken und
registrieren Sie die Gedanken, Bilder und Gefühle,
die sie auslösen.
Auch wenn nicht alles auf Sie zutrifft, freuen Sie sich an dem,
was da ist:
Ich bin ein Mensch mit Interesse an geistiger Entwicklung,
und ich habe Vertrauen, dass ich an mir arbeiten kann.
Ich bin geistig und körperlich relativ gesund
und habe Muße und Gelegenheit, mich zu entwickeln.
Ich kenne Menschen, Bücher und Übungen, die mich inspirieren,
und bin auch bereit zu üben.
Freuen Sie sich über alle günstigen Bedingungen.

Buddha-Natur

Wie bereits erwähnt, können Lebewesen erwachen oder Buddhas werden, weil sie Buddha-Natur besitzen. Damit ist die Tiefenschicht des Geistes gemeint, nicht das Oberflächenbewusstsein oder der »Affengeist«, nicht die Ebene der sinnlichen Wahrnehmungen, Gedanken und Gefühle, Willensimpulse und so weiter. Übrigens heißt es in der tibetischen Tradition, normale Menschen erlebten fünfundsechzig solcher Wahrnehmungsmomente in einem Augenblick, Buddhas in derselben Zeit dagegen dreitausend. Jedenfalls ist in einem solchen Blitzlichtgewitter keine Stabilität möglich. Um diese zu erreichen, müssen wir unsere Buddha-Natur spüren und in ihr ruhen. Dann können wir immer noch denken, fühlen und unseren Alltag organisieren, leben aber ohne Druck, Angst und Einsamkeit. Wir fühlen uns offen, klar und feinfühlig. Diese drei Aspekte von Buddha-Natur können wir in jeder stillen Meditation zumindest für Momente erleben. Sie sollen im Folgenden ausführlicher beschrieben werden.

Leben ist ein Geheimnis

Sind wir wach, entspannt und identifizieren uns nicht mit den oberflächlichen Impulsen, dann können wir feststellen: Die Situation ist immer offen. Wir wissen nie, was im nächsten Moment geschehen wird, nicht einmal, was genau wir im nächsten Moment tun, sagen oder denken werden. Das kann Angst machen. Deswegen richten Menschen sich so gern in Gewohnheiten ein und meiden Situationen, in denen sie mit Unerwartetem rechnen müssen. Das macht ihr Leben arm und ist im Grunde absurd, denn das Unerwartete geschieht sowieso. Jeder Moment ist vollkommen neu, auch wenn er einem vergangenen ähnelt. Wie heißt es so schön bei Heraklit? Kein Mensch steigt zweimal in denselben Fluss.

Der zweite Aspekt von Offenheit kann uns noch mehr erschüttern. Erfahren können wir ihn in Momenten, in denen wir uns vollkommen lebendig fühlen und intensiv empfinden, ohne wirklich zu begreifen, was da geschieht. Der Verstand bleibt einfach stehen. Vielleicht beim Anblick einer Blume oder eines Sonnenuntergangs, wenn wir in ein Lächeln versinken, uns von einer Musik verzaubern lassen oder uns hingebungsvoll einer Sache widmen. Dann können wir uns plötzlich ergriffen fühlen von einem namenlosen Staunen, einem wortlosen Begreifen: Das Leben ist ein Wunder, ein Geheimnis, mit Worten nicht zu fassen.

Worte sind deshalb nicht nutzlos. Wenn wir uns im Leben zurechtfinden wollen, müssen wir unseren Verstand gebrauchen und Dinge und Umstände richtig benennen. Doch können Worte immer nur die Oberfläche streifen. Sie sind nur »Finger, die auf den Mond zeigen«. Lösen wir also den Blick von dem Finger und schauen wir auf den Mond. Lassen wir uns von seinem Geheimnis anrühren und genießen wir diese Momente, da wir wissen: Unsere Alltagserfahrungen sind wichtig, aber nicht einzig wichtig. Wir können immer wieder einen Schritt hinaustreten in den offenen Raum und mit den Dingen tanzen, das Mysterium des Lebens feiern, das unsagbar ist und ewig neu.

Die Klarheit des Geistes

Wenn wir die Aufmerksamkeit nach innen wenden, spüren wir nicht nur die Offenheit des Geistes. Wir stellen auch fest: In diesem offenen Raum geschieht ständig irgendetwas, kann etwas geschehen, weil er klar ist. Sinnesempfindungen steigen auf; Fühlen und Denken, Wollen, Ablehnen und Selbstwahrnehmen geschieht. All diese Phänomene erscheinen, bleiben eine Weile und verschwinden wieder.

Normalerweise haben wir allerdings keinen klaren Blick auf die Erscheinungen. Trinken wir beispielsweise ein Glas Saft, dann sehen wir das gewöhnlich so: Hier bin ich, das Subjekt. Meine Hand greift nach dem Glas, dem Objekt. Dann tue ich etwas, trinken. Ich trinke Saft – Subjekt, Prädikat, Objekt. Ein Subjekt tut etwas mit einem Objekt. Das ist die Struktur der Sprache; so denken wir.

Schauen wir uns diesen einfachen Vorgang in der Klarheit des Geistes an, dann sieht das so aus: Statt »ich sehe das Glas« erleben wir: »Form- und Farbwahrnehmung geschieht, Druckempfindung geschieht.« Das ist alles. »Ich trinke« verwandelt sich in »riechen, tasten, schmecken, Kälte spüren«. Doch es gibt kein Ich, das etwas tut. Nur der Verstand spaltet die Wahrnehmungen ständig auf und presst sie in sein Subjekt-Prädikat-Objekt-Schema. In Wirklichkeit aber gibt es keine Dinge; es gibt nur Wahrnehmungen, Prozesse, ein dynamisches Universum, in dem wir uns auf wunderbare Weise zurechtfinden.

Wer findet sich zurecht?

Niemand, heißt es im Buddhismus. Es gibt kein Ich, das all diese Wahrnehmungen »macht«, kein unveränderliches und vom Rest der Welt getrenntes Subjekt. Es gibt nur ein Ichgefühl. Und es gibt Vorstellungen davon, wie wir sind und wie wir sein sollten: »Ich bin eigentlich ordentlich.« »Ich muss das schaffen.« »Ach, wäre ich doch gefühlvoller.« »Warum kann ich nicht besser Englisch?« »Ich kann einfach nicht kochen.« »Ich hasse Computer.« Solche Gedanken inspirieren uns manchmal zu neuen Schritten. Doch meist engen sie uns ein.

Der Buddhismus lehrt: Je weniger wir an Selbstbildern kleben, desto besser kommen wir mit dem Leben zurecht. Wir sind offener für das, was geschieht. Wir spüren, hören und sehen mehr und können angemessener und flexibler handeln. Das erfahren wir, wenn wir einmal ein unrealistisches Selbstbild erkennen und loslassen. Zu tiefgreifenden Veränderungen kommt es aber erst, wenn wir viele kleine Irritationen genau untersuchen, die dahinterstehenden Selbstbilder aufspüren und loslassen, immer wieder loslassen, wenn auch nur für kurze Zeit. So entsteht Raum für Veränderungen und das Vertrauen in ein freudvolles und kreatives Leben frei von starren Selbstbildern.

Spontanes Mitgefühl

Wenn wir in der Natur des Geistes ruhen, dann ist da nur der offene, klare Raum für Erscheinungen, die unablässig aufsteigen und wieder verschwinden, dann sind da keine voneinander getrennten Subjekte und Objekte mehr. Und weil da keine Trennung mehr ist, kann sich spontanes Mitgefühl entfalten. Für uns, für andere, für alles. Vollkommen natürlich. Ohne jede Anstrengung. Wer sollte sich auch anstrengen? Da ist kein Ich, das etwas tun müsste. Da sind keine von uns getrennten Anderen, mit denen wir Mitgefühl haben müssten. Da ist nur dieses spontane Mitfühlen. Das ist der dritte Aspekt von Buddha-Natur, auch Feinfühligkeit genannt.[19]

Erkennen wir die Offenheit des Geistes aber nicht und spalten wir die Erscheinungen auf in eine objektive Außen- und eine subjektive Innenwelt, dann sind wir ständig versucht, nach Angenehmem zu greifen, Unangenehmes abzuwehren und Neutrales zu ignorieren. Statt Mitgefühl empfinden wir dann also Gier, Hass oder Gleichgültigkeit. Diese Reaktionen können wir vielleicht im Zaum halten, wenn wir ständig auf uns achten und die ethischen Regeln einhalten. Auflösen können wir sie aber nur, wenn wir die Natur des Geistes erkennen.

Stabiles Selbstwertgefühl

Ruhen wir in Buddha-Natur, dann ist unser Selbstwertgefühl stabil. Doch es ist auf Sand gebaut, wenn wir dem unsteten Oberflächengeist verhaftet sind oder uns auf äußere Bedingungen verlassen, denn diese sind unbeständig. Status und Besitz, Zuwendung und angenehme Gefühle entstehen unter günstigen Bedingungen, bleiben eine Weile und verschwinden dann wieder. Darin gibt es keine Sicherheit. Diese kann nur auf einem geistigen Weg gewonnen werden. Krishna sagt in der Bhagavad-Gita, einem hinduistischen Klassiker, den viele religiöse Inder und Inderinnen besonders lieben: »Kein Schritt ist verloren auf diesem Pfad, und es droht keine Gefahr, und selbst der kleinste Fortschritt bringt Freiheit von Furcht.«[20]

Der Buddhismus kennt viele Methoden, unsere Buddha-Natur zu entdecken, jenen inneren Reichtum, aus dem reine Liebe wachsen kann. Die folgende Übung soll Ihnen einen Geschmack von der Offenheit, Klarheit und Feinfühligkeit Ihres eigenen Geistes geben.

Übung: Offenheit, Klarheit, Feinfühligkeit

Nehmen Sie sich etwas Zeit
und spüren Sie die Offenheit in ihren beiden Aspekten:
Diese Situation ist offen. Sie wissen nicht,
was als Nächstes geschehen wird.
Und was der Verstand denken kann, ist weniger als das, was ist.
Denken kann das Wunder,
das Geheimnis des gegenwärtigen Augenblicks nicht fassen.
Dann richten Sie Ihre Aufmerksamkeit
auf die aufsteigenden Empfindungen und Gefühle.
Nehmen Sie beispielsweise eine Tasse Tee in die Hand.
Was genau geschieht, wenn Sie denken:
»Das ist eine Tasse Tee. Ich trinke jetzt aus der Tasse«? –
Sehen geschieht, Druckempfindung geschieht,
Geschmacksempfindung geschieht, Geruchsempfindung geschieht.
Der Gedanke »Tasse« steigt auf.
Der Gedanke »Ich trinke Tee« steigt auf. Sonst nichts.
Es gibt kein Subjekt, das das Objekt Tee trinkt.
Beides ist untrennbar miteinander verbunden.
Spüren Sie die Empfindungen in allen Facetten.

Öffnen Sie Ihr Herz für alles,
was in diesem unfassbaren Universum geschieht.

Sternstunden

Mit einer kleinen Übung können wir die uns innewohnende Offenheit, Klarheit und Feinfühligkeit relativ leicht spüren: Wir erinnern uns an unsere Sternstunden. Wir alle haben uns in den letzten Tagen oder Wochen zumindest für Momente vollkommen wohl und geborgen gefühlt, voller Freude, Kraft und Verbundenheit. Jede Person wird diese Augenblicke anders erleben. Menschen, die eher schwer und dumpf sind, fühlen sich dann leicht und wach, aktive und unruhige Menschen dagegen friedlich und ruhig. Optimistische Tatmenschen spüren himmlischen Gleichmut, und Pessimisten fühlen sich geborgen und froh.

Übung: Sternstunden

Erinnern Sie sich an eine Situation
in den letzten Tagen oder Wochen,
in der Sie sich besonders wohlgefühlt haben.
Denken Sie an so viele Einzelheiten wie nötig,
um das Gefühl der Offenheit und Freude,
des Friedens und des Wohlbefindens deutlich zu spüren.
Welche Bedingungen haben dabei mitgewirkt?
Waren Sie draußen in der Natur
oder in der Geborgenheit eines vertrauten Raumes?
Allein oder mit anderen?
In Ruhe oder Bewegung?
War es eine vertraute Situation oder eine ungewohnte?
Fragen Sie sich: Was kann ich tun oder lassen,
um solchen Erfahrungen mehr Raum zu geben?
Was kann ich heute, morgen und in den nächsten Tagen
tun oder lassen, um solche Momente zu fördern?
Welche Umstände und Menschen können mich unterstützen?

Viele Menschen machen ihre erste wirklich tiefgreifende Erfahrung von Buddha-Natur in einer Klausur oder einem Meditationsseminar, weil dort besonders günstige Bedingungen herrschen: Eine schöne und freundliche Umgebung lädt dazu ein, sich in die Offenheit des Geistes hineinzuentspannen. Außerdem werden wir dazu angehalten, unsere Gedanken, Gefühle und Empfindungen zu beobachten, einfach nur zuzuschauen, wie sie in der Klarheit unseres Geistes aufsteigen und wieder verschwinden. Meist ziehen mit der Zeit immer weniger Gedanken durch den Geist. Immer seltener spalten wir die Wahrnehmungen auf in Subjekt, Prädikat und Objekt, so dass der Blick auf den Grund des Daseins leichter fällt. Schweigen unterstützt diesen Prozess, und die Illusion von einem fest abgegrenzten und getrennten Ich löst sich auf, so dass unsere natürliche Feinfühligkeit sich spontan entfalten kann.

Im Alltag ist es ungleich schwieriger, diese Tiefenschicht – Buddha-Natur – zu spüren und aus ihr heraus zu leben. Vor allem unheilsame emotionale Muster können uns davon abschneiden. Das folgende Kapitel handelt von vier Haltungen, durch die Sie sich und Ihre Beziehungen heilen können.

8. Vier heilsame Haltungen

Gefühle sind das Salz in der Suppe unseres Lebens. Angenehme wünschen wir herbei und unangenehme zum Teufel. Doch können wir die einen nicht ohne die anderen haben: Entweder sind wir empfindungsfähig, dann können Gefühle entstehen, und die sind nicht immer angenehm. Oder wir sind innerlich tot, dann haben wir gar keine Gefühle, auch keine angenehmen.

Auf einem anderen Blatt steht allerdings, wie wir auf Gefühle *reagieren*: entweder automatisch mit Gier, Hass oder Ignoranz – das schafft zusätzliches Leid – oder mit den vier heilsamen Haltungen Liebe, Freude, Mitgefühl und Gleichmut, die uns »den Himmel auf Erden« schenken können. Der Buddhismus unterscheidet also zwischen Grundgefühlen und emotionalen Reaktionen, die entweder unheilsam oder heilsam sind, d.h. Leiden vermehren oder Freude bereiten.

Gefühle und mögliche Reaktionen

Im Buddhismus versteht man unter Gefühl, Pali *vedana*, die schlichte *Bewertung* von Wahrnehmungsmomenten als angenehm, unangenehm oder neutral. Ein Lächeln oder ein freundliches Wort, sich selbst vergessen in hingebungsvollem Tun, ein heißes Bad nach einer Skitour – angenehm. Eine Wurzelbehandlung beim Zahnarzt, Verkehrsstau auf dem Weg zu einem geliebten Menschen, das Liebesgeständnis einer Person, die wir unausstehlich finden – unangenehm. Die EU-Einfuhrbestimmungen für Sahnebonbons, wenn wir Diabetiker sind, die Verspätung eines Zuges, den wir sowieso nicht nehmen wollten, die neue Frisur des Briefträgers, mit dem wir nie ein Wort wechseln – neutral.

Auch Buddhas oder Erwachte haben angenehme, unangenehme und neutrale Gefühle, sonst könnten sie kaum überleben, sondern wären ständig in Gefahr zu erfrieren, sich zu verbrühen oder an Ungenießbarem zu sterben. Allerdings reagieren sie anders auf

Gefühle, nicht so automatisch wie wir. Wir wollen angenehme Gefühle immer gleich festhalten und verlangen nach mehr; und das lässt sie rasch dahinschwinden. Gegen unangenehme Gefühle wehren wir uns, und das verstärkt sie. Und neutrale Gefühle ignorieren wir, so dass sie bald verschwinden, und damit verschwindet auch ein Großteil der Welt für uns. Das macht unser Leben arm. Das bedeutet: Unsere automatischen Reaktionen schaffen zusätzliches Leid und blockieren Freude und Erkenntnis.

Wie können wir lernen, anders auf unsere Gefühle zu reagieren?

Zuerst einmal müssen wir unsere Reaktionen erkennen, weil unbewusste Muster uns im Kreislauf ständig sich wiederholender Schwierigkeiten gefangen halten. Diese Muster lassen sich nicht durch eine einzige gewaltsame Willensanstrengung auflösen. Vielmehr müssen wir sie Hunderte von Malen erkennen und spüren, wie sehr sie uns und anderen schaden, bis wir sie ab und zu einmal für Momente loslassen können. Das wäre nach dem Erkennen der zweite Schritt in die Freiheit: Wir reagieren nicht mehr automatisch mit Greifen, Abwehren oder Ignorieren, sondern halten für einen Moment inne. Und wir »schmecken« Freiheit, wenn wir unsere Reaktion anhalten oder gar umwandeln können.

Dann erfahren wir: Loslassen und Nicht-Anhaften machen uns nicht zu einem gefühllosen Roboter oder einem Gesteinsbrocken, der in einem kalten Universum seine einsamen Kreise zieht. Ganz im Gegenteil. Wir werden wach und lebendig, ruhen im Augenblick und leben in Einklang mit allem, was in und um uns geschieht.

Helfen kann uns dabei das Einüben der vier »großen Haltungen«. Gemeint sind Liebe, Mitgefühl, Mitfreude oder Freude und Gleichmut. Ayya Khema sagte, nur diese vier Reaktionen »lohnen« sich; der Rest bringt allen Beteiligten nur Leid. Weil sie guttun, nennt man sie heilsam. Weil sie uns den Himmel auf Erden bringen, heißen sie auch »göttliche Zustände«. Weil sie voll entfaltet alle Wesen einschließen, nennt man sie die vier »unermesslichen« oder »grenzenlosen« Haltungen.

Jede dieser Haltungen hat einen »nahen Feind«, mit dem sie häufig verwechselt wird, und dieser verwandelt sich schnell in den »fernen Feind«, das Gegenteil der heilsamen Haltung. Wie wir bereits gesehen haben, ist der »nahe Feind« der Liebe die Anhaftung, die rasch umschlagen kann in Hass, dem Gegenteil von Liebe.

Sehen wir uns das – ausgehend von den angenehmen Gefühlen – noch einmal genauer an.

Angenehme Gefühle und Anhaftung

Gefällt uns ein Haus oder ein Gespräch, ein guter Wein oder ein leckeres Eis, dann glauben wir, diese Dinge oder Menschen könnten uns glücklich machen. Wir möchten auch so ein Haus, länger miteinander reden und uns öfter sehen, noch mehr Wein und noch ein kleines Eis. Manchmal bedauern wir auch, dass wir nicht alle Tage so etwas Schönes erleben können.

Was ist geschehen? Ein Sinneseindruck oder Gedanke hat angenehme Gefühle ausgelöst. Statt diese nun schlicht zu genießen, halten wir an den Objekten, die sie auslösen, fest, weil wir sie für die Ursachen unserer angenehmen Gefühle halten, und die verschwinden dann rasch. Der Idealisierung folgt unweigerlich die Ent-Täuschung: Zu viel Eis oder Wein bekommt uns nicht gut, und je krampfhafter wir einen Menschen halten wollen, desto schneller läuft er davon. Oft sind wir auch traurig, dass die angenehmen Gefühle, die doch per se kurzlebig sind, nicht ewig währen.

Je mehr wir unser Glück von äußeren Umständen erwarten und uns an Menschen und Dinge klammern, desto enttäuschter sind wir, wenn sie uns das ersehnte Glück nicht schenken. Dann schlägt »Anhaftung« um in Abneigung oder gar Hass. Wir stellen fest: Die sympathische Kollegin ist eigentlich kleinlich und geschwätzig. Den netten Nachbarn finden wir plötzlich arrogant, und der neue Traumjob entpuppt sich als ein Arbeitsplatz mit verhassten Routinetätigkeiten. So manches Paar, das sich einst leidenschaftlich »liebte«, hasst sich nun gleichermaßen intensiv und verkehrt nur noch über Rechtsanwälte miteinander. Was in Hass umschlagen kann, ist aber keine Liebe, sondern Anhaftung, ihr »naher Feind«.

Freude, Dankbarkeit und Liebe

Wie können wir weiser auf angenehme Gefühle reagieren? Mit Freude, Dankbarkeit und liebevollem Teilen, rät die buddhistische Tradition.

Freude: Wir können uns schlicht darüber freuen, dass alle Faktoren zusammengekommen sind, die Freude in uns wecken: ein geeigneter Auslöser, eine entspannte Grundstimmung und die Bereitschaft, uns über dieses oder jenes zu freuen. Die heilsame Haltung der Freude werde ich im nächsten Abschnitt noch ausführlicher behandeln.

Dankbarkeit: Direkt oder indirekt haben andere Menschen an unserem Wohlbefinden mitgewirkt. Das ist nicht selbstverständlich. Wir können ihnen danken: der freundlichen Kellnerin und dem guten Koch im Restaurant, der hilfsbereiten Buchhändlerin, die uns auch nach Ladenschluss noch das gewünschte Buch verkauft, und der Steuerberaterin, die sich besondere Mühe mit unserer Steuererklärung gegeben hat.

Zu guter Letzt können wir durch die angenehmen Gefühle auch unser Herz für andere öffnen. Wenn wir zum Beispiel gerade die Sonne genießen, können wir wünschen: Mögen alle Menschen, die jetzt in der Sonne sitzen, sich auch daran freuen können. Oder: Mögen alle Menschen heute noch die Sonne genießen können. Unserer Fantasie sind keine Grenzen gesetzt. Hauptsache, der Gedanke öffnet unser Herz.

Anfangs mag es uns etwas seltsam vorkommen, bei einem Spaziergang durch die Stadt, beim Essen und Lesen, beim Tanzen und Arbeiten, Einschlafen und Aufwachen solche »Wunschgebete« zu sprechen. Sind wir damit vertraut, kommen sie uns ganz natürlich in den Sinn: Mögen alle Menschen heute erfrischt und ausgeruht erwachen. Mögen alle ihr Frühstück genießen können. Mögen alle heute ein spannendes oder hilfreiches Buch lesen können. Mögen alle Freude an ihrer Arbeit haben.

Freude und Mitfreude

Angenehme Gefühle lösen Freude aus, wenn wir sie ohne Anhaftung genießen können: ein Lächeln oder ein liebevolles Wort, Musik oder ein gutes Buch, ein Dauerlauf oder Sonnenuntergang, eine gute Arbeit oder ein gelungenes Menü. Sie können sich jetzt gleich eine kleine Freude bereiten, indem Sie sich an schöne Momente erinnern. Sie können auch aufschauen und sich umsehen. Vielleicht fällt Ihr Blick dann auf etwas, das Freude weckt: ein hübsches Bild, eine Blume oder der blaue Himmel.

Leider entgehen uns viele Freuden, weil wir das Gute leicht für selbstverständlich halten. Wie hypnotisiert starren wir nur auf das, was schiefgeht. Eine positivere Haltung lässt sich aber lernen. So können wir uns überlegen, welche Bereiche unseres Lebens in Ordnung sind: Beziehungen und Arbeit; Gesundheit, Wohnung und Finanzen; Urlaub, Bildungsangebote und spirituelle Anregungen.

Wenn wir im Großen und Ganzen zufrieden mit unserem Leben sind, können wir uns auch am Glück anderer freuen: an ihrem Reichtum und ihrer Schönheit, ihrer Beliebtheit und Intelligenz, ihren Möglichkeiten und Fähigkeiten, an ihrer Weisheit und Freude, ihrer Offenheit und ihrem Mitgefühl. Denken wir auch an spirituell hoch entwickelte Menschen wie Buddha und Jesus, Teresa von Ávila und Hildegard von Bingen. Denken wir an alle Heiligen und Erwachten aller Kulturen und Religionen, aller Zeiten und Räume, an ihre wunderbaren Qualitäten und den Segen, den sie allen Wesen spenden, dann haben wir ein unermesslich weites Feld, um »Samen der Freude« zu säen. Wenn wir uns also nicht dazu durchringen können, systematisch an uns zu arbeiten, können wir uns einfach in die Hängematte legen oder in den Garten setzen und uns über andere Menschen freuen. Lama Thubten Yeshe nannte Mitfreude darum auch den »Weg der Faulpelze zum Erwachen«. Mitfreude kann sich auch in guten Wünschen ausdrücken: Mögen alle Wesen höchstes Glück erfahren, das Glück der Befreiung und des Erwachens.

Mitfreude schließt aber auch die anderen Ebenen des Wohlergehens mit ein: angenehme Sinneserfahrungen und ein offenes Herz, das Glück der Sammlung und das höchste Glück der Einsicht, das von Leid und Unwissenheit befreit.

Voraussetzung für Mitfreude ist aber – wie erwähnt –, dass wir unser eigenes Leben wertschätzen. Sonst entsteht nichts als Heuchelei, der »nahe Feind« der Mitfreude. Können wir uns nicht von Herzen mit anderen freuen, dann müssen wir erst einmal unseren eigenen Wert entdecken und unser Potenzial entfalten. Sonst wird der »nahe« leicht zum »fernen Feind«: Missgunst, Neid und Eifersucht, dem Gegenteil von Mitfreude. Dann kommt ans Tageslicht, was wir tief im Herzen schon immer fühlten, nämlich dass wir den anderen ihr Glück nicht gönnen wollen und können, weil wir so unzufrieden sind mit unserem Leben.

Auch wenn sich einiges verändert hat, gilt immer noch eine alte Faustregel: Frauen neigen häufiger zum Neid als Männer, vor allem zu Neid auf andere Frauen. Heute nennt man das Zickenkrieg. Das liegt nicht nur an Minderwertigkeitsgefühlen und ungenutzten Talenten, sondern auch daran, dass es vielen immer noch schwerfällt, Frauen als Vorbild und Autorität anzuerkennen. Männer waren und sind für viele Frauen immer noch zuständig für das »wesentliche« Lernen an der Universität, am Arbeitsplatz oder auf dem geistigen Weg. Auch heute noch lehren weniger Frauen an Universitäten als Männer. Es gibt zwar im Buddhismus inzwischen fast genauso viele Frauen, die lehren, wie Männer, aber in vielen Traditionen genießen Männer immer noch mehr Autorität und Ansehen. Weibliche Vorbilder sind aber besonders wichtig für Frauen, denn sie vermitteln die Erfahrung, dass Frauen Achtung und Respekt verdienen.

Erkennen wir unseren Neid, dann können wir uns von ihm zu unseren schlummernden Talenten führen lassen und zu unseren Wünschen, zu den Bereichen, die uns wichtig sind. Statt missgünstig auf andere zu schauen, können wir nun von ihnen lernen und uns anspornen lassen: Die haben das geschafft; dann kann ich das auch. Stecken wir weniger Energie in Neid und Intrigen und mehr in die Ausbildung unserer Talente und in die Förderung der uns wichtigen Bereiche, dann wird Neid ein Weg zu einem »Mehr« an Fähigkeiten und Fertigkeiten.[21]

In den folgenden Übungen freuen wir uns über alles, was schön ist in unserem Leben, entwickeln Mitfreude und benutzen Neid als Sprungbrett in ein erfüllteres Leben.

Übung: Was klappt im Leben?

Schauen Sie auf Ihr Leben und fragen Sie sich:
Habe ich in meiner Partnerschaft ein ebenbürtiges Gegenüber,
mit dem ich ungeschminkt reden und mich zeigen kann,
wie ich bin?
Kann ich bei vertrauenswürdigen und kompetenten Menschen
Rat einholen?
Kenne ich Menschen, von denen ich lernen
und durch die ich mich entwickeln kann?

Habe ich auch gleichgeschlechtliche Vorbilder?
Habe ich loyale Freundinnen und Freunde,
mit denen ich mich offen austauschen kann?
Unterstützen wir einander im Alltag?
Können wir gemeinsam etwas Schönes unternehmen?
Habe ich Freude an meiner Arbeit?
Kann ich durch sie meine Lebensenergie gut ausdrücken?
Oder gibt es andere Tätigkeiten, in denen ich völlig aufgehen,
denen ich mich ganz hingeben kann?
Habe ich ein Gefühl von Selbstwert und Würde?
Habe ich Freude am Geben? Kann ich großzügig sein?
Bin ich bereit, Verantwortung für mein Leben zu übernehmen?
Woran sonst kann ich mich freuen? Gesundheit, Fähigkeiten,
Wohnung, Finanzen, Hobbys, Reisen, Bildungsangebote
und spirituelle Anregungen?
Grämen Sie sich nicht, wenn Ihnen irgendetwas fehlt,
sondern freuen Sie sich über alles,
was Ihr Leben schön und reich macht.[22]

Übung: Mitfreude

Denken Sie an eine Person, die Sie mögen,
an alles Schöne in ihrem Leben,
an ihre Möglichkeiten, Fertigkeiten und Fähigkeiten.
Freuen Sie sich daran: Wie schön, dass es dir gut geht.
Möge es dir immer besser gehen.
Wiederholen Sie die Übung mit flüchtigen Bekannten
und schließlich mit Menschen, die Sie nicht mögen.
Wenn Sie merken, dass Sie sich an deren Glück
nicht richtig freuen können, registrieren Sie das
und üben Sie weiter,
am besten mit Menschen, bei denen es Ihnen leichter fällt.
Sagen Sie zum Abschluss:
Mögen alle Wesen höchstes Glück erleben,
das Glück der Befreiung und des Erwachens.

Übung: Neid als Weg zum »Mehr«

Denken Sie an eine Person, auf die Sie neidisch sind.
Fragen Sie sich: Was genau macht mich neidisch?
Welche Eigenschaften, Fähigkeiten und Möglichkeiten?

Lassen Sie sich von dem Neid auf eigene Wünsche hinweisen:
Was wünschen Sie sich?
Was würden Sie gerne tun, sein oder haben?
Welches Talent möchten Sie entfalten?
Was können Sie tun oder lassen,
damit Ihre Wünsche sich erfüllen?
Denken Sie jetzt wieder an die Person,
auf die Sie neidisch sind, und registrieren Sie
jede auch noch so kleine Veränderung in Ihrer Haltung.

Unangenehme Gefühle und Abwehr

Leider gibt es nicht nur angenehme, sondern auch unangenehme Gefühle. Die wollen wir am liebsten gar nicht erleben, und wenn sie schon einmal da sind, wollen wir sie auf der Stelle loswerden, statt sie erst einmal anzunehmen als etwas, das zum Leben gehört wie die Feuchtigkeit zum Wasser und die Hitze zum Feuer. Wehren wir uns gegen sie, dann schaffen wir uns damit zusätzliches Leid.

Wenn wir uns zum Beispiel ärgern, weil eine Freundin zu spät zu einer Verabredung kommt, dann glauben wir, sie habe unseren Ärger verursacht. Manchmal löst dasselbe Verhalten aber gar keinen Ärger aus. Vielleicht genieße ich die Wartezeit sogar, wenn ich gerade ein spannendes Buch lese oder abgehetzt von der Arbeit komme. Oder ich habe mich längst darauf eingestellt, dass sie grundsätzlich eine Viertelstunde später kommt, und freue mich, wenn sie nach ihren Maßstäben pünktlich kommt.

Fehlt uns aber die Einsicht in das Zusammenspiel von Innen und Außen, dann verwechseln wir Anlass und Ursache. Womöglich bauschen wir unseren Ärger auch noch auf: »Sie kommt nicht nur zu spät, sondern vernachlässigt mich überhaupt in letzter Zeit, und ihr neuer Freund ist ein völliger Missgriff. Seit sie mit ihm zusammen ist, entwickelt sie reichlich komische Ansichten, und man kann nicht mehr richtig mit ihr reden.« So rechtfertigen wir unseren Ärger und lassen ihn anschwellen, indem wir uns auf die Schwächen der Freundin konzentrieren.

Abwehr äußert sich aber nicht unbedingt in Ärger auf die Menschen und Dinge, die unangenehme Gefühle auslösen. Manche Menschen – meist Frauen – ärgern sich eher über sich selbst. Wieder andere lenken sich ab, verdrängen die unangenehmen Gefühle oder schneiden sich von ihnen ab. Doch sie lösen sich dadurch nicht auf. Sich gegen unangenehme Gefühle zu wehren verstärkt sie nur, was am Beispiel körperlicher Schmerzen leicht zu erkennen ist. Verdrängte Gefühle tauchen irgendwann wieder auf, meist verzerrt und eine Nummer größer. Sie abzuschneiden, kann in Notfällen helfen, die schwere Zeit zu überstehen. Machen wir das aber über längere Zeit, spüren wir am Ende gar nichts mehr und fühlen uns wie tot.

Wir müssen also akzeptieren, dass es Leiden gibt: körperliche und seelische Leiden, Unruhe und Einsamkeit, Langeweile und Unzufriedenheit. Viele sind unvermeidlich: Solange wir eigene Zähne haben, gibt es Zahnschmerzen, und wer eine Beziehung eingeht, wird sich irgendwann wieder trennen müssen, und sei es durch Tod nach dreiundfünfzig glücklichen Ehejahren.

Acht Arten von Leiden beschrieb der Buddha in seiner Predigt von den »vier edlen Wahrheiten«: Geboren werden und altern. Krank werden und sterben. Verlieren, was wir lieben. Nicht bekommen, was wir wollen. Bekommen, was wir nicht wollen, und nie sicher sein vor Leid. Diese Erfahrungen gehören zum Leben dazu. Und sie tun weh. Wehren wir uns dagegen, dann leiden wir doppelt und dreifach. Erst, wenn wir uns dem Leiden geöffnet, wenn wir es in seiner ganzen Tiefe gespürt und angenommen haben, können wir versuchen, es zu überwinden.

Dabei kann es helfen zu verstehen, wie Leiden entsteht. Durch Unwissenheit und Begehren, sagte der Buddha. Gemeint ist eine bestimmte Art von Begehren: Wir wollen die Dinge anders haben, als sie sind. Wir wollen anders sein, als wir sind. Nie sind wir gut genug. Auch unsere Mitmenschen, die Gesellschaft, die Umstände, alles sollte anders sein. Natürlich ohne dass wir uns dafür anstrengen müssten. Auf der Stelle sollen uns die gebratenen Tauben in den Mund fliegen. Doch das tun sie nie. Also leiden wir.

Wohlgemerkt, nicht der Wunsch nach Veränderung verursacht das Leid, sondern die Haltung, die dahintersteht, die Abwehr. Es geht aber auch anders. Dazu müssen wir zuerst unsere Situation und unsere Möglichkeiten realistisch einschätzen und annehmen, wie sie sind, um dann – ganz ohne Abwehr – eine Vision zu entwickeln, wie wir, vielleicht auch unterstützt von anderen, das Beste daraus machen können. Das weckt Energie und Tatkraft, Kreativität und Intelligenz. Und diese Vision anzunehmen bedeutet wiederum, sich auf den Weg zu machen. Und jeder Schritt ist gut, auch wenn er mühsam ist. Wenn wir straucheln, stehen wir wieder auf. Und aus Rückschritten lernen wir.

Die zweite und tiefere Ursache des Leidens ist der Glaube, überhaupt jemand zu sein, als ein vom Rest der Welt abgetrenntes Wesen. Ein Irrglaube, sagen alle nicht-dualistischen Religionen, denn in Wirklichkeit sind wir verbunden mit allem, was ist. In tiefen Meditationserfahrungen unter kundiger Anleitung lässt sich das direkt erfahren. Nur unsere dualistische Sicht spaltet diese Eine Welt ständig auf in Ich und Du, in eine objektive Außen und eine subjektive Innenwelt. Darum fühlen wir uns abgetrennt, einsam und als Opfer. Darum leiden wir. »Nur Nicht-Zweiheit ist Seligkeit«, heißt es. Doch leicht ist es nicht, die Unwissenheit und damit die tiefste Ursache für Leiden aufzulösen.

Mitgefühl

Wenn wir die unangenehmen Gefühle nicht völlig auflösen können durch die »Seligkeit der Nicht-Zweiheit«, so können wir sie doch zumindest mildern, indem wir nicht mit Abwehr, sondern mit Mitgefühl oder Gleichmut darauf reagieren.

Mitgefühl wird definiert als der tiefe Wunsch nach Freisein von Leiden und die Zuversicht, dass das auch möglich ist. Wir entwickeln es zunächst für uns selbst, dann für nahe und ferne bzw. neutrale Menschen und schließlich für sogenannte Feinde. Großes Mitgefühl schließt alle Wesen ein: Mögen alle Wesen frei sein von Leiden.[23]

Mitgefühl wird leicht mit Mitleid verwechselt, dem »nahen Feind«, der sich schnell in den »fernen Feind« verwandeln kann, in Abneigung, das Gegenteil von Mitgefühl.

Wie geschieht das?

Mitleidige fürchten sich vor Schmerzen und Schwierigkeiten, akzeptieren sie nicht, lehnen sie ab. Darum verdrängen sie ihr eigenes Leid. Statt es zu erkennen und zu überwinden, bekämpfen sie das Leid im Außen. Sie glauben, wenn sie es nur richtig anpacken und sich genügend anstrengen, ließe es sich ganz abschaffen. Natürlich gelingt ihnen das nicht, weil ihr eigenes Leiden unerkannt und unerlöst bleibt, und ihr Anspruch – »Ich muss und kann alle retten« unerfüllbar ist. Früher oder später kollidiert ihr Größenwahn mit der Wirklichkeit und schlägt um in ohnmächtige Wut, zum Beispiel auf Umstände und Personen, denen sie die Schuld am Leiden zuschieben, oder auf die Menschen, die sich nicht helfen lassen und ihre guten Ratschläge in den Wind schlagen. So entsteht zusätzliches Leid.

Mitleid vermehrt also das Leid, Mitgefühl verringert es. Geschehen kann das aber nur, wenn wir das eigene Leiden nicht verdrängen, sondern annehmen im Wissen: Es gehört zum Leben und es wird auch wieder vergehen. Diese Einsicht hilft, das Leiden nicht »hochzurechnen auf ewig«, indem wir uns beispielsweise während einer Krankheit schon nicht mehr vorstellen können, je wieder gesund zu werden, oder bei einer Trennung gleich denken, wir würden nie wieder eine glückliche Beziehung haben.

Das eigene Leiden muss aber nicht nur angenommen, sondern auch verarbeitet werden. Mitgefühl kann dabei helfen, wenn wir uns – wie in der Freude – mit anderen verbinden. Zum Beispiel können wir an alle denken, die jetzt auch Liebeskummer haben: »Möge ihr Kummer schwinden und ihre Liebe wachsen.« Oder: »Mögen alle, die sich jetzt auch alleine fühlen, lernen, sich mit anderen zu verbinden. Mögen sie Freundinnen und Freunde finden, lieben und geliebt werden.« Das öffnet das Herz und mildert das eigene Leiden, denn »geteiltes Leid ist halbes Leid«. Und es verschwindet ganz, wenn unbegrenztes Mitgefühl alle leidenden Wesen umfasst: »Mögen alle Wesen aller Zeiten und Räume frei sein von allen Arten des Leidens.«

Wenn wir unser Leiden angenommen, verarbeitet und etwas daraus gelernt haben, können wir auch anderen beistehen. Möglich ist das aber nur in der Haltung echten Mitgefühls, welche wir an unserem allgemeinen Lebensgefühl ablesen können. Ausdruck von Mitgefühl sind Selbstvertrauen und Zuversicht, Mut und Geduld, Offenheit und Klarheit. Wut und Empörung, Erschöpfung, Ohnmacht und Ängste sind Hinweise auf Abwehr und (Selbst-)Mitleid.

Wie können wir Mitleid durch Mitgefühl ersetzen? – Zuerst müssen wir beide Haltungen erkennen. Der Rest ist Übung.

So wird in allen tibetischen Schulen »Geben und Nehmen« (tib. *Tonglen*) geübt, um Mitgefühl zu entwickeln.[24] Wir beginnen bei uns selbst: Zuerst verbinden wir uns mit dem Teil von uns, der gesund und stark ist und mit Schwierigkeiten umgehen kann. Heute nennen wir das »Ressourcen«. Diese Ressourcen muss es geben, sonst würden wir gar nicht erst mit dem Üben beginnen. Um wieder Zugang zu unserer heilen Seite zu bekommen, können wir uns an glückliche Momente erinnern oder an Probleme, die wir gemeistert haben. Mit dem Einatmen nimmt unser heiles Ich dem leidenden das Leiden ab, spürt es und lässt sich davon berühren, verwandelt es in Glück und schenkt dieses dem leidenden Ich mit dem Ausatmen. Gelingt uns die Verwandlung der Gefühle nicht auf Anhieb, können wir Licht oder ein schönes Bild visualisieren oder uns an glückliche Momente erinnern.

In einem zweiten Schritt üben wir »Geben und Nehmen« mit anderen: Mit dem Einatmen nehmen wir ihnen ihr Leiden ab und schenken ihnen mit dem Ausatmen alles Glück der Welt. Wer sich überwältigt fühlt von all dem eingeatmeten Leid, sollte die Aufmerksamkeit ganz von sich weg und auf die andere Person lenken und sich freuen, dass es ihr immer besser geht.

Sind wir sehr mutig, können wir in Gedanken allen fühlenden Wesen aller Universen ihre Leiden abnehmen und ihnen alles Glück der Welt wünschen. Dann müssen wir uns allem Leiden stellen und können keiner Spielart mehr ausweichen. Doch wir versinken nicht darin, weil wir beim nächsten Ausatmen gleich wieder auf Glück »umschalten«. So stärken wir auch unsere eigene Glücksfähigkeit.

Tut eine der folgenden Übungen das nicht – fühlen Sie sich also überfordert oder traurig –, dann ist sie (noch) nicht geeignet für Sie. Dann können Sie ausprobieren, was Ihnen hilft, und damit üben.

Noch ein Wort über geschlechtsspezifische Unterschiede. Die traditionellen Empfehlungen richteten sich in Asien meist an Männer. Diese haben in der Regel genug Mitgefühl mit sich selbst. Sie wissen, was sie wollen und wie sie es bekommen können. Oft fällt es ihnen aber schwer, sich in andere einzufühlen und auf deren Wünsche und Bedürfnisse zu achten. Darum wird in den buddhistischen Schriften so viel Wert auf »Mitgefühl für andere« gelegt.

Frauen haben häufig ein gutes Gespür für andere. Sie können sich gut einfühlen und verbringen viel Zeit damit, die Bedürfnisse ihrer Lieben zu erfüllen und nach deren Vorstellungen zu leben. Oft verlieren sie dabei den Kontakt zu ihren eigenen Wünschen und Gefühlen, zu ihrem Wollen und ihren Visionen von einem guten Leben. Darum ist es meist ihre erste Aufgabe, diese Verbindung wieder herzustellen und Mitgefühl für sich selbst zu entwickeln.

Und nun zu den Übungen, bei denen wir uns und anderen Leid abnehmen und uns verbinden mit allen Wesen, die an demselben Problem leiden wie wir.

Übung: Nehmen und Geben

Wir denken an etwas, worunter wir selbst leiden.
Mit dem Einatmen nehmen wir uns das Leiden ab,
und mit dem Ausatmen
schenken wir uns alles, was wir brauchen,
um gut damit umzugehen.
Dann denken wir an ein Leiden, das uns vermutlich bevorsteht.
Mit dem Einatmen nehmen wir uns das Leiden ab,
und mit dem Ausatmen schenken wir uns alles,
was wir brauchen, um gut damit umzugehen.
Dann denken wir an unsere früheren Leiden.
Mit dem Einatmen nehmen wir uns das Leiden ab,
und mit dem Ausatmen schenken wir uns alles,
was wir brauchen, um gut damit umzugehen.
Dann denken wir an eine uns nahestehende Person,
die gerade sehr leidet.
Mit dem Einatmen nehmen wir ihr das Leiden ab,
und mit dem Ausatmen schenken wir ihr alles,
was sie braucht, um gut damit umzugehen.

Wann immer wir Menschen sehen, die leiden, üben wir Nehmen und Geben: Mit dem Einatmen nehmen wir ihnen Leiden ab, und mit dem Ausatmen schenken wir ihnen alles, was sie brauchen, um gut damit umzugehen.

Übung: Mitgefühl

Wir denken an eine unangenehme Erfahrung der letzten Tage
und fragen uns:
Was hat die unangenehmen Gefühle ausgelöst?
Wie habe ich darauf reagiert?
Was hat meine Reaktion bewirkt?
Hat sich mein Leid verringert oder verstärkt?

Jetzt üben wir uns in Mitgefühl:
Möge ich frei sein von diesem Leid.
Mögen alle, die am gleichen Problem leiden, frei davon sein.
Mögen wir alle Mittel und Wege finden,
unser Leiden zu verringern.
Mögen alle Wesen frei sein von allem Leid.

Übung: Mitgefühl als Weg
Wir denken an eine unangenehme Erfahrung der letzten Tage
und versuchen, mit der vorigen Übung unser Herz zu öffnen
und unser Leiden zu verringern.
Wenn uns das nicht gelingt, können wir so fortfahren:
Wenn ich mein Leiden schon nicht loslassen kann,
dann mögen wenigstens alle anderen frei davon sein.
Möge ich ihr Leid erleben. Möge es auf mir reifen.
Zum Schluss beziehen wir uns selbst
wieder in unsere guten Wünsche mit ein:
Mögen alle Wesen frei sein von Leiden
und den Ursachen von Leid.
Mögen wir keine Ursachen für Leid mehr schaffen.

Gleichmut

Wir haben gesehen: Unsere automatische Abwehr gegen unangenehme Gefühle schafft zusätzliches Leid. Mitgefühl – eine der vier heilsamen Haltungen – verringert es ebenso wie die vierte heilsame Haltung: Gleichmut.

Darunter verstehen wir einen Zustand inneren Friedens. Wir ruhen in unserer Mitte: hängen nicht am Gestern und sorgen uns nicht um den morgigen Tag, gieren nicht nach angenehmen Gefühlen und wehren unangenehme nicht ab, klammern uns nicht an unsere Liebsten und lehnen unangenehme Zeitgenossen nicht ab. Das Auf und Ab des Lebens, die Launen unserer Mitmenschen können uns nicht erschüttern, und doch bleiben wir einfühlsam und verbunden mit unseren Nächsten. Das ist eine idealisierte Beschreibung und kein fassbares Ziel, das wir erreichen müssen. Die vier unermesslichen Haltungen können ein Horizont sein, der uns Orientierung im Umgehen mit uns selbst und anderen Menschen gibt.

Wie können wir Gleichmut erlangen? – Durch tiefe Einsicht in die Ursachen von Glück und Leid und durch die Verwirklichung der drei anderen heilsamen Haltungen, denn wenn wir voller Liebe, Freude und Mitgefühl sind, kann uns so leicht nichts mehr erschüttern. Allerdings können sich die ersten drei Haltungen nur in einem einigermaßen ausgeglichenen Geist entfalten.

Außerdem kann Gleichmut durch die Übung der Sammlungsstufen erlangt werden.[25] Wer sich einer Sammlungsmeditation widmet, erreicht nach einiger Zeit die erste Stufe: körperliches Wohlbefinden. Daraus erwächst auf der zweiten Stufe Freude, die auch als Liebe erfahren werden kann. Diese stillt auf der dritten Stufe all unser Verlangen: Endlich haben wir, was wir immer wollten. Endlich können wir zufrieden sein. Allmählich können wir den Geist von Sinnesempfindungen und unruhigem Denken abziehen und erreichen die vierte Stufe: tiefe Ruhe. Für die Zeit der Übung gibt es keine Sorgen und Wünsche mehr, keine Hoffnungen und Befürchtungen. Nichts kann uns mehr erschüttern. Wir ruhen in Gleichmut.

In der Beschreibung dieser vier Sammlungsstufen können wir auch die Voraussetzungen für Gleichmut erkennen: körperliches Wohlbefinden, Freude und Zufriedenheit. Das ist unmittelbar einsichtig, denn wie könnten wir gleichmütig sein, wenn wir uns unwohl fühlen, unser Herz verschlossen ist und uns tausend Wünsche plagen?

Auch Gleichmut hat einen »nahen Feind«, mit dem er leicht verwechselt wird: die Gleichgültigkeit, ein Sich-Abschotten aus Angst vor neuen Verletzungen nach einer schweren Enttäuschung. Unterschwellig glauben wir dann, die Welt sei uns noch etwas schuldig. Darum erwarten wir ständig Freundlichkeit, Offenheit und Rücksichtnahme und geben es nicht einmal zu. So werden wir wieder enttäuscht und immer unzufriedener. Irgendwann bricht die Fassade der Gleichgültigkeit zusammen, und Unrast und Unzufriedenheit treten offen zutage – das Gegenteil von Gleichmut und ihr »ferner Feind«.

Es gilt also, Gleichmut und Gleichgültigkeit voneinander zu unterscheiden, auf die entsprechenden Bedingungen zu achten und dann zu tun, was Gleichmut fördert.

Helfen können auch die folgenden Übungen. Durch sie erkennen wir, wie unsere Beziehungen sich mit der Zeit verändern und wie sehr sie von unseren Interessen und Bedürfnissen abhängen. Dadurch kann sich mehr Verständnis für uns und andere entwickeln, so dass wir uns mehr mit anderen verbunden fühlen und gleichzeitig unabhängiger werden von ihrer Zuneigung.

Übung: Freund, Feind, Fremde

Denken Sie an drei Menschen: an eine Person, die Sie sehr mögen;
an eine, die Sie kaum kennen und die Ihnen gleichgültig ist,
und an eine, die Sie nicht mögen.
Schauen Sie sie nacheinander an
und lassen Sie alle aufkommenden Gefühle zu.
Richten Sie die Aufmerksamkeit jetzt auf die Person,
die Sie mögen.
Haben Sie sie schon immer gern gehabt?
Wie waren Ihre Gefühle, als Sie sie kennenlernten?
Haben sie sich im Laufe der Zeit verändert?
Stellen Sie sich dann vor, dass diese Person
aus Ihrem Leben verschwindet:
Sie zieht in eine andere Stadt, lässt Sie plötzlich links liegen
oder verleumdet Sie.
Wie wirkt sich das auf Ihre Zuneigung aus?
Bleibt sie eine geliebte Person?
Wird sie Ihnen verhasst oder immer gleichgültiger?
Betrachten Sie nun die Person, die Ihnen gleichgültig ist.
Stellen Sie sich vor, Sie lernen sie näher kennen
und entdecken viele Gemeinsamkeiten.
Sie vermittelt Ihnen einen Traumjob
oder eine günstige Wohnung,
ein bezahlbares Häuschen auf dem Land
oder eine zuverlässige Autowerkstatt.
Wie verändern sich Ihre Gefühle?
Betrachten Sie nun die Person, die Sie nicht mögen,
und spielen Sie in ähnlicher Weise mit Raum, Zeit
und Umständen.
Können Sie sich vorstellen, sie zu schätzen
und sich mit ihr anzufreunden?
Schauen Sie alle drei Personen zum Schluss noch einmal an
und registrieren Sie jede Veränderung in Ihrer Haltung.

Übung: Gleichmut

Wann immer wir in Sorgen und Hektik verfallen
oder diese in unserer Umgebung beobachten, sagen wir:
Mögen alle Wesen in Gleichmut ruhen,
ohne Anhaftung an angenehme
und ohne Abneigung gegen unangenehme Gefühle,
nicht nah den einen und fern den anderen.

Die heilsamen Haltungen einzunehmen ist oft gar nicht leicht. Besonders dann, wenn wir gefangen sind in negativen Mustern: Anhaften, Neid und Ärger, Urteilen, Überheblichkeit oder Minderwertigkeitsgefühle. Oft können wir sie nicht loslassen, sondern müssen ihnen zunächst unsere volle Aufmerksamkeit schenken. Dann können wir erstaunt feststellen: In ihrem Kern steckt eine Weisheit, die nur darauf wartet, erkannt und befreit zu werden. Wie, das erfahren Sie im nächsten Kapitel.

9. Schmerzhafte Emotionen umwandeln

Im Abschnitt »Den inneren Reichtum entdecken« habe ich die drei Aspekte der uns innewohnenden Buddha-Natur ausführlich besprochen. *Offenheit*: In jedem Moment ist alles offen, unvorhersehbar und mit Worten nicht hinlänglich zu beschreiben. *Klarheit*: In diesem offenen Raum erleben wir das schöpferische Spiel der Erscheinungen als nicht-duale Wirklichkeit. *Feinfühligkeit*: Ohne die Spaltung von Subjekt und Objekt, Innen- und Außenwelt fühlen wir uns verbunden mit den klaren Erscheinungen; und so entsteht spontanes Mitgefühl, die Basis für jede echte und gute Beziehung zu uns selbst und anderen.

Der tibetischen Tradition zufolge kann sich Feinfühligkeit als fünf Arten von Gewahrsein äußern: das *spiegelgleiche* und das *unterscheidende* Gewahrsein, das Gewahrsein der *Gemeinsamkeiten*, des *klugen Handelns* und der *Wirklichkeit*. Voll entfaltet werden sie zu den entsprechenden Weisheiten.[26]

Oft werden die fünf Arten des Gewahrseins aber verzerrt zu den fünf aufgewühlten oder schmerzhaften Emotionen: Anhaften, Neid, Ärger, Urteilen und Überheblichkeit oder Minderwertigkeitsgefühle. Diese vergiften unsere Beziehungen und verursachen viel Leid. Trotzdem sind diese Reaktionen nicht nur unheilsam. Sie können uns auf das entsprechende Gewahrsein hinweisen, so dass wir das wieder entdecken können.

Zuerst einmal müssen wir allerdings durch Achtsamkeitsübungen[27] oder andere Formen der Selbstbeobachtung genügend innere Distanz und geistige Klarheit entwickeln, so dass wir erkennen: Diese emotionalen Muster sind keine »natürlichen« Reaktionen auf objektiv vorhandene äußere Bedingungen, sondern unsere eigenen Haltungen. Dann können wir dahinter die Aspekte von Buddha-Natur entdecken und befreien.[28]

Traditionell werden den fünf Arten von Buddha-Natur bestimmte Farben und Elemente zugeordnet. Die folgende Tabelle fasst diese Beziehungen zusammen. Wenn Sie gern mit farbigem Licht arbeiten, können Sie es bei den Übungen vor sich im Raum aufleuchten lassen. Stellen Sie sich vor, wie es Ihren ganzen Körper durchströmt und Ihre innere Weisheit weckt.

Emotion	**Aspekt von Buddha-Natur**	**Farbe**	**Element**
Urteilen	Spiegelgleiches Gewahrsein	weiß	Wasser
Überheblichkeit	Gewahrsein der Gleichheit	gelb	Erde
Anhaften	Unterscheidendes Gewahrsein	rot	Feuer
Neid	Gewahrsein des klugen Handelns	grün	Luft
Ärger	Gewahrsein der Wirklichkeit	blau	Raum

Urteilen und spiegelgleiches Gewahrsein

Als empfindungsfähige Lebewesen haben wir die wunderbare Fähigkeit, Wahrnehmungen und Informationen aufzunehmen. Wie ein Spiegel reflektieren wir Farben und Formen, Klänge, Gerüche und Geschmäcker, Gedanken und Gefühle. Vorausgesetzt, unser Spiegel ist nicht allzu verzerrt von Meinungen und Vorurteilen.

Urteile sind jedoch nicht unwichtig oder überflüssig. Ohne sie könnten wir uns in der Welt kaum zurechtfinden und vernünftige Entscheidungen fällen. Wer zum Beispiel Blumen auch dann noch schön findet, nachdem eine Kuh sie verdaut hat, macht der Großtante leicht ein unpassendes Geburtstagsgeschenk.

Das Urteilen lässt sich kaum abstellen. Wir tun es ständig: Manche Menschen oder Landschaften finden wir schön, andere hässlich; manche Aussagen klug oder witzig, andere albern oder langweilig. Sind wir gerade müßig, käuen wir alte Urteile wieder oder nehmen künftige vorweg. In der Meditation steigen unablässig Gedanken und Gefühle auf, und unablässig bewerten wir sie.

Dabei übersehen wir leicht, wie stark unsere Urteile geprägt sind von unserer momentanen Stimmung und unserem allgemeinen

Hintergrund. Sind wir zum Beispiel frisch verliebt, ist die Welt ein Paradies. Haben wir gerade unsere Arbeit verloren, erscheint alles grau in grau, auch wenn die Sonne lacht. Andere Urteile können in unserer Charakterstruktur begründet liegen oder in einer Weltsicht, mit der wir uns identifizieren; sie können auf blind übernommenen Vorurteilen beruhen oder auf Minderwertigkeitsgefühlen, durch die wir andere in einem schlechten Licht erscheinen lassen, damit wir selbst besser dastehen.

Wenn wir unseren Beitrag zu unseren Urteilen nicht erkennen, glauben wir leicht, die Welt sei so, wie wir sie sehen. Begegnen wir dann einem anderen Menschen mit einer ebenso festen, aber konträren Meinung, gibt es Streit. Möglicherweise suchen wir dann Parteigänger und Gesinnungsgenossinnen, die unsere Ansichten teilen. So können sich Streitigkeiten zu sozialen Konflikten und politischen oder kriegerischen Auseinandersetzungen auswachsen. Moderne Demokratien vertrauen auf das institutionalisierte Streitgespräch, auf Gespräche mit »Menschen im Plural«, in dem verschiedene Standpunkte geltend gemacht werden können. Am Ende wird abgestimmt, und die Mehrheit setzt sich durch.

Aber hat sie auch recht?

Niemand hat recht, heißt es in der buddhistischen Tradition. Wir können nicht wissen, wie die Welt wirklich ist. Wir wissen nur, wie wir sie wahrnehmen und dass unsere Wahrnehmung begrenzt ist und geprägt von unseren Stimmungen und unserem Hintergrund. Diesen zu erforschen erfordert allerdings einige Ausdauer und den Mut, sich auch unangenehmen Einsichten zu stellen. Durchschauen wir aber die Zusammenhänge, dann erkennen wir, wie begrenzt unser Standpunkt ist, und dann können wir uns leichter für andere Sichtweisen öffnen.

Verwickeln wir uns ständig in Streitigkeiten und leiden wir unter unserer Neigung, uns und andere zu verurteilen, dann können wir uns erinnern: Dahinter steckt das spiegelgleiche Gewahrsein, denn um Urteile fällen zu können, müssen wir vorher Informationen aufgenommen haben. Besinnen wir uns also auf diese wunderbare Fähigkeit und nehmen wir noch mehr Informationen auf: über unsere Stimmung und unseren Hintergrund, über andere Menschen und ihre Sicht der Welt, über alles, was in und um uns her geschieht. Einfach nur wahrzunehmen kann so viel Freude wecken. Es öffnet Herz und Geist, wir entspannen uns und sehen mehr.

Vielleicht werden wir die Neigung zu urteilen nie ganz ablegen können. Doch können wir ganz gut damit leben, wenn wir durch sie immer wieder zurückfinden zum spiegelgleichen Gewahrsein.

Übung: Spiegelgleich wahrnehmen

Denken Sie an eine Situation,
in der Sie eine andere Person be- oder verurteilt haben.
Vor Ihnen im Raum auf der Höhe der Stirn
leuchtet weißes Licht auf, durchströmt Sie
und weckt Ihre innere Weisheit. Sie merken:
Mein Spiegel ist verzerrt. Mein Urteil beruht auf Meinungen,
Vorurteilen und begrenzten Ansichten.
Es ist keine objektive Wahrheit.
Treten Sie innerlich einen Schritt zurück
und atmen Sie ein paar Mal tief durch.
Entdecken Sie hinter Ihrem Urteilen
das Gewahrsein des Spiegels.
Öffnen Sie Herz und Geist für weitere Informationen:
Aussehen, Bewegungen, Gesten, Stimme,
Gesichtsausdruck, Kleidung, Worte, Umgebung und Wetter.
Ruhen Sie in Ihrer wunderbaren Fähigkeit,
eine Fülle von Informationen aufzunehmen.
Wenn Urteile und andere Gedanken aufsteigen,
sagen Sie innerlich »Spiegel, Spiegel«,
um die Aufmerksamkeit wieder
auf das spiegelgleiche Gewahrsein zu lenken.

Überheblichkeit und Gewahrsein der Gleichheit

Wenn wir in Buddha-Natur ruhen, erkennen wir sie auch in anderen und wissen: Alle fühlenden Wesen haben Buddha-Natur und können zur höchsten Freude erwachen. Tatsächlich wollen alle Wesen glücklich sein. Darin sind wir alle gleich. Es gibt allerdings sehr unterschiedliche Ansichten darüber, was glücklich macht. Doch durch das Gewahrsein der Gleichheit können wir Gemeinsamkeiten leichter erkennen und uns mit anderen verbinden.

Gründet unser Selbstwertgefühl nicht in Buddha-Natur, dann suchen wir Bestätigung im Außen. Vielleicht halten wir uns für wertvoll, weil wir so klug oder fürsorglich sind, einen Porsche fahren, Professorin sind oder einen großen Freundeskreis haben.

Nun gibt es aber keine absoluten Maßstäbe für groß, gut oder klug. Wir müssen uns also ständig mit anderen vergleichen. Schneiden wir dabei gut ab, fühlen wir uns überlegen und erheben uns über andere; wir werden arrogant.

Leider wird das in den meisten Gesellschaften »belohnt« und mit echter Selbstsicherheit verwechselt. Darum lässt sich diese Haltung nur schwer überwinden. Man weiß dann ja auch alles besser, kann von niemandem lernen und lässt auch wohlmeinende Kritik an sich abprallen, was Selbsterkenntnis fast unmöglich macht. Darum gilt Überheblichkeit als das größte Hindernis auf dem Weg zum Erwachen, und man empfiehlt Menschen, die ständig auf andere herabschauen, an das zu denken, was sie nicht wissen, oder über die guten Eigenschaften der Heiligen und Erwachten zu meditieren.

Überheblichkeit verursacht noch weitere Probleme: Wir fühlen uns abhängig von äußeren Umständen, meist einem ganzen Geflecht äußerer Bedingungen, so dass schon kleinste Veränderungen uns schwer erschüttern können. Wir fühlen uns also zutiefst unsicher, weil wir das, was unseren vermeintlichen Wert ausmacht, jederzeit verlieren können. Außerdem gibt es immer Menschen, die uns noch übertreffen, oder ein anderes Wertesystem haben und zum Beispiel Porsche- oder SUV-fahrer für Umweltsünder und Professorinnen für verknöchert halten. An unserer Reaktion auf entsprechende Äußerungen – meist Ärger oder Wut – lässt sich die tiefer liegende Unsicherheit erkennen. »Wer angibt, hat's nötig«, sagt der Volksmund. Darum gelten Arroganz und Minderwertigkeitsgefühle als zwei Seiten einer Medaille.

Diese kann sich auch vonseiten der Minderwertigkeitsgefühle her drehen. Dann nämlich, wenn wir andere zwar für besser halten, sie aber sofort wieder herabsetzen. Wer klug ist, wird dann als besserwisserisch »erkannt«, wer einfühlsam ist, als unerträglich sentimental. So verwandelt sich das Minderwertigkeitsgefühl in Überheblichkeit. Es äußert sich direkt, wenn wir bei unserem Vergleich mit anderen schlecht abschneiden und daraus ein negatives Selbstbild schaffen. Mit der Zeit trauen wir uns immer weniger zu und verlieren den Mut und die Kraft, unsere Fähigkeiten zu entfalten.

Trotzdem hängen viele Menschen an ihren negativen Selbstbildern. Es gibt ihnen ein Gefühl von Sicherheit zu denken: »Ich bin zwar dumm und ein Versager, aber ich war schon immer so.« Dann wissen sie wenigstens, was sie sind. Außerdem haben sie bisher ja damit leben können und sich vielleicht sogar ganz gut in ihrer Minderwertigkeit eingerichtet: Es ist bequemer, zu jammern und anderen die Schuld an der eigenen Misere zuzuschieben, als sich zu ändern und etwas Neues zu wagen.

Menschen mit Minderwertigkeitsgefühlen wird geraten, an ihre guten Eigenschaften zu denken, an das, was in ihrem Leben klappt, und an die vielen Möglichkeiten, die das menschliche Leben bietet. Ein stabiles Selbstwertgefühl bringt letztlich aber nur die Einsicht in Buddha-Natur. Einen ihrer Aspekte können wir auch hinter der Überheblichkeit und den Minderwertigkeitsgefühlen erkennen, nämlich das oben erwähnte Gewahrsein der Gleichheit. Tatsächlich muss es beim Vergleichen etwas Gleiches geben. So kann man zwar Äpfel mit Birnen vergleichen – beides sind Früchte –, aber keine Frisur mit einem Bankkonto oder Englischkenntnisse mit einem gepflegten Blumengarten.

Wenn ich mich beispielsweise in einem Gespräch über- oder unterlegen fühle, kann ich zuerst einmal feststellen: Das Gefühl spiegelt meine Haltung und hat nichts mit objektiven Gegebenheiten zu tun. Und dann kann ich das Gemeinsame suchen. Das, was uns verbindet. Ist es die Begeisterung für das Thema, über das wir nur unterschiedlich viel wissen? Sind es ähnliche Fähigkeiten wie Intelligenz oder Eloquenz, über die wir beide – wenn auch nicht im selben Maß – verfügen? Oder verbindet uns das Gespräch als solches, das Bedürfnis nach Austausch und eine zugrundeliegende Sympathie? Finden wir nichts dergleichen, dann gibt es immer noch einen gemeinsamen Nenner: Alle Wesen wollen glücklich sein. So können wir uns von Überheblichkeit oder Minderwertigkeitsgefühlen zu dem Gewahrsein der Gleichheit und Verbundenheit führen lassen.

Übung: Verbindung spüren

Denken Sie an eine Situation in den letzten Tagen,
in der Sie sich unter- oder überlegen gefühlt haben.
Fragen Sie sich: Was genau hat diese Gefühle ausgelöst?
Was war der Aufhänger: ein Verhalten, Gesten, Worte, Blicke,
Dinge, Möglichkeiten und Chancen?
Vor Ihnen im Raum auf der Höhe der Stirn

leuchtet gelbes Licht auf, durchströmt Sie
und weckt Ihre innere Weisheit.
Sie merken:
Das Gewahrsein der Gleichheit funktioniert unzureichend.
Meine Gefühle beruhen auf meiner Einstellung,
nicht auf objektiven Tatsachen.
Treten Sie dann innerlich einen Schritt zurück
und atmen Sie ein paar Mal tief durch.
Öffnen Sie Herz und Geist für das, was Sie verbindet.
Entdecken Sie das Gewahrsein der Gleichheit
hinter dem Gefühl der Über- oder Unterlegenheit.
Spüren Sie Ihre Verbundenheit mit der anderen Person.
Ruhen Sie in der wunderbaren Fähigkeit,
Gemeinsamkeiten entdecken und wertschätzen zu können.
Wenn andere Gedanken aufsteigen, sagen Sie innerlich
»gleich, gleich«, um die Aufmerksamkeit
wieder auf das Gewahrsein der Gleichheit zu lenken.

Anhaften und unterscheidendes Gewahrsein

Ruhen wir in Buddha-Natur, dann erleben wir alles als kostbar und einzigartig. Nichts ist langweilig und schon tausendmal da gewesen. Durch das unterscheidende Gewahrsein erkennen und schätzen wir das ewig Neue und Besondere an allen Menschen und Dingen. Auch dieses Gewahrsein kann sich verzerren, nämlich zu Anhaften, also Habenwollen und Festhalten. Als zentrale Ursache von Leiden haben wir es schon mehrmals betrachtet. Vielleicht erinnern Sie sich: Wir glauben, irgendwer oder irgendetwas hätte die Macht, uns glücklich zu machen. Wir halten es für objektiv wertvoll, schön oder anziehend und übersehen ganz, was wir selbst an Stimmung und Hintergrund zu unserem Erleben beigetragen haben. Doch ist zum Beispiel ein Vortrag über Homöopathie nicht an sich interessant, sondern wir sind es, die sich dafür interessieren. Und die meisten Jugendlichen dürften »unser« traumhaftes Meditationszentrum in den Bergen schlicht langweilig finden: »Nichts los, bloß Landschaft ohne Ende.«

Wenn wir unseren eigenen Beitrag übersehen, dann klammern wir uns an den Auslöser, und das schafft Leiden. Stattdessen können wir uns vom Anhaften zum unterscheidenden Gewahrsein führen lassen, denn wenn wir unbedingt etwas haben oder behalten wollen, dann haben wir es offensichtlich als kostbar und einzigartig erkannt. Wir haben Wert zugeschrieben. Diese Fähigkeit geht uns nicht verloren. Wir werden immer wieder Wert zuschreiben können, jederzeit. Mit dieser Einsicht werden wir unabhängiger von äußeren Dingen und können darauf vertrauen, dass wir immer wieder etwas Wertvolles finden oder schaffen können. Diese Fähigkeit haben wir gerade erst bewiesen. So können wir uns vom Anhaften zum unterscheidenden Gewahrsein führen lassen und darin ruhen.

Übung: Wert zuschreiben

Denken Sie an eine Begebenheit der letzten Woche,
bei der Sie unbedingt etwas haben wollten:
ein Ding, eine Begegnung oder bestimmte Umstände.
Vor Ihnen im Raum auf der Höhe der Stirn
leuchtet rotes Licht auf, durchströmt Sie
und weckt Ihre innere Weisheit. Sie merken:
Das Gewahrsein der Unterscheidung funktioniert unzureichend.
Sie erkennen Ihre Wünsche als eigene Einstellung.
Es gibt keine »objektiv« wertvollen Dinge.
Sie selbst haben den Menschen und Dingen Wert zugesprochen.
Treten Sie dann innerlich einen Schritt zurück
und atmen Sie ein paar Mal tief durch.
Entdecken Sie hinter Ihrem Habenwollen
das unterscheidende Gewahrsein.
Ruhen Sie in der wunderbaren Fähigkeit,
Wert zuzuschreiben und das Besondere zu erkennen.
Diese Fähigkeit gehört zu Ihnen.
Sie werden immer wieder Menschen und Dinge
als wertvoll erkennen und schätzen können.
Wenn erneut Begehren und andere Gedanken aufsteigen,
sagen Sie innerlich »Wert zuschreiben« oder »einzigartig«,
um die Aufmerksamkeit wieder
auf das unterscheidende Gewahrsein zu lenken.

Neid und Gewahrsein des klugen Handelns

Fassen wir noch einmal kurz die bereits besprochenen Arten des Gewahrseins zusammen: Wie ein Spiegel nehmen wir viele Einzelheiten wahr und erkennen sowohl das Gemeinsame als auch das Besondere. Daraus erwächst die Fähigkeit, selbst die kompliziertesten Zusammenhänge zu erfassen und das Beste daraus zu machen. Dies wird das »Gewahrsein des klugen Handelns« genannt.

Ein simples Beispiel aus dem Alltag: Wir werfen einen kurzen Blick in die Küche – und schon wissen wir, dass es Zeit für den Abwasch ist. Ob wir auch entsprechend handeln oder lieber ausgehen, ist natürlich eine andere Frage.

Kluges Handeln zeigt sich aber vor allem in komplexen Zusammenhängen. Wenn wir uns zum Beispiel für oder gegen eine Wohnung, Arbeitsstelle oder Beziehung entscheiden sollen, müssen wir eine unübersehbare Fülle von Details berücksichtigen. Viele bleiben unbewusst. Wir können sie nur intuitiv erfassen und uns am Ende für das entscheiden, was sich »richtig anfühlt«. Rationale Gründe lassen sich für jede mögliche Entscheidung finden. Wichtiger ist die intuitive Einsicht in komplexe Zusammenhänge, das Gewahrsein des klugen Handelns.

Unklug handeln wir dagegen, wenn wir neidisch oder eifersüchtig sind: Durch Eifersucht lassen sich auch die gutmütigsten und treuesten Menschen vertreiben, und Neid auf attraktive, erfolgreiche oder gesunde Menschen nimmt uns die Energie, unsere missliche Lage zu ändern.

Wollen wir Neid und Eifersucht überwinden, können wir das durch die ersten drei Arten des Gewahrseins erreichen: Wenn wir offen und entspannt wahrnehmen, Verbindung spüren und unsere Minderwertigkeitsgefühle abgebaut haben, verschwinden Neid und Eifersucht von selbst.

Wir können uns aber auch direkt zu dem zugrundeliegenden Gewahrsein führen lassen. Wieder müssen wir zuerst die verzerrte Weisheit – diesmal Neid und Eifersucht – als eigene Einstellung erkennen, um dann dahinter das Gewahrsein des klugen Handelns zu entdecken.

Tatsächlich bündelt kaum ein Zustand unsere Aufmerksamkeit so sehr wie Eifersucht und Neid. Mit scharfen Augen verfolgen wir Worte und Blicke, Gesten und Verhalten der beneideten Menschen.

Wir wollen alles wissen über ihren Besitz, ihre Möglichkeiten und Fähigkeiten. Sind wir eifersüchtig, dann beobachten wir haarscharf: Wer spricht mit wem, wie lange und worüber? Wer lädt wen ein und wohin? Oder wir fahnden wie ein Meisterdetektiv oder eine Meisterdetektivin nach Indizien für einen Seitensprung: eine andere Stimmung oder Frisur, neue Wäsche oder Gewohnheiten, lange Sitzungen oder Geschäftsreisen, verdächtige Haare, Briefe oder Telefonnummern.

Wir haben also eine Fülle von Einzelheiten wahrgenommen und aufeinander bezogen – die Basis für kluges Handeln. Ruhen wir nun in der wunderbaren Fähigkeit, komplexe Zusammenhänge zu erfassen, um dann das Beste daraus zu machen.

Übung: Zusammenhänge erfassen

Denken Sie an eine Begebenheit der letzten Woche,
bei der Sie neidisch waren auf eine andere Person,
auf ihre Eigenschaften, Fähigkeiten oder Möglichkeiten.
Vor Ihnen im Raum auf der Höhe der Stirn
leuchtet grünes Licht auf, durchströmt Sie
und weckt Ihre innere Weisheit.
Sie merken: Das Gewahrsein des klugen Handelns
funktioniert unzureichend.
Sie erkennen Ihren Neid als eigene Einstellung.
Treten Sie dann innerlich einen Schritt zurück
und atmen Sie ein paar Mal tief durch.
Entdecken Sie hinter Ihrem Neid
das Gewahrsein des klugen Handelns.
Sie haben eine Fülle von Details beobachtet
und aufeinander bezogen und können nun
das Beste daraus machen.
Ruhen Sie in der wunderbaren Fähigkeit,
Zusammenhänge intuitiv zu erfassen
und entsprechend zu handeln.
Wenn erneut Neid aufsteigt, sagen Sie innerlich
»Zusammenhänge« oder »Geschick im Handeln«,
um die Aufmerksamkeit wieder
auf das Gewahrsein des klugen Handelns zu lenken.

Ärger und Gewahrsein der Wirklichkeit

Durch das Gewahrsein der Wirklichkeit erkennen wir die absolute und die relative bzw. die letztendliche und die konventionelle Dimension.

Die letztendliche Dimension der Wirklichkeit, das ist der klare, offene Raum, in dem alles geschieht. Hier gibt es keinen festen Bezugspunkt, das heißt, wir erkennen alle Standpunkte als relativ. Sie entstehen, wenn geeignete Bedingungen zusammenkommen, und verändern sich mit den Bedingungen. Alles ändert sich fortwährend. Unendlich viele Faktoren wirken zusammen, und niemand hat das Ganze im Griff.

Menschen, die ausschließlich die letztendliche Dimension sehen, verachten manchmal »die Welt« und beharren darauf, dass es »weder Gut noch Böse« gibt.

Tatsächlich sind alle moralischen Maßstäbe zeit- und kulturabhängig, also nicht absolut, wie es in einem offenen Raum ja auch kein absolutes Oben oder Unten gibt. Wählen wir aber einen bestimmten Standort – zum Beispiel »mit beiden Beinen fest auf der Erde« –, dann sind oben und unten genau definiert. Damit befinden wir uns in der relativen Dimension: Wir leben in Zeit und Raum und im Kontext von Beziehungen und Beruf, Eigenschaften und Fähigkeiten, Kultur und persönlicher Geschichte. Wir sind Frau oder Mann, schwarz oder weiß, reich oder arm, Jugendliche oder Rentnerin, Dörfler oder Großstädter, Afrikanerin oder Europäerin, Bauer oder Akademikerin usw. Wir sehen so-und-so aus, wohnen da-und-da und haben diese oder jene Religion, auch wenn wir nur den Mammon anbeten oder Das-was-ich-sehen-und-anfassen-kann. Auf dieser Ebene gibt es Richtig und Falsch, Gut und Böse, Vorteile und Nachteile, Stärken und Schwächen, und wir müssen Standpunkte beziehen.

Wenn wir aber vergessen, dass sie relativ sind, verwickeln wir uns leicht in Streitigkeiten. Oder wir versteifen uns darauf, dass die Dinge so sein sollen, wie wir sie gerne hätten. Sind sie aber einmal anders – und das sind oder werden sie immer –, dann werden wir wütend oder depressiv, oder wir verdrängen die unangenehmen Gefühle.

In den buddhistischen Lehren wird vor allem die wütende oder ärgerliche Abwehrreaktion betrachtet und vor den unheilsamen

Folgen gewarnt: Gewalt, Vergeltung, Krieg, Zerstörung und unermessliches Leid. Nun richteten sich die Lehren in Asien aber fast ausschließlich an Männer in Feudalgesellschaften, oft raue Gesellen wie die Nachfahren des Dschingis Khan in der Mongolei und in Tibet. Ihre Haupt-Abwehrreaktion war die Wut, während Menschen im Westen – vor allem Frauen – diese oft nicht einmal spüren können. Viele wollen immer nett und brav sein und schlucken ihre Wut hinunter, bis sie als Depression wieder hochkommt. Sind wir dagegen wütend, fühlen wir uns lebendig und stark, was manchmal aus einer verfahrenen Situation heraushelfen kann. Allerdings wird das Leben etwas ungemütlich, wenn wir immer wütend werden *müssen*, um uns lebendig fühlen zu können.

Wie können wir klüger mit unseren Abwehrreaktionen umgehen? Zuerst einmal müssen wir sie spüren. Nicht ausagieren, aber spüren, und zwar körperlich, emotional und geistig. Dabei können Achtsamkeitsübungen helfen.[29]

Spüren wir die Wut, dann müssen wir sie als innere Haltung erkennen: Nicht »die Welt« ist schrecklich und ungerecht, sondern »ich ärgere mich«. Wie bei der Freude sieht die Sprache auch hier wieder ein reflexives Verb vor: Ich ärgere mich. Wir selbst schaffen also unseren Ärger, indem wir Probleme »auf ewig hochrechnen« oder uns nur auf die Nachteile einer Sache konzentrieren. Dies tun zum Beispiel Lehrerinnen, wenn sie klagen: »Die Kinder sind so anstrengend, die Klassen viel zu voll; das Kollegium ist angepasst und der Schuldirektor furchtbar arrogant.« Ihnen kann es helfen, an die Vorteile ihrer Situation zu denken: an das feste Gehalt und die Pension, die Ferien und dass sie sich einen Teil der Arbeitszeit frei einteilen können.

Wenn wir uns ärgern, dann erkennen wir einen Teil der Wirklichkeit sehr klar, nämlich das Negative in der relativen Dimension. Mit derselben Klarheit können wir uns nun die Vorteile ansehen. Das mindert den Ärger. Und er verfliegt, wenn wir den Blick auch auf die absolute Dimension richten, darauf, dass sich fortwährend alles ändert, auch ohne unser Zutun. So können Ärger und Wut uns zum Gewahrsein der Wirklichkeit führen. Und dann können wir auch leichter, am besten mit anderen zusammen, kluge und angemessene Vorschläge machen, wie wir eine schwierige Situation zum Besseren verändern können.

Übung: Die Wirklichkeit erkennen

Denken Sie an eine Begebenheit der letzten Woche,
bei der Sie sich geärgert haben: über Menschen, Dinge
oder bestimmte Umstände.
Vor Ihnen im Raum auf der Höhe der Stirn
leuchtet blaues Licht auf, durchströmt Sie
und weckt Ihre innere Weisheit. Sie merken:
Das Gewahrsein der Wirklichkeit funktioniert unzureichend.
Sie erkennen Ihren Ärger als eigene Einstellung.
Es gibt keine »objektiv« schlechten oder negativen Dinge,
Menschen und Umstände.
Was Ihnen widerfährt, ist ein Spiegel Ihrer Stimmung
und Ihres Hintergrundes.
Treten Sie dann innerlich einen Schritt zurück
und atmen Sie ein paar Mal tief durch.
Entdecken Sie hinter Ihrem Ärger
das Gewahrsein der Wirklichkeit.
In der relativen Dimension haben Sie gesehen,
dass etwas nicht funktioniert.
Nun richten Sie die Aufmerksamkeit auf das,
was funktioniert, und auf die absolute Dimension,
in der Sie wissen: Alles ist veränderlich und veränderbar.
Keine Situation ist jemals festgefahren,
auch wenn sie noch so schwierig erscheint.
Ruhen Sie in der wunderbaren Fähigkeit,
beide Dimensionen der Wirklichkeit zu erkennen,
in dem tiefen Wissen: Alles ist, wie es ist.
Es gibt Vorteile und Nachteile,
und alles ändert sich fortwährend. Ich bin, wie ich bin.
Ich habe Stärken und Schwächen
und kann wachsen und mich entwickeln.
Wenn erneut Ärger und andere Gedanken aufsteigen,
sagen Sie innerlich: »Alles ist, wie es ist« oder »Offenheit«,
um die Aufmerksamkeit
wieder auf das Gewahrsein der Wirklichkeit zu lenken.

Nachdem wir gesehen haben, wie wir heilsame Haltungen einnehmen und verborgene Weisheiten entdecken können, kommen wir zu der Frage: Wie können wir das in Worte und Taten umsetzen und in unsere Beziehungen einbringen? Sollen wir uns an bestimmte Regeln halten oder lieber »aus dem Bauch heraus« handeln? Davon handelt das nächste Kapitel.

10. Ethisch handeln

Wie wir gesehen haben, machen die vier heilsamen Haltungen uns und andere glücklicher. Konkret drücken sie sich in ethischem Verhalten aus: Liebe und achte ich einen Menschen, dann bestehle ich ihn nicht. Habe ich Mitgefühl, dann schlage ich ihm nicht den Schädel ein.

Umgekehrt kann ethisches Verhalten auch zu den heilsamen Haltungen führen: Gebe ich großzügig, freue ich mich mit der beschenkten Person. Beende ich einen Streit, werde ich gleichmütiger.

Doch was genau ist ethisches Verhalten?[30]

Nach den buddhistischen Lehren folgt es der Maxime: Glück mehren – Leid mindern. Oder ausführlicher: Unheilsame Handlungen werden vermieden, denn sie führen zu Leiden und unangenehmen Gefühlen; heilsame Handlungen werden geübt, denn sie bringen allen Beteiligten mehr Glück und angenehme Gefühle. »Handlungen« bezieht sich hierbei sowohl auf Taten, Worte und Gedanken als auch auf die zugrundeliegenden Motive. Als Leiden schaffend gelten Gier, Abneigung oder Verwirrung. Ob Motive oder Handlungen heilsam waren oder nicht, lässt sich an den Folgen ablesen, an den entstehenden angenehmen oder unangenehmen Gefühlen. Den Karma-Lehren zufolge können wir sogar von unserem aktuellen Befinden auf frühere Handlungen – oft auch in früheren Leben – schließen.

Doch das ist kein Grund, sich in Schuldgefühlen zu suhlen oder sich als Opfer von »schlechtem« Karma zu fühlen, endlos über Zusammenhänge zu brüten oder unbedingt etwas über frühere Leben herausfinden zu wollen. Das Heute sagt genug über das Gestern, und das Morgen folgt dem, was wir aus dem Heute machen. Wir selbst sind also verantwortlich für unser Schicksal. Genauer: für unsere Reaktionen, die entweder Glück oder Leiden schaffen. Menschen und äußere Umstände können immer nur die Auslöser sein. Es bleibt uns aber unbenommen, Auslöser für Einsicht, Offenheit und Freude zu suchen und die anderen zu meiden, und wir können immer versuchen, die besten Seiten aller Beteiligten zum Vorschein kommen zu lassen. »Help each other grow, helft einander wachsen« sei Sinn und Zweck von Beziehungen, sagte Lama Yeshe einmal.

Fünf ethische Richtlinien

Einer allgemeinen Maxime zu folgen ist eine Sache. Bestimmte Regeln einzuhalten aber eine ganz andere und in unserer Gesellschaft nicht sehr beliebt. Vielen stoßen da Moses' zehn Gebote auf oder ein moralinsaures Elternhaus. Sie denken an sauertöpfische Moralapostel und verkniffene Spielverderberinnen. Ethische Regeln sind spießig, heißt es dann. Sie fesseln und knebeln uns. Frei wollen wir sein.

Tatsächlich können Regeln unerträglich einengen. Sie können aber auch befreien, nämlich von Verhaltensweisen, die uns und anderen nur Kummer machen. Zum Beispiel wissen wir oft ganz genau, dass eine bestimmte Beziehung uns unglücklich macht. Und doch können wir nicht davon lassen. Klare Grundsätze sind da mitunter sehr hilfreich.

Manche Regeln können blind machen für den eigenen Schatten, wenn »nicht sein kann, was nicht sein darf«. Sie können aber auch zur Selbsterkenntnis führen, wenn wir durch sie mehr auf unser Verhalten achten. Zum Beispiel würden wir ohne den festen Vorsatz, nicht mehr zu lügen, vielleicht niemals bemerken, wie oft wir heucheln oder aus Feigheit schwindeln. Und ohne die Absage an jede Form von Gewalt würden wir vielleicht nie erkennen, wie oft wir andere unter Druck setzen. Besonders Frauen kann diese Regel auch die Augen dafür öffnen, wie oft sie sich selbst Gewalt antun oder antun lassen und wie selten sie liebevoll mit sich selbst umgehen.

Durch bestimmte Regeln achten wir also mehr auf unser Verhalten und seine Wirkungen, auf Motive und Einstellungen und wie diese unsere Erfahrungen prägen. So entstehen Klarheit und innere Distanz, die Basis für Selbsterkenntnis und gute Beziehungen.

Welche Regeln lehrt der Buddhismus? Meist wird empfohlen, fünf schädliche Handlungen zu meiden und fünf heilsame zu üben:

- Nicht töten, sondern Leben schützen.
- Nicht stehlen, sondern von Herzen geben.
- Nicht lügen, sondern die Wahrheit sagen.
- Niemanden verletzen durch sexuelles Begehren und Verhalten, sondern bestehende Beziehungen achten.
- Den Geist nicht durch Drogen und Alkohol trüben, sondern durch Meditation klären.

Das sind keine ehernen Gesetze, die sklavisch befolgt werden müssen, sondern Orientierungshilfen, Übungsfelder, auf denen wir experimentieren können. So verstanden, erleichtern sie das Zusammenleben und helfen uns, liebevoller mit uns und anderen umzugehen, wacher zu werden und uns selbst besser kennenzulernen. Vorausgesetzt, wir finden die Regeln sinnvoll, wollen wirklich nach ihnen leben und hüten uns vor den drei Fallen auf dem Weg der Ethik. Zum Beispiel sollten die Regeln freiwillig und aus Einsicht eingehalten werden und nicht etwa aus Angst, sei es vor einer Autoritätsperson, der Hölle oder schlechtem Karma. Allerdings gilt im Buddhismus die Angst vor künftigem Leiden als akzeptables Motiv.

Wir sollten nicht überheblich werden, wenn es uns gelingt, ein einigermaßen spirituelles Leben zu führen. Wenn wir uns also ständig dabei ertappen, dass wir uns über die »unspirituelle« Welt echauffieren, sollten unsere Warnlampen blinken. Dann blasen wir uns nämlich auf mit unserer ethischen Praxis und grenzen uns gegen andere ab. Das schafft unnötiges Leiden. Und drittens sollte das Befolgen der Regeln nicht in einen ungesunden Perfektionismus ausarten. Besonders Menschen mit geringem Selbstwertgefühl können sich oft nur dann akzeptieren, wenn sie ein ganz hohes Ideal erfüllen. Sie verstehen die Regeln dann als Vorschriften, die sie hundertprozentig einhalten wollen. Da ist Scheitern programmiert und das ist ein Grund, die Übung schnell wieder aufzugeben. Wir sollten wissen: Nur Buddhas können immer heilsam handeln. Wir können ihrem Vorbild nur nach besten Kräften folgen. Und wie Mingyur Rinpoche, ein Lama der jüngeren Generation, betont: Wenn wir scheitern, wissen wir, dass wir geübt haben.

Dazu eine Geschichte aus meinem Leben: Nach acht Jahren intensiver Übung entschloss ich mich Mitte der 1980er-Jahre, Nonne in der tibetischen Tradition zu werden. Genau genommen wurde ich Novizin und orientierte mich an 36 ethischen Regeln.

Im Kern sind das die oben genannten fünf Richtlinien, die präzisiert und erweitert wurden. Neu hinzu kamen: zölibatär zu leben, keinen Schmuck zu tragen und nicht mit weltlicher Gesinnung Musik zu hören und zu machen.

Ein Jahr lang meditierte und übte ich sehr intensiv in einem süddeutschen Zentrum, wo ich mit fünf, sechs weiteren Übenden lebte. Danach ließ die heilsame Wirkung der Gelübde auf mich und andere spürbar nach. Ich empfand mein Leben als Nonne immer mehr als Einengung. Insgeheim wollte ich gern einmal wieder richtig ausschlafen, Musik hören und Gitarre spielen, abends ausgehen oder ein gemütliches Schwätzchen auf der Terrasse halten. Darum störte es mich, wenn die anderen das machten. Obwohl ich von Naturell und Erziehung her eher freundlich und umgänglich bin, wurde ich nun manchmal richtig unleidlich: Ich kritisierte die anderen und wurde immer strenger und engstirniger. Darum gab ich ein Jahr später meine »Roben« und damit die Gelübde an einen Lama meines Vertrauens zurück.

Ich bin froh, meiner Sehnsucht nach Askese und intensiver Übung nachgegangen zu sein. Genauso froh bin ich, diesen Weg wieder verlassen zu haben, als er eher meine negativen Seiten förderte. Fünf ethische Regeln reichen mir. Sie fördern meine Wachheit, ohne dass ich mich eingeengt fühle. Jede Person muss für sich selbst herausfinden, wie viele Regeln und wie viel Freiraum sie braucht, um aufzuwachen.[31]

Gewaltlosigkeit

Die erste Regel empfiehlt, nicht zu töten, weil alle Lebewesen am Leben hängen. Stattdessen wollen wir Mittel und Wege finden, das Leben von Menschen und Tieren zu schützen.

Allerdings lässt sich das Töten von Tieren – also auch Kleinstlebewesen – oft nur mit viel Fantasie und Kreativität vermeiden. In Indien, wo das Prinzip der Gewaltlosigkeit noch verpflichtend wirkt, erfand man beispielsweise Moskitospiralen, die die Stechmücken nur vertreiben. Sie töten sie nicht wie die in China hergestellten. Wollten wir Töten jedoch ganz vermeiden, dürften wir weder spazieren gehen noch Auto fahren oder Gemüse anbauen.

Wir können die Regel auf jede Form von Gewalt ausdehnen,

zum Beispiel auch darauf, andere durch Drohungen, »Knöpfedrücken«, Überreden oder das Verdrehen von Tatsachen dazu zu bringen, das zu tun, was wir wollen. Andererseits gestatten wir auch niemandem, uns unter Druck zu setzen oder Gewalt gegen uns anzuwenden.

Stattdessen fördern wir eine Atmosphäre, in der alle Wesen wachsen und sich entwickeln können, eine Atmosphäre von Achtung, Schutz und Heilung. Dies wird uns ganz natürlich erscheinen, wenn wir die grundsätzliche Verbundenheit von allen mit allen spüren.

In den folgenden Übungen betrachten wir unsere Erfahrungen mit Gewalt und Konflikten.

Übung: Erfahrungen mit Gewalt

Wir können uns fragen: Was verstehe ich unter Gewalt?
Wo habe ich in Beziehungen Gewalt erlebt?
Wie und wo erlebe ich mich selbst als gewalttätig?
In welchen Situationen habe ich Gewalt ausgeübt oder zugelassen?
Warum? Aus Wut oder Ohnmacht?
Aus Angst vor Zurückweisung und Liebesentzug?
Aus Gewohnheit und Anpassung?
Was kann ich tun oder lassen, um meine besten Seiten
und die der anderen zu fördern?

Übung: Konflikte und Wachstum

Denken Sie an eine schwierige Beziehung,
an die letzte Begegnung, den letzten Streit.
Fragen Sie sich:
Womit setze ich die andere Person unter Druck?
Wie reagiert sie darauf? Aggressiv oder defensiv?
Mit Angriff oder Rückzug? Trägt sie mir den Konflikt nach?
Wie lösen sich Konflikte wieder auf?
Fragen Sie weiter: Womit lasse ich mich unter Druck setzen?
Wie reagiere ich auf Druck? Bin ich nachtragend?
Lassen Sie den Satz auf sich wirken:
Helft einander zu wachsen! Help each other grow!
Wie können Sie das umsetzen?

Großzügigkeit

Im engeren Sinne bedeutet nicht stehlen, anderen nichts wegzunehmen und niemanden zu betrügen oder zu übervorteilen. Im weiteren Sinne bedeutet es, nur das zu nehmen, was uns freiwillig und gern gegeben wird. Wir schwatzen anderen also nichts ab, drängen sie nicht, gegen ihren Willen zu geben, und »vergessen« auch nicht, Geliehenes wieder zurückzugeben. Stattdessen geben wir großzügig. Eigentlich macht es immer Freude, unseren Lieben etwas zu schenken: materielle Dinge, Trost, Schutz und Unterstützung und – falls erwünscht – geistige Lehren als Hilfe zur Selbsthilfe. Für all diese Gaben gilt gleichermaßen: Erwarten wir Dank und/oder Gegengaben, dann wollten wir im Grunde bloß Handel treiben; wir haben nicht wirklich geschenkt.

Großzügigkeit lässt sich aber lernen. Die Tibeter empfehlen Geizkragen, etwas für sie Wertvolles in die rechte Hand zu nehmen und es der linken zu »schenken«, und zwar so lange, bis das Geben in Fleisch und Blut übergegangen ist. Dann üben sie sich darin, Menschen, die sie mögen, kleine Dinge zu schenken. Allmählich fällt es immer leichter zu geben, was nötig ist, und zwar den Menschen, die es brauchen. Das erfreut auch uns. Stellen Sie sich vor, ein Gast bewundert Ihre neue Vase oder blättert fasziniert in einem Buch. Wie Krösus werden Sie sich fühlen, wenn Sie dann sagen können: »Nimm es mit; ich schenke es dir gern.«

Großzügigkeit ist also nicht nur eine ethische Handlung, sondern auch ein direkter Weg zu innerem Reichtum. Andererseits können wir nur von Herzen geben, wenn wir ein Gefühl für unseren inneren Reichtum entwickelt haben, zum Beispiel durch gute Beziehungen, Arbeit, die uns Freude macht, und die Entwicklung von Selbstwert und Würde.

Mit der folgenden Übung können Sie Ihre Schenkgewohnheiten durchleuchten und Großzügigkeit entwickeln.

Übung: Geben können

Fragen Sie sich: Wann, wem und wo gebe ich gerne?
Unter welchen Bedingungen fällt mir Geben schwer?
Wie gehen die Menschen in meinem Umfeld mit Besitz, Zeit, Erfahrung und Wissen um?
Teilen sie gerne, nur in Notfällen

oder nur mit bestimmten Menschen?
Stellen Sie sich vor,
Sie schenken einer bestimmten Person etwas,
vielleicht eine besondere CD, ein Essen
oder eine Stunde aufmerksamen Zuhörens.
Welche Gefühle löst das in Ihnen aus?

Wie gesagt, wir können nicht wirklich großzügig sein ohne ein Gefühl von Selbstwert und Würde. Haben wir dieses entwickelt, dann können wir auch annehmen, so dass Geben und Nehmen ausgeglichen sind.

Allerdings lässt vieles sich nicht gegeneinander aufrechnen. Manche Menschen machen gern Geschenke und sind hilfsbereit und zuverlässig, können aber kaum Nähe geben oder ertragen. Andere können wunderbar zuhören und Geborgenheit vermitteln, haben aber zwei linke Hände oder sind unpünktlich und flatterhaft. Manche Gaben werden nicht einmal als solche erkannt. Doch was wiegt denn nun wie viel? Meist halten wir für das Wichtigste, was wir selber geben oder uns wünschen. Darum heißt es manchmal: Beziehungen sind dann ausgeglichen, wenn beide Seiten das Gefühl haben, sie würden zwei Drittel dazu beisteuern. Das bedeutet aber nicht, dass jede Beziehung immer ausgeglichen sein müsste. Über »die ideale Beziehung« lässt sich nur eines sagen: Es gibt sie nicht. Doch können wir durch leidenschaftsloses Beobachten von Geben und Nehmen etwas über unsere Muster herausfinden und über unsere Einstellungen und deren Auswirkungen. Das schafft innere Distanz und Raum für Veränderungen.

Mit einer in Japan entwickelten Methode der Selbsterkenntnis – Naikan oder Innenschau – können wir sehr wirkungsvoll an unseren Beziehungen arbeiten.[32] Im Rahmen eines meist einwöchigen Intensivkurses geht man alle wesentlichen Beziehungen durch und stellt sich dabei drei Fragen: 1. Was habe ich dir gegeben bzw. Gutes erwiesen? 2. Was habe ich von dir bekommen? Was hast du mir Gutes erwiesen? 3. Welche Schwierigkeiten habe ich dir bereitet? Die vierte Frage – Was hast du mir angetan? – wird ausgelassen. Wir haben sie sehr oft gestellt, und das hat uns offenbar nicht glücklicher gemacht. Naikan-Übende berichten von tiefen Einsichten, die durch die Arbeit mit diesen Fragen ausgelöst werden.

In der folgenden Übung können Sie eine Beziehung auf das Gleichgewicht von Geben und Nehmen hin überprüfen.

Übung: Ausgewogene Beziehungen

Denken Sie an eine Person, die Sie lieben oder geliebt haben.
Fragen Sie sich:
Was bekomme ich in dieser Beziehung, und was gebe ich?
Wer sorgt für die finanzielle Sicherheit?
Wer bezahlt in erster Linie Wohnung, Essen, Auto und Urlaub?
Wer bezahlt im Alltag und wer bei besonderen Gelegenheiten?
Wer sorgt für emotionale Wärme?
Wer gibt vor allem Zuwendung, Geborgenheit und Stabilität?
Wer kümmert sich um Besuche und soziale Kontakte?
Wer »gibt« Inspiration und Sinn
und spricht die tieferen Fragen des Lebens an?
Was gebe ich, und was bekomme ich?
Bin ich zufrieden mit der Situation?
Welche Veränderungen wünsche ich mir?
Was kann ich tun oder lassen, um diese in Gang zu bringen?

Reden macht einen so wichtigen Teil des Beziehungslebens aus, dass ich der dritten Regel – »Nicht lügen« oder im weiteren Sinne »rechte Rede« – das ganze nächste Kapitel gewidmet habe.

Sexualität und Liebe

Die allgemeine Empfehlung zum Thema Umgang mit intimen Beziehungen lautet: »Vermeide unheilsame Sexualität und verhalte dich heilsam.«

»Unheilsam« – das klingt nach »heillosem« Durcheinander mit »unheilvollen« Folgen. Gemeint sind – wie bei allen ethischen Regeln – Einstellungen und Handlungen, die den Beteiligten schaden, ihnen Leid zufügen. Dies erkennen wir, wenn wir unsere Absichten überprüfen und die Folgen unseres Handelns genau beobachten.

Als unheilsame Sexualität gelten traditionell im Buddhismus Ehebruch und sexuelle Gewalt, auch Sexualität mit Kindern oder Personen, die dem eigenen Schutz unterstehen. Das bringt allen

Beteiligten mehr Leid. Heutzutage würde man es vielleicht so formulieren: Wir wenden keine Gewalt an und respektieren feste Bindungen, ob mit oder ohne Trauschein, sowie alle Verpflichtungen, die wir oder andere eingegangen sind, auch die Verpflichtung zum Zölibat. Außerdem gehen wir keine sexuellen Beziehungen mit Kindern oder »Abhängigen« ein: mit Klienten und Patientinnen, Schülern und Studentinnen usw.

Natürlich leiden wir auch, wenn wir sexuelle Begierden nicht ausleben können. Doch fast immer entsteht zum Beispiel durch einen Seitensprung oder Ehebruch noch mehr Leid. Es kann aber Ausnahmen geben. In seinen Gesprächen mit westlichen Schülerinnen und Schülern erklärte Lama Yeshe Seitensprünge für unproblematisch, wenn alle Beteiligten einverstanden sind. Die Zustimmung sollte aber freiwillig gegeben werden, nicht als Antwort auf eine Erpressung: »Entweder du bist einverstanden, oder ich verlasse dich.« Auch nicht aus einem Minderwertigkeitsgefühl heraus: »Ich habe eben nichts Besseres verdient.« Außerdem werden Menschen in Dreiecksverhältnissen oft gegeneinander ausgespielt mit der Drohung, sonst zu der oder dem anderen zu gehen. Wer aber aus vollem Herzen gönnen kann, nicht anhaftet und keine Angst hat vor dem Schmerz, den das Ende einer tiefen Bindung ganz unvermeidlich mit sich bringt, der kann sich auf eine solche Geschichte einlassen. Vorausgesetzt, auch die anderen Beteiligten leiden nicht. Oft ist es allerdings leichter, eine Regel wörtlich einzuhalten, als alle Folgen zu übersehen und die eigene Einstellung zu erkennen. Wie leicht führen wir uns selbst hinters Licht, wenn wir unsere Wünsche rechtfertigen wollen.

Was ist nun heilsame Sexualität? Eine, in der wir uns selbst und die andere Person immer besser verstehen; eine, die Leiden verringert und mit Liebe, Einsicht und Großzügigkeit verbunden ist. Für unerlässlich erklärt der vietnamesische Zen-Lehrer Thich Nhat Hanh auch die Bereitschaft, langfristig zusammenzubleiben. Tatsächlich sind »One-night-stands« und flüchtige Affären oft mit wenig Zuneigung und Respekt verbunden, vor allem, wenn Menschen sich aus Einsamkeit oder Langeweile hineinstürzen. Achtet man aber auf Absichten und Folgen seines Handelns, kann man auch in solchen Beziehungen etwas geben und daraus lernen.

In traditionellen buddhistischen Kommentaren wird Homosexualität als unheilsame Sexualität klassifiziert. Das war einerseits als Anweisung für zölibatäre Mönche und Nonnen gemeint, die nicht einfach heterosexuelle durch homosexuelle Beziehungen ersetzen sollten. Zum anderen muss diese Auffassung als Ausdruck eines kulturbedingten Konsenses verstanden werden, der auch in westlichen Gesellschaften bis in die jüngere Vergangenheit von einer Mehrheit der Bevölkerung geteilt wurde. Platons Zeitgenossen hätten eine solche Einschätzung allerdings absonderlich gefunden.

Viele westliche Lehrende sind der Ansicht, dass die sexuelle Orientierung nicht per se über den ethischen Wert einer Beziehung entscheidet. Bei vielen öffentlichen Anlässen wird der Dalai Lama nach seinen Ansichten über heilsame bzw. unheilsame Sexualität befragt. Meist referiert er zunächst die klassischen buddhistischen Positionen, die sich wenig von strengen christlichen Interpretationen unterscheiden. Er betont aber auch stets, dass alle ethischen Regeln auch zeitbedingte Elemente enthalten. Im März 1993 sagte er zu einer Gruppe westlicher Lehrerinnen und Mentoren: »Wenn ich diese Regeln heute formulieren müsste, würde ich einiges anders gewichten.«[33]

In einigen buddhistischen Schulen gilt ein Leben im Zölibat als besonders günstige Voraussetzung für ein spirituelles Leben. Das Hauptargument lautet: Intime Beziehungen stärken das Begehren und führen meist zu starker Anhaftung an eine bestimme Person. Darum wird Menschen, die ihr Leben der spirituellen Entwicklung widmen wollen, im Allgemeinen das Zölibat angeraten. Doch scheinen nicht nur ganze Kulturen, sondern auch die beiden Geschlechter den Wert des Zölibats unterschiedlich einzuschätzen.[34] Und auch diese Auffassungen verändern sich immer wieder. Im Buddhismus zählen in erster Linie die Absichten beim Handeln und nicht nur die äußere Form. Ob wir nun alleine leben oder zu zweit, in einer langfristig angelegten oder zeitlich befristeten Beziehung, mit oder ohne kirchlichem bzw. religiösem Segen oder staatlich anerkannter Form, mit einer Person des gleichen oder des anderen Geschlechts, mit oder ohne Kinder, mit oder ohne – erwünschtem oder ungewolltem – Zölibat. Es sind die Absichten, die die heilsamen oder unheilsamen Folgen und damit den ethischen Wert unseres Denkens und Tuns bestimmen.

Die tantrischen Schulen sehen die Sexualität auch eher positiv. Wenn wir nicht »ins Objekt fallen« – die andere Person also nicht für die Quelle unseres Glücks halten – können wir durch sie viel lernen über unseren Geist und unsere Freudfähigkeit. Letztendlich kann »rechte« Sexualität sogar zum Erwachen führen.[35]

Sie kann starke Energien wecken. Durch sie können wir uns wach und lebendig fühlen und ungeahnte Kräfte entfalten. Sie kann uns Schlaf und Nahrung ersetzen und trockene Bürohengste zu feurigen Gedichten inspirieren. Sexuelle Energie ist die Vitalkraft schlechthin; durch sie kann neues Leben entstehen. Sie kann aber auch zerstörerisch wirken: Wenn das sexuelle Begehren blind macht für die Bedürfnisse anderer und verbunden ist mit Egozentrik, Gier und Machthunger, dann kann sie zu Ausbeutung und Abhängigkeit führen, zu Missbrauch, Gewalt und Mord.

Heilsame Sexualität dagegen ist solche, durch die Heilsames entsteht. Das bedeutet: Macht unsere Sexualität alle Beteiligten mehr oder weniger glücklich und entstehen daraus keine Komplikationen – aufwühlende Szenen, emotionale Exzesse, dramatische Aktionen oder Gerichtsprozesse – ist sie vermutlich heilsam, zumindest nicht schädlich. Und sie ist ein großer Schatz, wenn wir einander immer besser wertschätzen und verstehen, uns einfühlen und einander helfen zu wachsen.

Übung: Treue

Durch die folgenden Fragen können Sie
Ihr Verhältnis zur Treue untersuchen:
Wie wichtig ist Ihnen sexuelle und emotionale Treue?
Können oder könnten Sie in einer offenen Beziehung leben?
Wollen Sie es?
Unter welchen Bedingungen können Sie Seitensprünge akzeptieren?
Können oder könnten Sie eine längerfristige anderweitige Bindung
Ihres Partners bzw. Ihrer Partnerin tolerieren?
Haben Sie schon einmal einen Seitensprung gemacht?
Aus welchen Gründen?
Wie hat sich das auf die Beziehung ausgewirkt?
Wurde offen darüber geredet?
Hat Ihr Partner bzw. Ihre Partnerin schon einmal
einen Seitensprung gemacht?
Welche Gefühle hat das in Ihnen ausgelöst?
Wut, Ohnmacht, Verlustängste, Selbstmitleid oder das Gefühl,
versagt zu haben?
War es Ihnen mehr oder weniger gleichgültig?

Empfanden Sie Mitfreude?
Wie hat sich die Affäre auf die Beziehung ausgewirkt?
Haben Sie schon einmal die Rolle des oder der Geliebten übernommen?
Was waren Ihre Motive? Wussten Sie von Anfang an Bescheid?
Worunter haben Sie gelitten?
Was gefiel Ihnen an der Beziehung?
Musste sie verheimlicht werden?
War der »offizielle« Partner bzw. die »offizielle« Partnerin einverstanden?
Wie hat sich die Situation entwickelt?
Gab es eine Trennung? Wer hat sich von wem getrennt?

Geistige Klarheit

Im engeren Sinne bedeutet diese buddhistische Regel, weder Drogen noch Alkohol zu konsumieren. Drogensucht kann einem das ganze Leben ruinieren, und Alkohol stumpft ab und senkt die Hemmschwelle, und das kann zu rücksichtslosem Verhalten führen. Stattdessen sollen wir den Geist durch Meditation klären.

Im weiteren Sinne geht es darum, Klarheit, Offenheit und Feinfühligkeit zu fördern. Wir können also beobachten, was diese Qualitäten fördert und was sie beeinträchtigt. Dabei achten wir zum Beispiel auf die Wirkungen von Kaffee und Tee, Nikotin und Nahrungsmitteln sowie auf den Einfluss von Büchern und Zeitschriften, Musik und Filmen. Beobachten wir den Einfluss von Alkohol genauer, könnten wir auch feststellen, dass er auf uns in Maßen genossen entspannend und auflockernd wirkt, und manche Drogen lösen eingeschliffene Denkmuster auf und intensivieren oder verändern die Wahrnehmung. Darum werden Drogen und Alkohol manchmal bei religiösen Zeremonien verwendet.

Manche tibetischen Rituale sind mit dem Genuss von ein wenig Alkohol verbunden. Viele buddhistische Schulen benutzen allerdings nichts dergleichen in ihren Ritualen. Wenn wir genug über heilsame und unheilsame Wirkungen wissen, können wir das essen und trinken, lesen und hören, was Offenheit und Klarheit, Ruhe und Selbstvertrauen fördert, und Dinge meiden, die uns stumpf und unruhig, unachtsam und unzufrieden machen. Kurz: Wir vereinfachen unser Leben, konsumieren achtsam und wählen die Informationen, die wir wirklich aufnehmen wollen.

Übung: Konsum und Beziehungen

Wir untersuchen den Zusammenhang von Beziehungen
und Konsumverhalten:
Wann und mit wem trinken Sie Alkohol?
Sind Sie dann entspannter?
Können Sie sich auch ohne Alkohol entspannen?
Wann fangen Sie an, zu rauchen oder zu viel zu essen?
Mit wem schauen Sie sich welche Filme an?
Wie fühlen Sie sich nach bestimmten Fernsehsendungen
oder der Zeitungslektüre?
Wie beeinflussen bestimmte Begegnungen Ihre geistige Verfassung?
Mit welchen Personen sind Sie meist offen und klar,
mit welchen eher angespannt, kleinlich und engstirnig?

Eigene Maßstäbe setzen

Jede Zeit und Kultur formuliert eine andere Ethik und setzt andere Schwerpunkte. In der folgenden Übung können Sie Ihre eigenen Grundsätze aufstellen und klären, welche Maßstäbe Sie erfüllen wollen und können. Es schadet aber nicht, diese immer wieder anhand der traditionellen Richtlinien zu überprüfen.

Übung: Meine eigenen Regeln

Lesen Sie sich die ethischen Regeln mehrmals durch:

- Ich will nicht töten, sondern Leben schützen.
- Ich will nur nehmen, was mir freiwillig gegeben wurde, und von Herzen geben.
- Ich will nicht lügen, sondern die Wahrheit sagen.
- Ich will niemanden durch mein sexuelles Begehren und Verhalten verletzen, sondern bestehende Bindungen und Verpflichtungen achten.
- Ich will meinen Geist nicht durch Drogen und Alkohol trüben, sondern durch Meditation klären.

Finden Sie nun Ihre eigenen Formulierungen.

Fragen Sie sich:
Welche der Regeln inspirieren mich? Welche stören mich?
Welche sind mir wichtig und mit welcher Einstellung beachte ich sie?
Welche Regeln beachte ich nicht? Aus welchen Gründen?
Wie wirkt sich das auf meine Beziehungen aus?
Sie können sich täglich eine Regel vornehmen und versuchen, danach zu leben.
Fragen Sie sich dann am Abend:
Ist es mir leicht- oder schwergefallen?
Hat es mir geholfen, heilsam zu handeln?
Habe ich mich unter Druck gesetzt?
Habe ich die Regel übertreten?
Welche emotionale Reaktion hat das ausgelöst?

Heilsame Beziehungen

Nichts verursacht so viel Leiden wie Habenwollen und Festhalten. Daraus folgt: Loslassen ist ein Heilmittel. Das bedeutet allerdings nicht, Beziehungen einfach aufzugeben und allein in die Wüste zu gehen. Loslassen in Beziehungen heißt, sich nicht an andere Menschen zu klammern in dem Wahn, sie seien die Ursache unseres Glücks. Sie sind nicht nur dazu da, unsere Bedürfnisse zu befriedigen, sondern ein Spiegel, in dem wir unsere unerledigten Angelegenheiten entdecken können und mit Sicherheit auch werden. Andere Menschen sind aber weit mehr als die Rolle, die sie für uns spielen. Auch die Mutter ist eine Frau mit tausend Interessen, Vorlieben und Sehnsüchten. Der Liebste spielt Billard und schaut Fußball. Die kluge Kollegin mag nicht nur philosophische Bücher, sondern auch Krimis und Cheeseburger, und die rebellischen Nachbarskinder sind schon recht erwachsene junge Menschen mit eigenen Vorstellungen. Wenn wir ihre Eigenart respektieren, können Konflikte reduziert oder ganz vermieden werden. Handeln wir ethisch und begegnen allen Menschen mit einem offenen, klaren Geist und einem mitfühlenden Herzen, dann können heilsame Beziehungen entstehen.

Übung: Beziehungen und Ethik
Wir betrachten die Beziehungen in unserem Umfeld
unter dem Gesichtspunkt der fünf ethischen Regeln.
Fragen Sie sich: Wie sehen Beziehungen aus,
in denen die fünf Empfehlungen nicht beachtet werden?
Wie verändern sich Beziehungen, wenn sie beachtet werden?

Im letzten Kapitel des Beziehungs-Teils betrachten wir die bisher ausgesparte Regel »Nicht lügen«, erweitert auf die »rechte« oder »angemessene Rede« in ihren vier Aspekten: Wir bemühen uns, vier Haltungen zu vermeiden: nicht lügen, verleumden, verletzen oder schwätzen, und darum, die Wahrheit zu sagen, Menschen zu versöhnen, sie zu inspirieren und nur Sinnvolles zu sagen, und das alles nur dann, wenn es hilfreich ist und zur rechten Zeit.[36]

11. Heilsames Reden

Durch Kommunikation begründen und erhalten wir Beziehungen, und die Art unserer Beziehungen prägt unsere Kommunikation. Sie kann beglückend sein und heilsam, wenn wir Freude, Mitgefühl und Einsichten vermitteln, Anteil nehmen, würdigen, ermutigen und Komplimente machen. Worte können aber auch tief verletzen. Ein tibetisches Sprichwort sagt: »Waffen treffen den Körper, Worte treffen ins Herz.«

Wir kommunizieren aber nicht nur mit Worten. Auch der Ton – zum Beispiel von »Du hast mir gerade noch gefehlt!« – macht die Musik. Wir »reden« also auch durch die Modulation unserer Stimme, manchmal auch durch Schweigen; wir kommunizieren mit Blicken und Gesten, Mimik und Körperhaltung. Durch diese Kanäle senden wir die meisten Hintergrundinformationen: unsere Einstellung zu uns und anderen, unsere Ansichten und Meinungen, unsere Gewohnheiten und emotionalen Muster. Oft merken wir es nicht einmal. Selbsterkenntnis tut also not.

Wir können uns fragen: Wie drücken wir Zuneigung und Wertschätzung aus, wie Kritik, Ablehnung und Ärger und wie Gleichgültigkeit und Desinteresse? Wie wirkt sich unser Kommunikationsstil auf uns selbst und andere aus? Was verhindert das Verstehen und was fördert es? Worüber reden wir, und worüber reden wir nicht? Was treibt uns innerlich an, wenn wir reden und zuhören, weghören oder »mit dem Körper sprechen«?

Die buddhistischen Grundsätze der »rechten Rede« können helfen, Redeverhalten, Wirkungen und Einstellungen zu erkennen. Das schafft Raum für Veränderungen.

Rechte Rede

Die »rechte Rede« ist ein Element des buddhistischen Weges und eine der zentralen ethischen Richtlinien. Sie hat vier Aspekte:

- Nicht lügen, sondern die Wahrheit sagen.
- Nicht verleumden, sondern für Harmonie sorgen.
- Nicht verletzen, sondern heilen.
- Nicht sinnlos schwätzen, sondern sinnvoll reden.

Diese Richtlinien dürfen nicht getrennt voneinander gesehen werden: Jemanden durch die Wahrheit zu verletzen ist ebenso wenig rechte Rede wie jemanden mit heiligen Sprüchen zu traktieren. Außerdem sind die Motive zu berücksichtigen. Reden wir beispielsweise über ein ungeschicktes Verhalten, um einen Konflikt zu klären oder um jemandem seine Schwächen vorzuhalten? Verstecken wir unser Klatschen über andere hinter der Sorge um ihr Wohlergehen? Und wenn wir uns aus einem Gespräch zurückziehen und die anderen sich verletzt zeigen, sollten wir prüfen, ob wir tatsächlich Geschwätz vermeiden wollten oder ob wir keine Lust mehr hatten, mit »diesen dummen Gänsen« oder »den primitiven Kerlen« zu reden. Die anderen könnten unsere Ablehnung gespürt haben.

Wie die anderen Richtlinien sind die zur rechten Rede keine Vorschriften, sondern Übungsfelder, auf denen wir experimentieren können. Durch neugieriges, spielerisches Ausprobieren erfahren wir am meisten über uns selbst und vermeiden Unaufrichtigkeit und Heuchelei, die großen Schaden anrichten können.

Wenn wir die Empfehlungen sinnvoll finden und wir ihnen folgen wollen, brauchen wir viel Geduld. Niemand kann von heute auf morgen aufhören, Tatsachen zurechtzubiegen oder Hörensagen als Wahrheit auszugeben, und auch nach Jahren ausdauernder Übung werden wir noch Unsinn schwätzen und andere verletzen.

Zunächst einmal können wir uns bemühen, die vier Arten unheilsamer Rede einzuschränken, also weniger zu lügen und zu verletzen, zu tratschen und zu schwätzen. Mit der Zeit werden wir wacher und merken, wie und was wir reden und wie sich das auf uns und andere auswirkt. Dann können wir auch auf unsere Einstellung achten und uns bemühen, liebevoll und einfühlsam zu reden und dabei den richtigen Zeitpunkt und die nötigen Bedingungen zu beachten. Das Ziel heilsamer Rede ist erreicht, wenn wir tatsächlich helfen, nutzen und inspirieren können.

Lügen haben kurze Beine

Die erste Empfehlung lautet: Nicht lügen, sondern die Wahrheit sagen. Genauer: Nur das sagen, wovon wir wissen, dass es wahr ist.

Doch wissen wir wirklich, dass im Jahr zweitausend-plus-X die Welt untergehen wird und unser Nachbar die Stereoanlage nur aufdreht, um uns zu ärgern? Eigentlich nicht. Im Grunde wissen wir sehr wenig. Doch brauchen wir deshalb nicht in bleiernes Schweigen zu verfallen. Es reicht, Tatsachen von Meinungen zu unterscheiden und entsprechend zu vermitteln. Das sorgt für Klarheit und nimmt den Zündstoff aus manchen Gesprächen, denn wenn ich weiß: »Dies ist meine Ansicht; es kann auch andere geben«, dann identifiziere ich mich nicht völlig damit und fühle mich durch andere Ansichten nicht bedroht. Auch mein Gegenüber wird sich gegen Meinungen nicht so heftig wehren wie gegen »Tatsachen«.

Es geht auch nicht darum zu klären, wer recht hat. Jeder und jede sieht die Dinge anders. Gemeinsam sehen wir mehr und können unseren Horizont erweitern, indem wir andere Ansichten kennenlernen und noch klarer erfassen, wie wir uns selbst und die Welt sehen.

Der eigene Standpunkt ist also nicht unwichtig. Auch unsere Gefühle haben ihre Berechtigung. Wir können sagen, wenn uns etwas verletzt. Vorausgesetzt, wir halten unsere Meinung nicht für die absolute Wahrheit. Vielleicht waren Missverständnisse oder falsche Erwartungen im Spiel; vielleicht wirken wir ganz anders, als wir angenommen haben. Das lässt sich aber klären. So werden Begegnungen und Gespräche zu einem Wechselspiel von Selbstwahrnehmung und Zuschauen, Selbstausdruck und Zuhören.

Empfindlich gestört wird die Kommunikation durch Lügen. Diese lohnen sich höchstens kurzfristig, denn »Lügen haben kurze Beine«. Irgendwann kommen sie heraus, und dann zerstören sie das Vertrauen.

Ehrlichkeit dagegen verbessert das zwischenmenschliche Klima: Es bildet Vertrauen und ermutigt die anderen, bei der Wahrheit zu bleiben, auch wenn es schwerfällt. Wie oft schwindeln wir, um uns vor einer zornigen Reaktion zu schützen. Wie oft machen wir unehrliche Komplimente, um Zuneigung zu bekommen, oder verdrehen die Wahrheit, um besser dazustehen.

Absolute Ehrlichkeit ist allerdings nicht immer angebracht.

Fragt ein flüchtiger Bekannter auf der Straße »Wie geht's?«, will er vermutlich nicht gleich unsere ganze Krankengeschichte hören sowie eine ausführliche Darstellung des Scheidungsdramas, des Konkursverfahrens und der miserablen wirtschaftlichen und weltpolitischen Lage. In dem Fall reicht ein: »Es geht.« Nicht aber gegenüber der Liebsten, wenn sie sich große Sorgen macht.

Außerdem ist zu berücksichtigen: Kann die andere Person die Wahrheit überhaupt verkraften? Ist es der richtige Zeitpunkt? Welche Motive habe ich? Entsteht letztendlich mehr Glück oder mehr Leid durch ein offenes Wort?

So können wir uns beispielsweise fragen: Müssen wir immer sagen, wenn wir jemanden zu dick finden, eine Wohnung unordentlich und ein Kleid oder eine Krawatte geschmacklos? Ungefragt? Wieso? Müssen wir brühwarm weitertragen: »Du, unsere gemeinsame Freundin X hat gesagt, sie findet dich ganz schrecklich weinerlich.« Vielleicht war es nicht so hart gemeint, vielleicht hat die Freundin nur ihren Frust abreagiert. Wozu also diese Bemerkung weitertragen und Unfrieden stiften? Welches Motiv steckt dahinter?

Und müssen wir es Krebskranken immer gleich sagen, wenn sie keine Heilungschancen haben? Manche wollen Klarheit, andere können sie im Moment vielleicht nicht verkraften.

Wir müssen also Kontext, Zeitpunkt und Absichten berücksichtigen, und das ist nicht immer leicht. Meist können wir nur nach bestem Wissen und Gewissen handeln und uns dann die Folgen anschauen. Ist zum Beispiel nach einem offenen Gespräch die Luft wieder rein und die Stimmung entspannter, war es eine heilsame Rede. Sind nachher alle wütend und verstimmt, haben wir einen »Fehler« gemacht. Dann können wir daraus lernen und um Verzeihung bitten. Wenn wir es ehrlich meinen, wird diese meist gerne gewährt. Und auch wir selbst sollten uns unsere misslungenen Experimente verzeihen.

So geht es in der folgenden Übung auch nicht darum, begangene »Sünden« anzuprangern, sondern darum, uns selbst zu verstehen und anzunehmen, wie wir sind.

Übung: Lügen

Wir denken an eine Situation in den letzten Tagen,
in der wir gelogen, etwas verschwiegen oder verdreht haben.
Wir fragen uns:
Welche Tatsache habe ich verdreht?
Was war tatsächlich los
und was habe ich gesagt?
Was sollten die anderen nicht wissen?
Was sollten sie stattdessen denken?
Welche Folgen hatte mein Verhalten?
Habe ich ein schlechtes Gewissen?
Habe ich Angst, beim Lügen ertappt zu werden?
Schäme ich mich?
Dann fragen wir uns:
Lüge ich häufig? Wem gegenüber?
Merke ich es gleich oder erst später?
Wie gehen meine Mitmenschen mit der Wahrheit um?
Ärgere ich mich häufig über andere,
die es mit der Wahrheit nicht so genau nehmen?
Wen halte ich für unzuverlässig?

Hast du schon gehört, dass …?

Was wir denken, prägt unser Leben. Denken und reden wir Negatives – zum Beispiel über den Geiz, die Borniertheit und Lieblosigkeit anderer –, fühlen wir uns entsprechend schlecht: Wir ärgern uns, sind angespannt und missmutig. Aber warum tun wir uns das an? Warum reden wir schlecht über andere?

Manchmal wollen oder können wir eine Person nicht damit konfrontieren, dass wir uns über sie geärgert haben, und lassen bei Dritten Dampf ab.

Manchmal sind wir einfach nur unachtsam oder sogar besorgt, beispielsweise um die Kollegin, die schon morgens früh zur Flasche greift. Wenn das rauskommt …

Manchmal schwimmen wir auch mit dem Strom. Wenn in einer Gruppe alle über andere herziehen, gehört viel Mut dazu, nicht mitzumachen. Es ist auch nicht leicht, das zu unterbinden. Sich zum Moralapostel aufzuschwingen verärgert die anderen nur. Zu schweigen oder demonstrativ den Raum zu verlassen kann einen leicht zum nächsten Opfer übler Nachrede machen. Am heilsamsten können wir wirken, wenn wir uns nicht über den Klatsch ärgern, Verständnis für die Schwächen anderer zeigen und den Humor nicht verlieren. Manchmal funktioniert Übertreiben: »Ja, unmöglich, dass X immer fünf Minuten zu spät kommt. Fünf Minuten! Nicht zu fassen! In der Zeit habe ich mein halbes Monatspensum erledigt.« Oder: »Ja, wirklich unglaublich, dass Y auf Betriebskosten private Fotokopien macht. Ich bin sicher: So einer klaut auch Klopapier.«

Man muss die Beteiligten allerdings gut kennen, sonst gerät der Witz leicht in die falsche Kehle. Oft verbirgt sich auch mangelndes Selbstwertgefühl hinter bösartigem Klatsch und Tratsch. Dann setzen wir andere Personen herab, um selbst besser dazustehen. Doch diese Strategie ist zum Scheitern verurteilt. Studien haben gezeigt, dass die angeprangerten Eigenschaften auf einen selbst zurückfallen. Wer sich also ständig darüber aufregt, wie engstirnig oder verlogen die Menschen sind, wird bald selbst für engstirnig oder verlogen gehalten. Außerdem beseitigt es nicht das zugrundeliegende Minderwertigkeitsgefühl: Wenn wir andere herabsetzen, macht uns das nicht besser. Ganz im Gegenteil. Wer mit Dreck wirft, wird dreckig.

Unsere Einstellungen wirken sich auch auf andere aus. Werden Kinder zum Beispiel für dumm oder unbegabt gehalten, dann lernen sie schlechter, als wenn ihnen viel zugetraut wird. Halten wir alle Menschen für egoistisch, dann locken wir bei anderen genau diese Eigenschaft hervor, sogar bei Menschen, die normalerweise recht mitfühlend und rücksichtsvoll sind. Sehen wir aber die guten Seiten in anderen, dann fördern wir sie und tun uns selbst auch gut, indem wir an Gutes denken und darüber reden. Außerdem verbessert es das zwischenmenschliche Klima: Sind alle Beteiligten einigermaßen sicher, dass nicht schlecht über sie geredet wird, werden sie offener, entspannter und damit intelligenter, und sie reden freimütiger über das, was sie wirklich bewegt. Das stärkt die Verbundenheit und das Selbstwertgefühl, so dass üble Nachrede unnötig wird.

Die guten Seiten unserer Mitmenschen zu suchen und zu fördern bedeutet natürlich nicht, die Augen vor ihren Schwächen zu schließen. Wir müssen sie ihnen aber nicht vorwerfen, sondern können versuchen, sie zu verstehen und unser Hauptaugenmerk auf die positiven Seiten zu richten.

Allerdings können wir wohl nicht immer beides zugleich: nur Gutes über andere sagen und gleichzeitig ehrlich sein. Doch sind die Regeln, wie gesagt, keine Vorschriften, sondern Übungsfelder, auf denen Aufmerksamkeit und Selbsterkenntnis geschult werden kann. In der folgenden Übung können wir zum Beispiel erkennen, was, wie und warum wir schlecht über andere reden.

Übung: Klatsch und Tratsch

Wir denken an die letzte Situation,
in der wir schlecht über andere geredet haben.
Wir fragen uns:
Was war der Anlass? Was genau habe ich gesagt?
Welche Eigenschaften oder Verhaltensweisen habe ich kritisiert?
Was war mein Motiv? Besorgnis, Ärger, Anpassung, Gewohnheit?
Wie hat sich das Gespräch ausgewirkt?
Habe ich das Verhalten der Person
durch das Gespräch besser verstanden?
Habe ich einfach nur Dampf abgelassen?
Ist der Ärger größer geworden?
Haben sich bestimmte Urteile verhärtet?

Und Worte treffen das Herz

Die dritte Empfehlung zur »rechten Rede« legt uns nahe, nicht durch Worte oder Schweigen zu verletzen, sondern zu sagen, was hilft und wohltut.

Zwei Geschichten bezeugen die Macht der Worte.

Ein tibetischer Lama wurde zu einem kranken Kind gerufen. Er setzte sich an sein Bett, hielt seine Hand und rezitierte Mantras. Dann blies er auf die schmerzende Stelle und sagte der Mutter, nun werde das kleine Mädchen bald wieder gesund. Ein hoher Gast der Familie lachte zynisch und rief: »Was soll dieses Nachplappern unverständlicher Silben denn schon bewirken? Das ist doch alles Aberglauben!« Der Lama schaute ihn an und erwiderte gelassen: »Einer, der so dumm daherredet, hat weniger Hirn als der kleinste Vogel.« Der vornehme Gast lief puterrot an und wollte den Lama heftig beschimpfen, als dieser sagte: »Wenn eine bloße Aneinanderreihung von Worten so viel Ärger auslösen kann, dann kann eine andere Silbenfolge wohl auch heilende Kräfte wecken.« Der Gast bedankte sich mit einer stummen Verbeugung.

Eine ähnliche Botschaft vermittelt eine Geschichte aus dem alten Japan. Ein japanischer Schwertkämpfer, ein Samurai-Krieger, kam zu einem Zen-Meister und fragte: »Meister, gibt es Himmel und Hölle?« Der Meister schaute ihn verächtlich an und sagte:

»Du Witzfigur, du hast nicht einmal den Verstand einer Fliege, was weißt du von Himmel und Hölle!« Der Samurai erbleichte vor Wut und zückte sein Schwert. Da sagte der Meister: »Das ist die Hölle!« Der Samurai erbleichte wieder, steckte sein Schwert in die Scheide zurück und verneigte sich dankbar und respektvoll.

»Und das ist der Himmel«, sagte der Meister, und beide verbeugten sich voreinander.

Wenn wir verletzen, dann oft aus Angst oder Unwissenheit: Vielleicht merken wir gar nicht, was wir tun, oder wir fühlen uns in die Ecke getrieben. Sich verletzen zu lassen kann dieselben Ursachen haben. Entweder haben wir Angst, Grenzen zu setzen, oder wir kennen diese nicht einmal. Dann sagen wir immer Ja und Amen, können unser Wort aber nicht halten und wundern uns dann, wenn andere sich ständig über uns ärgern oder enttäuscht sind. Wir wollten doch nur nett sein … nicht Nein sagen … Doch sich in Geduld und Mitgefühl zu üben bedeutet nicht, sich verletzen, ausnutzen und von anderen auf der Nase herumtanzen zu lassen.

In der nächsten, von Sylvia Boorstein inspirierten Übung spüren wir den Folgen verletzender Rede nach.[37] Das kann helfen, in Zukunft mehr Grenzen zu setzen. Die darauffolgende Übung regt dazu an zu erkennen, wie wir andere verletzen.

Übung: Und Worte treffen das Herz

Denken Sie an Ihre letzte körperliche Verletzung.
Schmerzt sie heute noch?
Denken Sie dann an den letzten Streit.
Sind die Wunden verheilt, oder schmerzen sie immer noch?
Denken Sie an körperliche Krankheiten, Wunden und Verletzungen der letzten Jahre und Jahrzehnte. Schmerzen diese immer noch?
Denken Sie dann an Beleidigungen, Streite und böse Worte

aus den letzten Jahren und Jahrzehnten.
Sind diese verbalen Wunden verheilt,
oder schmerzen sie immer noch?

Übung: Verletzen
Wir denken an eine Situation der letzten Tage,
in der wir jemanden durch unser Reden verletzt haben.
Wir fragen uns:
Was war der Anlass? Was genau habe ich gesagt?
Wollte ich die Person verletzen oder geschah es unabsichtlich?
Ist das bei derselben Person schon einmal vorgekommen?
Oder bei einer anderen Person?
Wie hat die andere Person reagiert?
Hat sie mich angegriffen oder die Verletzung weggesteckt?
Hat sie mir indirekt Vorwürfe gemacht? Hat sie sich zurückgezogen?
Habe ich die Verletzung gleich bemerkt oder erst später?
Habe ich mich im Recht gefühlt? Habe ich mich entschuldigt?

Schweigen ist Gold

Töten richtet den größten Schaden, eitles Geschwätz den kleinsten an. Doch können wir leicht viel Zeit damit vergeuden.

Schwätzen ist allerdings nicht immer so sinnlos, wie ein belangloser Inhalt vermuten lassen könnte: Wir mögen nur über das Wetter reden, doch im Grunde drücken wir Sympathie und Wertschätzung aus durch Blicke, Lächeln oder Gesten.

Doch wie oft reden wir nur, um die Zeit totzuschlagen, aus purer Langeweile oder Gewohnheit, Unruhe oder Geltungssucht. Manchmal merken wir das erst, wenn wir uns einmal zum Schweigen entschlossen haben, sei es für eine bestimmte Mahlzeit, den Sonntagnachmittag-Spaziergang oder einen bestimmten Wochentag. Besonders Menschen, die unter hohem Zeit- und Arbeitsdruck stehen, finden es erholsam, wenn sie sich einmal nicht darstellen, behaupten oder auf andere eingehen müssen.

Wird über eine längere Zeit – zum Beispiel während einer Meditationswoche – geschwiegen, fühlen sich manche Menschen sehr einsam und verlassen, selbst wenn die Lehrenden ein Klima des Wohlwollens und der Akzeptanz geschaffen haben. Doch manche

Menschen wurden vielleicht als Kind mit Liebesentzug und Schweigen bestraft und fühlen sich darum abgelehnt und ausgeschlossen, wenn eine Woche lang geschwiegen wird. Andere sind im Grunde ihres Herzens vielleicht immer einsam, überdecken das normalerweise aber mit vielen Kontakten, Hektik und Aktivität. Fällt das nun weg, werden die tiefer liegenden Gefühle schmerzhaft deutlich. Doch wenn sie nicht bewusst werden, können sie nicht geheilt werden.

Wer sich auf das Schweigen einlässt, lernt dadurch, ganz bei sich zu sein, und das im Beisein anderer. Wenn wir diese Haltung auf den Alltag übertragen, können wir besser mit uns selbst und anderen umgehen. Während einer Schweigewoche schauen wir auch intensiver nach innen und erkennen, was wir uns ständig selbst sagen. Das fördert die Selbsterkenntnis. Schweigen ist also eine Art Dampfkochtopf, in dem die Einsicht in eigene Muster schneller »gar« wird als durch jede andere Methode.

Noch etwas geschieht durch das Schweigen: Die Gedanken werden weniger oder zumindest weniger aufdringlich. Was sollten wir auch denken, überlegen oder planen? Es ist für alles bestens gesorgt, und die Familie, die Arbeit, das gesellige Leben sind weit weg. Zeitung und Fernsehen gibt es nicht und auch keine Gespräche, auf die wir uns vorbereiten oder die wir wiederkäuen könnten. Mit der Zeit lockert sich der Zugriff des dualistischen Denkens, so dass Einsicht in Buddha-Natur sich leichter entfalten kann.

Lama Yeshe legte bei all seinen Kursen großen Wert auf Schweigen, mehr noch als auf lange Meditationssitzungen. Manche Menschen können aufgrund ihrer physischen oder psychischen Verfassung nicht lange still sitzen. Schweigen aber können alle, wenn sie es wollen.

Eitles Geschwätz vermeiden heißt natürlich nicht, für den Rest des Lebens zu schweigen. Allerdings ist es anfangs leichter, zeitweise gar nicht, als dosiert zu reden. Das Ziel ist aber, wahr, sinnvoll und hilfreich zu reden. Ein erster Schritt dazu ist die Einsicht in das eigene Schwätz- und Redeverhalten, wozu die folgende Übung hinführen möchte.

Übung: Schwätzen

Denken Sie an ein Gespräch der letzten Tage.
Worüber haben Sie gesprochen?
Wer hat überwiegend geredet? Wer hat zugehört?
Wie ging es Ihnen nach dem Gespräch?
Fühlten Sie sich inspiriert, verbunden, gelangweilt, verärgert, erleichtert?
Denken Sie an die Gespräche der letzten Wochen.
Fragen Sie sich: Worüber rede ich häufig?
Worüber rede ich besonders gerne?
Mit wem rede ich oft und gerne?
Mit wem rede ich ungern und wenig?
Wer redet? Wer hört zu?
Suchen andere das Gespräch mit Ihnen?
Mit wem suchen Sie das Gespräch?

Beim ersten Kontakt mit den Empfehlungen zur rechten Rede denken manche Menschen vielleicht: »Entweder rede ich über andere, oder ich sage die Unwahrheit, Verletzendes oder unnützes Zeug. Also halte ich besser meinen Mund.« Möglicherweise versinken sie wochenlang in Schweigen. Kostet es sie nicht gerade den Job oder die Beziehung, dann ist das nicht weiter tragisch, es sollte aber auch nicht zur Dauerstrategie werden. Vor allen Dingen kommt es darauf an zu merken, was und wie wir reden, mit welcher Motivation und welchen Folgen. Das schafft Raum für Veränderung. Den mittleren Weg sinnvoller Kurskorrekturen finden wir allerdings oft nur über das Auspendeln der Extreme und durch viele kleine Experimente.

Teil 3

Arbeit

12. Was, wie und warum wir arbeiten

Was ist Arbeit?

Der Begriff Arbeit wird immer noch viel zu eng gesehen und in der Regel auf bezahlte Tätigkeiten beschränkt. Deutlich wird das, wenn sogar heute noch einige Hausfrauen sagen, sie arbeiteten nicht. Fragt man diese Hausfrauen, ob sie denn den ganzen Tag Däumchen drehen und sich vom Ehemann verwöhnen lassen, dann erfährt man natürlich schnell, dass sie eine ganze Reihe von Berufen ausüben. Sie sind Erzieherin, Krankenschwester und Nachhilfelehrerin; Köchin und Haushälterin; Gärtnerin und Raumpflegerin; Psychologin, Reiseleiterin, Gesellschafterin und, und, und. Könnten sie den üblichen Stundenlohn berechnen, kämen sie auf ein stattliches Gehalt. Mit welchem Recht werden ihre Tätigkeiten also nicht als Arbeit bezeichnet?

Das hat sich zum Glück etwas verändert, und die Forderung nach Lohn für Hausarbeit feiert bald ihr fünfzigstes Jubiläum. Aber die Arbeitsteilung während des Home-Office in der Corona-Zeit hat sehr deutlich gezeigt, dass die Hauptlast der Sorge für Haushalt und Kinder weiterhin auf den Schultern von Frauen liegt. Und Politik und Gewerkschaften denken immer noch nicht daran, die Arbeitszeit aller Menschen mit Familie generell zu reduzieren, damit sie diese wertvolle Care-Arbeit gut bezahlt machen können. Dasselbe gilt für die »Arbeitslosen«: Sie renovieren die eigene Wohnung und bauen für Freunde und Nachbarn den Keller aus, pflegen den Garten und übernehmen oft auch ehrenamtliche Tätigkeiten. Auch das ist wertvolle Arbeit.

Oft gilt auch nur das als Arbeit, was das physische Überleben sichert, also Nahrung, Wohnung, Kleidung und Medikamente. Wie aber ist es mit den Tätigkeiten, die Herz und Geist nähren, also mit Kunst und Kultur im weitesten Sinne? Besonders körperlich arbeitende Menschen halten geistige Tätigkeit oft für eine Spielart von Nichtstun. Demnach wäre es keine Arbeit, kluge Bücher zu schreiben und zu lesen, Bilder zu malen oder Musik zu komponieren oder ein Meditationsseminar zu besuchen. Die alten Griechen und Inder waren da anderer Ansicht; denn sie schätzten geistige Arbeit über alles. Wenn dieses Tun aber keine Freude bereitet, sind wir Deutschen allerdings schon geneigt, sie als Arbeit anzuerkennen. Doch dann würde auch eine Professorin nicht arbeiten, wenn sie Freude hat an ihrem Beruf.

In diesem Buch bezeichne ich als Arbeit jede Art von Tätigkeit, die Energie erfordert, durch die wir unsere Lebensenergie zum Ausdruck bringen, ob bezahlt oder unbezahlt, ob vergnüglich oder nicht. In diesem Sinne arbeiten sogar Faulpelze. Auch sie denken, reden und tun den ganzen Tag.

Noch ein Wort zu den Geschlechterrollen. Leider gibt es noch immer viele Frauen, die aus Liebe zu ihrem Tun in schlecht bezahlten Care-Berufen arbeiten und das mehr oder weniger akzeptieren. Das hängt wohl auch damit zusammen, dass Berufszweige, in denen vorwiegend Männer arbeiten, immer noch höhere Löhne und Gehälter bezahlen und seit den 1970er-Jahren in Berufszweigen, in denen der Frauenanteil zunimmt, die Durchschnittsgehälter sinken. Gleichberechtigung wird von vielen immer noch als Angleichung an das männliche Modell interpretiert.

Einen klaren Hinweis darauf gibt die Mode-Branche, die zwar Frauen sehr kurze Haare und Anzüge zu tragen erlaubt, aber Männer in Frauenkleidern ablehnt. Inzwischen schließen sich Frauen in Wirtschaft und Wissenschaft vermehrt zusammen und entwickeln eigene Visionen über Ziele und Wege. Das ist sehr wichtig, denn »wer die Gaben der Götter nicht nutzt, gegen den wenden sie sich«, heißt es in der griechischen Mythologie Wir müssen also unsere Fähigkeiten entdecken und entfalten, sonst bringen uns die ungenutzten Energien in Schwierigkeiten.

Finden wir aber einen geeigneten »Kanal« für unsere Energie, für unsere Stärken, Talente und Kompetenzen, dann haben wir Freude am Tun, sind meist recht kreativ und handwerklich gut darin. Und wenn wir erst einmal wissen, wie Freude am Tun sich »anfühlt«, können wir diese Haltung immer öfter einnehmen, bis wir am Ende alles, was nötig ist, mit freudiger Hingabe tun.

Arbeitsmotive

So vielfältig wie die Arbeiten sind auch die dahinterstehenden Motive. Manche Menschen sagen, sie arbeiten nur, um ihren Lebensunterhalt zu sichern. Oft erhoffen sie aber mehr: Macht und soziale Anerkennung, persönliche Zuwendung und das Gefühl, gebraucht zu werden oder besser zu sein als andere. Oder sie wollen ein bestimmtes Ergebnis erzielen, eine bestimmte Leistung erbringen. Andere Arbeiten werden vielleicht aus Pflichtgefühl übernommen oder weil sie als ökologisch, sozial oder spirituell sinnvoll angesehen werden.

Gegen diese menschlich verständlichen oder sogar ehrenwerten Motive ist nichts einzuwenden. Es fragt sich nur: Wie viel Anhaftung steckt dahinter? Wir hatten ja gesehen: Habenwollen und Festhalten führen ebenso zu Leiden wie Abwehr, zum Beispiel von Langeweile oder innerer Unruhe. Manche Menschen setzen sich ständig neue Ziele, weil sie Untätigkeit nicht ertragen können. Vielleicht steckt ihnen der Appell aus Kindertagen noch in den Knochen: »Sitz nicht rum; tu endlich was.« Aktivität wird in unserer Gesellschaft hoch bewertet.

Ruhe, Stille, einfach sein gelten wenig, wie der folgende Witz deutlich macht. Sagt eine Mutter zur anderen: »Du, meine Tochter meditiert neuerdings.« »Na ja«, sagt die andere. »Besser, als wenn sie herumsitzen und nichts tun würde.« Meditation kann also die erste legitime Form des Nichtstuns sein, aber auch eine große Herausforderung. Besonders aktive Menschen tun sich anfangs schwer, einfach nur dazusitzen und sich zu spüren, ohne ein bestimmtes Ziel zu verfolgen.

Geht diese entspannte Wachheit in Fleisch und Blut über, kann sie mit in die Arbeit genommen werden. Dann entsteht Freude am Tun, und die Lebensenergie kann sich ungehindert ausdrücken.

Die folgende Übung gibt Ihnen Gelegenheit, Ihre Motive zu untersuchen. Ehrlichkeit ist dabei das Wichtigste. Wenn Sie zum Beispiel Anerkennung oder Zuneigung brauchen, dann sollten Sie sich das auch zugestehen.

Übung: Warum arbeiten Sie?

Was tun Sie nur, um Anerkennung, Geld
oder Zuwendung zu erhalten?
Geht es Ihnen häufig nur um das fertige Produkt?
Verachten Sie andere, die weniger leisten,
weniger begabt sind als Sie?
Sind Sie zu unruhig, »einfach nur dazusitzen«?
Müssen Sie ständig etwas Wichtiges tun?
Lenkt Ihre Arbeit Sie ab von einer inneren Leere,
den inneren Abgründen? Schützt sie vor Langeweile?
Wissen Sie nicht, was Sie sonst mit sich anfangen sollen?
Wo sind Sie nur mittelmäßig, weil Sie den Ideen anderer folgen,
das Leben anderer leben? Wo sind Sie brillant,
weil Sie Ihre Energie zum Ausdruck bringen,
Ihrer Bestimmung gemäß leben können?
Wann empfinden Sie Freude am Tun?
Welche Arbeiten inspirieren Sie, geben Ihnen Kraft
und bringen Sie in Kontakt mit Ihrer Intuition,
Intelligenz und Lebensfreude?

Der Arbeitsplatz

In den folgenden Übungen können Sie Ihren Arbeitsplatz beleuchten, seine Vor- und Nachteile und die Qualitäten, die er fördert oder blockiert. Obwohl manche Fragen sich auf ein Beschäftigungsverhältnis in der Wirtschaft beziehen, kann die Selbsterforschung auf jede Art von Tätigkeit angewendet werden. Wichtig ist auch Ihr Verhältnis zu den Menschen, mit denen Sie arbeiten, und die Rolle, die Sie spielen. Jedes Team braucht Mitarbeiter und Kolleginnen, die immer wieder neue Ideen haben, und andere, die »bremsen«, also auf Sachzwänge und ökonomische Grenzen aufmerksam machen. Nötig ist auch eine »Mutter der Station« – die Seele des Teams – und ein Chef oder eine Vorgesetzte, der oder die die Fäden in der Hand behält. Frauen tun sich damit immer noch schwer. Die eingenommene Rolle ist nicht immer identisch mit der offiziellen Funktion, dem Platz in der Hierarchie. Und natürlich gibt es hinter der Rolle auch immer eine Person, die auf der menschlichen Ebene angesprochen werden möchte.

Übung: Mein Arbeitsplatz

Was machen Sie gern? Welche Arbeit macht Freude,
weckt Interesse, tut gut?
Welche Arbeiten machen Sie ungern? Was strengt an?
Welche Arbeiten wollen Sie schnell hinter sich bringen,
um frei zu sein für das »richtige« Leben?
Welche Qualitäten, Haltungen und Fähigkeiten fördert Ihr Beruf
und welchen gibt er keinen Raum?
Unruhe, Hektik und Zerstreutheit? Oder Sammlung und Energie?
Dummheit, Überheblichkeit und Minderwertigkeitsgefühle?
Oder Liebe, Einsicht und Geduld, Kompetenz,
Kreativität und Intelligenz?
Was ist Ihnen wichtig an Ihrer Arbeit?
Finden Sie sie sinnvoll und wichtig? Mögen Sie sie?
Spüren Sie Ihre Kompetenz? Genießen Sie die soziale Anerkennung?
Verdienen Sie gut?
Beruhigt Sie die Sicherheit, die eine feste Stelle gibt?
Brauchen Sie diesen klaren Rahmen, die Struktur,
die eine geregelte Arbeit Ihrem Leben gibt?
Schätzen Sie die Vertrautheit mit bestimmten Tätigkeiten,
das Beisammensein mit Kolleginnen und Kollegen,
den kontinuierlichen Kontakt mit Menschen?
Welche Nachteile hat Ihre Arbeitssituation?
Welche Vorteile hat sie?
Können Sie die Vorteile von ganzem Herzen wertschätzen?
Wenn Sie freiberuflich tätig sind, können Sie sich fragen:
Was mögen Sie an Ihrer freiberuflichen Existenz?
Lieben Sie das Risiko?
Leiden Sie unter der finanziellen Unsicherheit,
oder vertrauen Sie darauf, dass es schon irgendwie
weitergehen wird?
Genießen Sie die freie Einteilung der Arbeit,
oder fehlt Ihnen manchmal eine klare Struktur?
Sind Ihnen feste Strukturen ein Gräuel?
Welche Vor- und Nachteile hat Ihre Arbeitssituation?
Können Sie die Vorteile von ganzem Herzen wertschätzen?

Übung: Mein Verhältnis zu den Menschen an meinem Arbeitsplatz

Sie können sich fragen: Welche Rolle habe ich im Team?
Oder wenn Sie selbstständig sind:
Welche Rolle spiele ich gegenüber Kunden oder Klientinnen?
Entspricht diese Rolle meiner offiziellen Funktion?
Passt die Rolle zu meiner inneren Struktur
und meinem Selbstwertgefühl?
Beziehen sich meine Mitarbeiter und Kolleginnen
auf meine offizielle Funktion oder auf die tatsächliche Rolle?
Beziehen sich die anderen nur auf meine Funktion
oder auch auf mich als Menschen?
Fördert die Art des persönlichen Umgangs das Miteinander?

Der ideale Arbeitsplatz

Können wir unsere Fähigkeiten und Energien durch unsere Arbeit angemessen zum Ausdruck bringen? Ist das nicht der Fall, werden wir kaum von heute auf morgen den idealen Arbeitsplatz finden können. Ganz bestimmt nicht in der heutigen Zeit, in der viele sehr komplexe Faktoren zusammenspielen: der technische Wandel der Arbeitswelt und die Digitalisierung, neue Medien und sogenannte Künstliche Intelligenz, Corona-Pandemie und der Wandel der internationalen Handelsbeziehungen, Migration und lokale Kriege, demografischer Wandel und eine extrem schwierige Mischung von Arbeitskräftemangel und drohender Arbeitslosigkeit in manchen Berufszweigen. Der rasche Wandel unserer Welt fordert und begünstigt individuelle Veränderungen.

Wenn sich unsere Vorstellungen nicht oder nicht sofort durchsetzen lassen, hilft es, die Freiräume in der augenblicklichen Situation zu entdecken und auszudehnen. Wir können fast überall einige Minuten innehalten und den Körper spüren. Wenn das Telefon klingelt oder das Smartphone piepst oder blinkt, könnten wir theoretisch und praktisch zwei-, dreimal tief atmen und erst dann reagieren. Und einen kleinen Gang über den Flur oder in die nächste Etage können wir mit einer von Thich Nhat Hanh empfohlenen Gehmeditation verbinden, indem wir achtsam gehen und dabei innerlich die Sätze sprechen: »Ja zum Leben, danke fürs Leben.«

Das können wir sogar zu Hause im Home-Office tun, bevor wir nach Abschluss eines Arbeitsschrittes uns dem nächsten Projekt zuwenden. Hilfreich sind auch klare Prioritäten. Sie vereinfachen das Leben und schützen vor Druck und überzogenen Erwartungen. Das schafft Raum für mögliche Veränderungen, über die Sie in der folgenden Übung reflektieren können.

Übung: Der ideale Arbeitsplatz

Denken Sie an Ihre augenblickliche Arbeit.

Was würden Sie gern verändern?

Was behindert diese Veränderungen? Äußere Umstände? Bestimmte Personen? Sachzwänge?

Haben Sie Angst, bestimmte Forderungen zu stellen oder Vorschläge zu machen?

Welche Personen oder Umstände könnten die Veränderung fördern?

Stellen Sie sich nun Ihren idealen Arbeitsplatz vor.

Was würden Sie gerne tun?

Würden Sie gern allein arbeiten oder mit anderen zusammen?

Mit welchen Personen würden Sie gern arbeiten?

Wo sollte sich Ihr idealer Arbeitsplatz befinden?

Wie sollte er beschaffen sein?

Fragen Sie sich zum Abschluss:

Was kann ich in den nächsten Tagen, Wochen und Monaten tun, um meinem idealen Arbeitsplatz näher zu kommen?

Welche Personen oder Umstände könnten mich unterstützen?

Bin ich auch bereit, selbst etwas zu tun, oder will ich lieber in eingefahrenen Gleisen bleiben?

Talente entdecken: Die fünf Fähigkeiten

Manche Menschen fühlen sich benachteiligt, was ihre Talente angeht. Sie haben vielleicht zwei linke Hände, Lernschwierigkeiten oder sind ungeschickt im Umgang mit Menschen. Doch auch in ihnen sind – den buddhistischen Lehren zufolge – fünf Fähigkeiten angelegt. Durch Wertschätzung und Übung können sie entwickelt werden und auch diesen Menschen helfen, ein erfülltes Leben zu leben und ihre Energie in freudigem Tun auszudrücken.

Diese fünf Fähigkeiten sind: Achtsamkeit, Sammlung und Energie, Vertrauen und Einsicht. Ein traditionelles Bild vergleicht die Achtsamkeit mit einer Person, die die Kutsche des Lebens lenkt. Gezogen wird sie von zwei Paar Pferden, die im Gleichschritt gehen sollten, sowohl das Paar Sammlung und Energie als auch das Paar Vertrauen und Einsicht. Wenn eine dieser »paarigen« Fähigkeiten schwächer entwickelt ist als die andere, holpert die Kutsche oder landet sogar im Graben.

In den nächsten drei Kapiteln werde ich diese grundlegenden Fähigkeiten eingehender beschreiben.

13. Achtsamkeit

Achtsamkeit weckt auf und holt uns in die Gegenwart, so dass wir uns selbst und unsere Umwelt immer besser erkennen und damit umgehen können. Darum gilt Achtsamkeit als die Basis aller guten Fähigkeiten. Sie macht das Menschsein aus.

Nicht alles ist uns bewusst. Viele Lebensvorgänge laufen automatisch oder instinktiv ab, zum Beispiel Herzschlag, Verdauung oder das Wachsen unserer Haare. Andere Fähigkeiten – wie Lesen, Schwimmen oder Radfahren – lernen wir zwar bewusst, schalten dann aber meist »auf Automatik«. Doch um etwas Neues lernen und unsere Talente entfalten zu können, brauchen wir Achtsamkeit, Aufmerksamkeit. Sie gehört zu den menschlichen Grundfähigkeiten. Kleine Kinder, die innerhalb kürzester Zeit so enorm viel lernen, beweisen das sehr eindrücklich.

Ein wenig Achtsamkeit besitzen wir alle. Wir spüren unseren Körper, nehmen Gegenstände wahr und können sie richtig benutzen: Wir kämmen uns nicht mit Gabeln und putzen uns die Zähne nicht mit dem Smartphone. Wir spüren Gefühle, emotionale Reaktionen und Stimmungen und können die Worte und die Körpersprache anderer meist klar genug erfassen, um sinnvolle Gespräche zu führen. Und wir können unsere Aufmerksamkeit auf unsere Lebensziele ausrichten.

Allerdings ist unsere Aufmerksamkeit häufig schwach oder unterbrochen. Dann beschädigen wir Gegenstände, überhören Sätze, übersehen Gesten oder direkte und indirekte Hinweise. Wir treffen Fehlentscheidungen, weil wir wichtige Informationen ausgeblendet haben, und wir »überhören« die Signale unseres Körpers und die Botschaften unserer inneren Stimme.

Wir können unsere Aufmerksamkeit aber schulen, indem wir lernen, uns objektiv zu beobachten. Mit der Zeit werden wir dann alle Impulse immer deutlicher spüren, ohne uns mit ihnen zu identifizieren. Nach und nach wird das Ichgefühl immer schwächer und löst sich schließlich auf in eine Vielzahl von Wahrnehmungen. Wir erkennen: Das Leben ohne fixiertes Ichgefühl ist nicht schal und farblos. Wir taumeln auch nicht sinn- und beziehungslos durchs Universum, sondern nehmen immer wacher und bewusster wahr, was um uns her geschieht und wie Gefühle, emotionale Reaktionen und Gedanken aufsteigen, für eine Weile bleiben und wieder verschwinden. Wir genießen das Glück und die Fülle des Augenblicks. Solch lichte Momente können wir nicht herbeizwingen. Wir können aber günstige Bedingungen schaffen durch die Achtsamkeit auf die vier Bereiche Körperempfindungen, Gefühle und emotionale Reaktionen, Grundstimmung und Gedanken.[38]

Körperempfindungen

Körperlich empfinden wir Druck und Schmerz, Wärme und Kälte, Weichheit und Verspannung, Pochen und Pulsieren, Fließen und Vibrieren. Diese Empfindungen werden ausgelöst durch Bewegung und Ruhe, Sexualität, Essen und Trinken, Gespräche oder Meditation, aber auch durch emotionale Reaktionen wie Angst und Freude, Liebe und Gier. Auch unsere Gedanken spiegeln sich auf der physischen Ebene.

Ist etwas nicht in Ordnung, dann meldet sich der Körper, und wir deuten seine Signale zum Beispiel als Hunger oder Durst, Unruhe oder Erschöpfung. Körperliche Signale können uns auch auf zuvor nicht bewusste Gefühle hinweisen. Spüren wir zum Beispiel während eines Gesprächs, dass sich unsere Nackenmuskeln verspannen, wissen wir, dass irgendetwas nicht in Ordnung ist. Dann legen wir besser eine Pause ein oder vertagen das Gespräch. Mit frischen Kräften können wir die Kommunikation leichter »im grünen Bereich« halten. Vielleicht finden wir in der Zwischenzeit auch heraus, welche unausgesprochenen Botschaften ausgetauscht wurden, so dass wir entsprechend reagieren können. Oder unser Unbehagen beruht auf einem Missverständnis; dann können wir das klären.

Da die Achtsamkeit auf körperliche Empfindungen zu den buddhistischen Grundübungen gehört, möchte ich diese erst im vierten Teil des Buches ausführlich vorstellen.

Gefühle und emotionale Reaktionen

Wahrnehmungen führen zu angenehmen, unangenehmen oder neutralen Gefühlen. Durch diese orientieren wir uns in der Welt und sichern unser Überleben. Oft bemerken wir sie aber nicht direkt, sondern schließen sie erst aus unseren emotionalen Reaktionen, welche heilsam sein können oder verblendet, also Leiden schaffend.

Im Kapitel über die heilsamen Haltungen habe ich die möglichen Reaktionen auf Gefühle ja bereits erläutert. Vielleicht erinnern Sie sich: Auf angenehme Gefühle reagieren wir meist mit Anhaftung; das heißt, wir möchten sie festhalten, wollen mehr davon oder fürchten, sie könnten bald wieder vergehen. Dadurch verschwinden sie aber nur umso schneller. Besser ist es, die angenehmen Gefühle dankbar zu genießen und mit anderen Menschen zu teilen.

Auf unangenehme Gefühle reagieren wir meist mit Abwehr der verschiedensten Art. Beispielsweise reagieren manche Menschen auf einen Angriff mit einem Gegenangriff oder mit Rückzug, Rache oder Minderwertigkeitsgefühlen. Oder sie lenken sich ab: Sie schauen sich Videos an, trinken Alkohol oder essen Schokolade. Andere stellen sich »emotional« tot oder versuchen, die Verletzung wegzudiskutieren. Abwehr kann zwar große Kräfte mobilisieren. Doch werden sie meist nur in Dramen, Aufregung und Schuldzuweisungen investiert, was auf Dauer sehr ermüdend ist. Außerdem entsteht dadurch meist Angst vor einer Gegenreaktion, zumindest unbewusst. Wir werden also gebeutelt von aufgewühlten Emotionen und regredieren darum leicht zu einer unsicheren oder aggressiven Vierzehnjährigen, zur vierjährigen Heulsuse oder zum dreijährigen Trotzkopf. Probleme können wir in einer solchen Verfassung kaum lösen. Wir schaffen nur zusätzliches Leid. Heilsamer ist es, mit Mitgefühl und Gleichmut auf unangenehme Gefühle zu reagieren.

Neutrale Gefühle sind am schwersten zu spüren. Meist finden wir sie so uninteressant, dass wir sie nicht beachten und damit einen großen Teil der Welt ausblenden. Das macht unser Leben arm. Darum wird empfohlen, auf neutrale Gefühle mit Offenheit und Interesse zu reagieren.

Die emotionalen Reaktionen wurden bereits eingehend dargestellt, zum Beispiel in dem 8. und 9. Kapitel über vier heilsame Haltungen und die schmerzhaften Emotionen, und sie werden auch im 16. Kapitel anhand der »fünf Hindernisse« thematisiert. Darum beschäftigen wir uns an dieser Stelle vor allem mit den Grundgefühlen, die durch Sinneswahrnehmungen entstehen und unserer Aufmerksamkeit so leicht entgehen.

Übung: Unangenehme Gefühle

Erinnern Sie sich an etwas, das Sie gestört oder irritiert hat.
Was hat unangenehme Gefühle ausgelöst?
Lärm, schlechte Gerüche, ein fades Essen, Kopfschmerzen,
Müdigkeit, körperliche Verspannungen?
Welche Sinne waren beteiligt? Sehen, Hören, Riechen, Schmecken
oder unmittelbare Körperempfindungen?
Durch welche Sinne erleben Sie die meisten unangenehmen Gefühle?
Welche Gedanken, Hoffnungen und Tagträume
bereiten Ihnen unangenehme Gefühle?
Fragen Sie sich nun:
Was kann ich in den nächsten Tagen tun oder lassen,
um unangenehmen Gefühlen weniger Raum zu geben?

Übung: Angenehme Gefühle

Denken Sie an eine Situation der letzten Tage,
in der Sie etwas sehr genossen haben:
eine Tasse Tee, den Sonnenschein, eine Begegnung, eine Lektüre,
Musik, schöne Stoffe, Blumen, Düfte oder etwas anderes.
Was hat die angenehmen Gefühle ausgelöst?
Welche Sinne waren beteiligt?
Sehen, Hören, Riechen, Schmecken, Spüren?
Durch welche Sinne erleben Sie die meisten angenehmen Gefühle?
Welche Gedanken, Hoffnungen und Tagträume
bereiten Ihnen angenehme Gefühle?
Fragen Sie sich nun:
Was kann ich in den nächsten Tagen tun oder lassen,
um angenehmen Gefühlen mehr Raum zu geben?
Lassen Sie folgenden Gedanken auf sich wirken:
Diese Situation beweist meine Freudfähigkeit.
Darum werde ich immer wieder angenehme Gefühle erleben können.

Übung: Neutrale Gefühle

Denken Sie an eine Ihnen nur flüchtig bekannte Person,
die keine emotionalen Reaktionen in Ihnen auslöst.
Spüren Sie Ihre neutralen Gefühle, die Ihnen sagen:
An dieser Person gibt es nichts Interessantes zu sehen,
nie sagt sie etwas Interessantes,
es gibt nichts Interessantes über sie zu erzählen.
Fragen Sie sich: Weiß ich das, oder nehme ich es nur an?
Was wissen Sie über die Freuden und Leiden dieser Person,
über ihre Vergangenheit und ihre Beziehungen,
ihren Beruf und ihre Hobbys,
ihre Träume, Hoffnungen und Befürchtungen?
Wenn Sie mehr über sie wüssten,
könnten Sie sich dann mehr für sie interessieren?
Fragen Sie sich nun:
Was kann ich in den nächsten Tagen tun oder lassen,
um mehr Offenheit und Interesse für sie zu entwickeln?

Grundstimmung

Oft bemerken wir nicht, wie viel wir selbst mit Stimmung und Hintergrund zu unseren Gefühlen beitragen, sondern machen Menschen und Umstände für unsere Erfahrungen verantwortlich: Der Kollege ist eben schwierig und die Aufgabe kompliziert, die Planung chaotisch und die Frist zu kurz. Durch Achtsamkeit können wir unseren Beitrag erkennen.

Steckt uns beispielsweise eine Grippe in den Knochen, dann ist jede Aufgabe zu kompliziert. Kolleginnen, die wir mögen, finden wir selten schwierig und manche ihrer Schwächen sogar liebenswert. Sind wir erschöpft, dann ist jeder Termin zu kurzfristig, und jeder Hügel sieht aus wie die Eigernordwand.

Unsere Stimmung – die Brille, durch die wir schauen – wird also beeinflusst durch aktuelle Bedürfnisse und die körperliche Verfassung sowie durch Vorlieben und Abneigungen, zum Beispiel für bestimmte Menschen oder eine bestimmte Jahreszeit. Langfristig ist sie geprägt von unserem Temperament, unserem Charakter. Typologien können helfen, diesen zu erkennen. Natürlich gibt es diese Typen nicht in Reinkultur. Kein Mensch passt in irgendeine Schublade. Doch es fördert die Selbsterkenntnis, wenn wir unsere Beobachtungen nach einem System sortieren können.

Die alten Griechen kannten vier Temperamente: die leichtherzigen Sanguiniker, die aufbrausenden Choleriker, die dickfelligen Phlegmatiker und die schwerblütigen Melancholiker. Die Konstitutionslehre verbindet Körperbau und Temperament anhand von drei Typen: die mageren, stillen und empfindlichen Leptosomen, die rundlichen, warmherzigen und gemütlichen Pygniker und die muskulösen, zielstrebigen und beharrlichen Athletiker.

C. G. Jung beschrieb zwei entgegengesetzte Einstellungsweisen in Bezug auf die äußere und innere Welt: Extraversion und Introversion. Diese Hauptorientierungen im Fluss der Lebensenergie verband er mit den vier Wahrnehmungsfunktionen Denken, Fühlen, Empfinden und Intuieren: Es entstand eine Typologie mit acht verschiedenen Typen. Die am besten entwickelte Wahrnehmungsfunktion gilt als hauptsächliche Ich-Funktion – jemand ist z. B. ein extravertierter Denktyp oder ein introvertierter Intuitionstyp. Die jeweils weniger ausgebildete Funktion wird im Streben nach Ganzheit zur Entwicklungsaufgabe.[39]

Neben dem Enneagramm mit seinen neun Persönlichkeitstypen ist hierzulande besonders die astrologische Typologie bekannt und beliebt. Versteht man sie als psychologische Beobachtungswissenschaft, dann können ihre differenzierten Beschreibungen zu mehr Selbsterkenntnis führen.[40]

Um unsere Grundstimmung einzuschätzen, können wir uns auch an den fünf Hindernissen orientieren oder an den fünf schmerzhaften Emotionen.[41] Beim Durcharbeiten der entsprechenden Kapitel haben Sie sicherlich gespürt, welche Muster Ihren Charakter prägen. Den Gier- und den Hasstypus möchte ich hier ausführlicher beschreiben.

Habenwollen und Festhalten ist das Haupthindernis des Giertypus, zu dem immer noch mehr Frauen als Männer gehören. Ist die Anhaftung nicht allzu groß, dann können sie sich ganz gut an den schönen Dingen des Lebens freuen. Die Zukunft erscheint ihnen rosig, und mit der Arbeit nehmen sie es nicht so genau. Als Kolleginnen oder Kollegen sind sie recht angenehm: Harmonie liegt ihnen am Herzen, und sie können sich gut in andere einfühlen, weil sie etwas von ihnen wollen. Eine konsequente spirituelle Arbeit fällt ihnen allerdings schwer: Sie leiden zwar unter ihren

Anhaftungen, doch selten stark genug, um ihre ganzen Kräfte darauf zu konzentrieren, sich von allem Leiden zu befreien.

Ganz anders der Hasstypus, der unter Männern häufiger zu finden ist als unter Frauen. Seine Abwehrhaltung sorgt oft für Schmerz und Leid. Immer hat er etwas auszusetzen. Überall sieht er nur Nachteile, Schwächen und Schwierigkeiten. Auch die Zukunft sieht für ihn düster aus. Weil er sich außerdem schnell über andere ärgert, ist mit ihm nicht gut Kirschen essen. Er kann sich aber beharrlich einsetzen für Dinge, die ihm wichtig sind, und dabei auch die größten Schwierigkeiten überwinden. Allerdings baut er dabei mehr auf den Verstand als auf das Gefühl. Lassen solche Menschen sich auf einen geistigen Weg ein, dann üben sie diszipliniert und kontinuierlich: Sie leiden sehr und wollen dem ein Ende setzen.

In der folgenden Übung richten wir unsere Aufmerksamkeit auf unsere aktuelle Stimmung und unser Temperament, um uns selbst immer besser kennenzulernen.

Übung: Stimmung

In welcher Stimmung befinden Sie sich im Moment?
Wie äußert sie sich körperlich?
Durch Verspannung, Mattigkeit oder ein lebendiges Pulsieren?
Welche Farbe würden Sie ihr zuschreiben und welche Formen?
Vielleicht möchten Sie ein Bild dazu malen
oder ein Gedicht schreiben.
Ist diese Stimmung Ihnen sehr vertraut?
Tritt sie in bestimmten Situationen immer wieder auf?
Führt sie zu angenehmen oder unangenehmen Gefühlen?
In welcher Stimmung befinden Sie sich am häufigsten?
Beschreiben Sie sich anhand der drei oben genannten drei Typen
(Gier, Hass und Verblendung) oder der im 9. und 16. Kapitel
vorgestellten fünf schmerzhaften Emotionen oder fünf Hindernisse
oder als eine bestimmte Mischung aus den einzelnen Typen.
Was können Sie jetzt tun, um Ihre Stimmung zu verbessern?

Gedanken

Zum Hintergrund gehören neben der Grundstimmung auch die Gedanken: Meinungen und Ansichten, Ansprüche und Erwartungen, Hoffnungen und Befürchtungen. Mit etwas Achtsamkeit erkennen wir: Was wir denken, sind nur Gedanken; es ist nicht die Wirklichkeit. Das befreit und schafft Raum für Veränderung.

Oft identifizieren wir uns allerdings viel zu stark mit unseren Gedanken. Wenn wir beispielsweise über eine Kollegin denken:

»Diese unzuverlässige Person! Warum kann sie sich nicht an ihre Zusagen halten? Es ist immer dasselbe mit ihr!«, dann glauben wir felsenfest, diese Person sei so, wie wir sie gerade sehen. Ärgern wir uns über uns selbst, passiert dasselbe: »Wenn ich mich bloß nicht so dumm angestellt hätte, dann hätte ich ihn bestimmt überzeugt.« Oder: »Hätte ich damals bloß den Mund gehalten, dann wären wir heute noch zusammen.« Doch im Grunde wissen wir es nicht. Wir denken es nur.

Leider glauben wir unseren Gedanken meist unbesehen. Wenn ich zum Beispiel denke: »Ich habe keine Zeit«, dann glaube ich das auch. Die kleinste Veränderung kostet dann enorm viel Kraft. Erkenne ich den Gedanken aber als Gedanken, dann gewinne ich Abstand, so dass ich prüfen kann, ob er überhaupt stimmt. Vielleicht fühle ich mich ja nur unter Zeitdruck, weil ich erschöpft bin oder nur an das Ergebnis denke. Dann kann ich eine Pause machen, die Gedanken loslassen und mich entspannen durch ein paar Schritte oder einen Blick zum Himmel. – Und schon »habe« ich wieder Zeit.

Gedanken werden oft zu größeren geistigen Gebilden zusammengefügt, und wir erleben alle möglichen inneren und äußeren Dramen, wenn wir zum Beispiel unsere Eltern imitieren, das »innere Kind« ignorieren oder idealisieren oder das »Drama des begabten Kindes« ausleben usw. – je nachdem, in welchen psychologischen Modellen und Ansätzen wir uns wiedererkennen.[42]

Es erfordert viel Interesse, Zeit und Energie, diese Muster zu erkennen. Und selbst dann werden manche Gedankenschleifen sich wohl noch eine Weile halten. Doch die Mühe lohnt sich. Das Leben wird einfacher, wenn wir zum Beispiel den Gedanken: »Ich bin absolut unmöglich!« als Gedanken erkennen, statt ihn für »die Wirklichkeit« zu halten. Mit der Zeit gewinnen wir Distanz zu unseren Gedanken und inneren Bildern, erkennen unsere Strukturen und gewinnen Kraft und Fantasie für Veränderungen.

Das Beobachten der Gedanken gehört – wie die Achtsamkeit für den Körper – zu den grundlegenden buddhistischen Übungen, die ich ebenfalls erst im vierten Teil des Buches ausführlicher vorstellen möchte.

Wahrnehmen befreit

Wenn wir damit beginnen, unsere Achtsamkeit zu entwickeln, geraten wir leicht in die »Kontrollfalle«: Wir wollen auf der Stelle ändern, was uns nicht gefällt an unseren Gefühlen und Gedanken, Stimmungen und Körperempfindungen, ohne diese wirklich zu erleben. Das aber ist unerlässlich. Zuerst müssen wir wissen, was geschieht, innen und außen. Dem sollten wir uns stellen und es annehmen. Deshalb brauchen wir nicht gleich darin zu schwelgen oder alles zu rechtfertigen. Wir beobachten ganz einfach, wie diese Phänomene aufsteigen, für eine Weile da sind und dann wieder verschwinden, und zwar ganz von allein. Vorausgesetzt, wir wehren sie nicht ab, denn Druck erzeugt Gegendruck. Gedanken, die wir verscheuchen wollen, sind sehr anhänglich.

Was können wir aber tun, wenn wir unter unseren Gedanken, Gefühlen und Taten leiden? Sie abzulehnen, zerstört den Frieden des Herzens. Dann sind wir angespannt, der Horizont verengt sich, und wir handeln töricht. Im Theravada-Buddhismus[43] wird vor allem der Wille zum Guten betont, das Bemühen, heilsam zu handeln. Ayya Khema fasst die Anweisungen so zusammen: »Erkennen, nicht tadeln, ändern.«[44]

Der Mahayana-Buddhismus[45] stimmt dem zu und betont aber die Bedeutung einer neuen Sicht der Welt. So heißt es dort sinngemäß: »Wahrnehmen befreit.« Schauen wir uns unser Verhalten, unsere Gewohnheiten, emotionalen Muster und Gedankenschleifen viele Male sehr genau an, ohne sie abzulehnen oder zu verstärken, entsteht Raum für eine tiefere Weisheit. Damit wir die Stimme dieser tiefen Weisheit vernehmen können, brauchen wir einen ruhigen und offenen Geist und sehr viel Achtsamkeit, Einblick und Klarblick. Solange wir uns von aufgewühlten Emotionen und eingefahrenem Verhalten in immer gleiche Konflikte schleudern lassen, können wir noch nicht auf unsere innere Weisheit hören. Wir tun dann besser daran, unsere Achtsamkeit mithilfe ethischer Regeln zu schärfen und den Willen zum Guten zu stärken.

Gedanken können heilen

Durch sorgfältige Selbstbeobachtung erkennen wir die Gedankenschleifen, in denen wir ständig kreisen. Beliebt sind: »Keine Zeit«, »Böse Welt«, »Das schaffe ich nie«. Erkennen wir diese Gedanken als Gedanken, können wir sie für Momente loslassen. Wir können aber noch mehr tun, nämlich heilsame Gedanken einüben. Vor allem in guten Zeiten. Dann können wir darauf zurückgreifen, wenn es uns einmal schlecht ergeht.

Affirmationen aus dem Kontext des »positiven Denkens« sind sehr beliebt und auch nützlich, wenn damit keine negativen Muster verdrängt werden. Wenn wir uns der Situation stellen und unsere Stärken und Schwächen realistisch einschätzen, dann können wir heilsame Gedanken säen und diese »Samen des Glücks« (Thich Nhat Hanh) durch unsere Übung wässern, damit neue Emotionen und Verhaltensweisen blühen können.[46]

Menschen im Westen gehen dabei allerdings oft mit preußischer Disziplin zu Werke. Sie setzen sich unter Druck und erwarten zu viel von sich. Förderlicher sind Interesse und Geduld, Leichtigkeit und Experimentierfreude. So empfiehlt Akong Rinpoche als Einstellung für die Übung: »Keine große Sache. Keine Erwartungen« (engl.: *no big deal, no expectations*).[47] Und Lama Yeshe empfahl: »Entspanne dich. Lass los. Gut genug« (engl.: *relax, let go, good enough*).[48] Besonders »*good enough*« ist unbezahlbar: Alles, was jetzt ist, alles, was Sie jetzt zustande bringen, ist gut genug. Ihre Wohnung ist gut genug, auch wenn sie nicht nach Feng-Shui-Prinzipien eingerichtet ist. Ihre Meditation ist gut genug, auch wenn Ihre Gedanken immer wieder abschweifen. Und Sie sind gut genug, auch wenn Sie diese Nulldiät nicht machen, die Gehaltserhöhung nicht bekommen, in Ihrer Psychogruppe keine Wutschreie ausstoßen können oder nicht viele Follower auf Instagram und Twitter haben. Wenn wir tief im Herzen wissen: Alles ist gut, wie es ist – wie können wir dann noch leiden?

Positiven Veränderungen müssen wir uns darum nicht verschließen, denn »good enough« ist auch der Wunsch nach Veränderung und der Versuch, ihn umzusetzen, wenn wir zum Beispiel durch heilsame Gedanken einen Impuls zum Guten geben wollen, zu mehr Offenheit, Klarheit und Feinfühligkeit.

Übung: Heilsame Gedanken säen

Entscheiden Sie sich für einen der vorgeschlagenen Sätze
– »Entspanne dich«, »Lass los«, »Gut genug« –
oder wählen Sie einen anderen, der Sie mehr anspricht,
zum Beispiel: »Ich bin gesund und stark«, »Ich ruhe in Liebe«,
»Ich fühle mich wohl und geborgen«.
Wiederholen Sie diesen Satz innerlich eine Woche lang
bei einer bestimmten Gelegenheit, zum Beispiel wenn Sie
mit der U-Bahn oder dem Fahrstuhl fahren,
auf dem Weg zur Kantine sind
oder immer wenn das Smartphone klingelt.

»Die Energie folgt der Aufmerksamkeit«, heißt es bei den Kahunas auf Hawaii analog zum traditionell buddhistischen Bild, in dem die Achtsamkeit mit der Person auf dem Kutschbock verglichen wird. Das erste Paar Pferde – Sammlung und Energie – werden wir im nächsten Kapitel betrachten.

14. Sammlung und Energie

Wie bereits erwähnt, gehören Sammlung und Energie zu den »paarigen« Fähigkeiten, die gleich stark entwickelt sein sollten.

Durch Sammlung können wir unsere Energie auf einen Punkt ausrichten, um zum Beispiel etwas zu lernen oder einem Gespräch zu folgen, zu meditieren oder zu arbeiten. Dazu brauchen wir natürlich auch Energie, die wir bündeln können. Sonst begreifen wir nicht recht, worum es geht, arbeiten lustlos und mechanisch oder dösen auf dem Meditationskissen vor uns hin. Als eine Form geistiger Trägheit – also mangelnder Energie – gilt auch, nicht offen zu sein für neue Bereiche. Hierzu neigen vor allem Männer, die sich gern auf ein, zwei Spezialgebiete konzentrieren, während der Rest der Welt an ihnen vorbeigeht.

Andererseits kommen wir mit viel Energie und wenig Sammlung auch nicht weiter. Dann springen wir unruhig von einem Thema zum nächsten, von einer Arbeit zur anderen. Tausend Ideen schießen uns durch den Kopf, tausend Projekte fangen wir an. Doch wir bringen nichts zu Ende und können unsere Ideen nicht umsetzen. Diese Kombination – wenig Sammlung und viel Energie – ist häufig bei dem lustbetonten Giertypus anzutreffen, vor allem bei Frauen.

Prioritäten setzen

Etwas weiter gefasst bedeutet Sammlungskraft, klare Prioritäten zu setzen. Frauen fällt das leider auch heute noch oft nicht so leicht. Je weniger Selbstwertgefühl sie haben, desto eher richten sie sich nach den Bedürfnissen anderer, anstatt eigene Ziele klar und selbstbewusst zu verfolgen.

Prioritäten zu setzen wird zum Beispiel in Management-Kursen gelehrt. Dort werden zuerst die anstehenden Projekte aufgelistet und nach Priorität geordnet. So wird klar, was am vordringlichsten zu tun ist in diesem Jahr, in den nächsten Monaten und schließlich an jedem Tag. Dabei wird auch geklärt: Was muss ich selbst tun? Was kann ich an wen delegieren? Und wie lange brauche ich für die einzelnen Arbeiten? Erst dann können Terminpläne aufgestellt werden, inklusive Pausen und Zeitpuffer für unvorhergesehene Zwischenfälle.

Wenn wir unser Leben managen wollen, können wir ähnlich vorgehen. Wir fragen uns: Was ist wichtig, heute und langfristig? Was muss ich dafür tun? Wie lange dauert das? Was muss ich selbst tun, und was kann ich anderen überlassen? Wenn wir alles abgeklärt haben, stehen wir weniger unter Druck und haben mehr Energie für das, was uns Freude macht und wichtig ist.

Manchmal stellen wir allerdings fest, dass wir uns nicht an unsere Prioritätenliste halten. Ganz oben steht dann vielleicht: Weiterbildung, Lesen, Meditation oder etwas mit den Kindern unternehmen, doch haben wir kaum Zeit und Kraft dafür. Stattdessen verbringen wir viel Zeit mit dem, was ganz unten steht: Fernsehen, Aufräumen oder sich am Büroklatsch beteiligen. Vielleicht sind wir oft zu müde, etwas Sinnvolles zu tun. Doch überarbeiten wollten wir uns eigentlich auch nicht mehr.

Was ist da los? Haben wir etwa noch eine zweite, »geheime« Prioritätenliste? Tatsächlich könnte dort etwas anderes an erster Stelle stehen, zum Beispiel »soziale Anerkennung«, und dafür arbeiten wir dann mehr, als uns guttut. Oder in Wirklichkeit ist »persönliche Zuneigung« für uns am wichtigsten. Dann passen wir uns vielleicht zu sehr an andere an. Viele Frauen definieren sich immer noch sehr über ihre Funktion für andere und »brauchen« das Gebrauchtwerden noch mehr statt Zeit für eigene Interessen und eigentlich nötige Ruhepausen.

Wir können unsere »wirklichen« Prioritäten klären, wenn wir Einstellung, Verhalten und die Folgen für uns und andere beobachten. Hierzu soll die folgende Übung einen ersten Anstoß geben.

Übung: Prioritäten setzen

Fragen Sie sich: Was ist mir am wichtigsten im Leben?
Beziehungen, Arbeit, Erfolg, Anerkennung, Status, Geld, Erkenntnisse, innere Ruhe, Gesundheit, körperliches Wohlbefinden, neue Kontakte, unstrukturierte Zeit, Zeit für mich selbst?
Fragen Sie sich dann: Wofür wende ich viel Zeit auf?
Welche Bereiche »bekommen« viel Energie?

Für welche Bereiche habe ich wenig Zeit und Energie übrig?
Ist der Energieaufwand der Bedeutung der Sache angemessen?
Wofür verwenden Sie eigentlich zu viel Zeit?
Wofür haben Sie zu wenig?
Welche geheimen Prioritäten stecken hinter Ihrem Verhalten?
Fragen Sie sich zum Schluss:
Was kann ich tun oder lassen, damit der Energieaufwand der Bedeutung der Sache angemessen ist?

Rechtes Bemühen

Empfehlungen dazu, wie wir unsere Energie in eine heilsame Richtung lenken können, geben uns die buddhistischen Lehren vom »rechten Bemühen«, einem Element des achtfachen Pfades, den ich im vierten Teil des Buches vorstellen möchte. Die traditionelle Beschreibung lautet sinngemäß:

- Wenn heilsame Gedanken aufsteigen, fördern wir sie.
- Wenn keine heilsamen Gedanken aufsteigen, wecken wir sie.
- Wenn unheilsame Gedanken aufsteigen, lassen wir sie gehen.
- Wenn keine unheilsamen Gedanken aufsteigen, lassen wir keine entstehen.

Optimistische Menschen verfahren so mit angenehmen und unangenehmen Gedanken. Wenn sie an den letzten Urlaub denken oder eine schöne Landschaft sehen, kommen ihnen sofort weitere schöne Bilder und Erinnerungen, oder sie schmieden leuchtende Zukunftspläne. Auch ohne einen direkten Anlass. Geschieht etwas Unangenehmes, denken sie: »Alles halb so wild. Ich habe schon Schlimmeres überstanden.« Und dann lassen sie die unangenehmen Gedanken los.

Pessimisten verhalten sich genau umgekehrt. Nach einem Beinahe-Unfall malen sie sich die schrecklichsten Katastrophen aus und denken an alle Unfälle, die sie je gehabt haben, haben könnten oder hätten haben können. Und wenn sie im Moment keine Probleme haben, machen sie sich Sorgen um die Zukunft oder grämen sich wegen vergangener Missgeschicke. Selbstverständlich sollten wir Schwierigkeiten nicht ignorieren, denn wie könnten wir etwas ändern, wenn wir nicht genau hinschauen? Doch darin suhlen müssen wir uns nicht.

Auf dem spirituellen Weg geht es allerdings weniger um angenehme Gedanken und Gefühle, die ja nur kurzfristig glücklich machen und leicht in Enttäuschung umschlagen, sondern es geht um Heilsames, das langfristig Glück und Frieden schenkt, schmerzhafte Muster auflöst und Einsicht, Offenheit und Mitgefühl wachsen lässt.

Hierzu ein Beispiel: Wir finden, unsere Mitarbeiterin arbeitet zu langsam. Nun können wir sie kritisieren und zur Arbeit antreiben. Dann macht sie vermutlich Fehler, oder sie wird bockig und arbeitet noch langsamer. Jedenfalls leidet sie unter der schlechten Stimmung. Ändern wird sie sich aber nicht. Schon gar nicht durch Druck und Vorwürfe. Wie könnten wir geschickter reagieren? Zuerst einmal können wir den Zündstoff aus der Situation nehmen, wenn wir uns erinnern: Gedanken und Stimmungen sagen nichts über eine objektive Wirklichkeit, sondern spiegeln unsere innere Verfassung. Vielleicht sehen wir ständig nur die Schwächen, auch an uns. Lernen wir, uns auf unsere Stärken zu besinnen und diese zu fördern, dann gelingt uns das auch bei anderen. Vielleicht stellen wir dann fest: Die Kollegin ist zwar langsam, dafür aber umso gründlicher. Und sie ist Gold wert, weil sie für gute Stimmung sorgt. Freuen wir uns also über ihre Stärken, statt uns über ihre Schwächen zu ärgern. Dann arbeiten wir entspannter miteinander. Die Kollegin fühlt sich nicht mehr unter Druck und arbeitet womöglich sogar schneller. Vielleicht entdecken wir hinter ihrer Schwäche noch weitere Stärken, zum Beispiel die, ihre Kräfte klug einzuteilen. Eine andere Person, die uns zwanghaft erscheint, ist vielleicht nur gründlich und gut organisiert. Und hinter der unproduktiven Träumerin verbirgt sich womöglich eine Visionärin.

Es ist allerdings nicht leicht, eingefahrene Denkgleise zu verlassen. Dazu bedarf es Achtsamkeit, Geduld und Einsicht. Und viel Übung.

Übung: Rechtes Bemühen

Denken Sie an eine schwierige Beziehung und fragen Sie sich:
Was irritiert mich, was stört mich? Wie reagiere ich darauf?
Wie wirkt sich diese Reaktion auf die Beziehung aus?
Welche Stärken hat diese Person? Wie kann ich diese fördern?

Sammlung und Energie durch Freude

Wie viel Energie haben wir doch für Dinge, die uns Freude machen, und wir können uns mühelos auf sie konzentrieren. Das bedeutet: Durch Freude können wir Sammlung und Energie entwickeln.

Unter anderem entsteht Freude, wenn wir vollkommen gegenwärtig sind, mit allen Sinnen wahrnehmen, mit ganzem Herzen bei der Sache sind und selbstvergessen, wie Kinder ihre Sandburgen bauen.[49] Sie gehen auf im freudigen Tun und denken nie: »Die Burg muss aber mindestens einen Meter fünfzig hoch werden. Und um vier muss ich damit fertig sein. Spätestens um viertel nach. Oje, hoffentlich schaffe ich das auch!« Moderne Arbeitspsychologinnen und Coaches raten ebenfalls, nicht am Ergebnis zu kleben, sondern sich ganz auf den Prozess zu konzentrieren. Natürlich müssen wir unsere Arbeit planen. Danach aber sollten wir keine Energie mehr verschwenden, indem wir ständig an das Ergebnis denken, sondern uns ganz auf die ersten Schritte konzentrieren. Eine Reise von tausend Meilen beginnt mit dem ersten Schritt, lautet ein chinesisches Sprichwort. Auch der größte Abwasch beginnt mit der ersten Tasse und jedes Buch mit dem ersten Satz. Und so machen wir weiter, Satz für Satz, Tasse für Tasse. Wenn wir ständig überlegen, was wir noch alles tun und bis wann wir fertig sein müssen, haben wir wenig Freude an der Arbeit.

Selbstverständlich können wir auch geeignete Anlässe und Aufhänger zur Freude suchen: Menschen oder eine Arbeit, die wir mögen; Dinge, die Herz und Sinne erfreuen. Im religiösen Bereich schuf man darum schöne Tempel und Kirchen, Bilder und Statuen, Liturgien und Schriften. Sie sollten die Aufmerksamkeit aber nicht nur wecken, sondern auch in eine heilsame Richtung lenken: hin zu Weisheit, Liebe und Mitgefühl, zu Offenheit, Klarheit und Feinfühligkeit. Und natürlich sollten sie keine Anhaftung wecken, also den Wunsch, das alles nun selbst besitzen und festhalten zu müssen. Solange wir den äußeren Anlass – Dinge und Umstände und Orte usw. – mit der inneren Ursache verwechseln, geraten wir immer wieder in die Falle, an den äußeren Objekten und Bedingungen festzuhalten. Wenn wir uns mehr um die inneren Ursachen – heilsame Motive und Absichten, Muster und Haltungen – kümmern und sie pflegen, dann können wir Dinge, Menschen und Umstände ohne Anhaftung genießen und auch wieder loslassen.

Freude am Heilsamen

In den buddhistischen Lehren heißt es: Die größte Freude ist die Freude am Heilsamen, an dem, was uns und anderen guttut. Spüren wir einmal nach, wann wir wirklich glücklich waren, vielleicht auf einem Waldspaziergang, wenn wir gute Arbeit geleistet haben oder helfen konnten. Haben wir echte Freude nicht immer dann erlebt, wenn wir uns oder anderen etwas Gutes getan haben?

Leuchtendes Vorbild sind hier die Bodhisattvas im Mahayana-Buddhismus[50]: Menschen, die die Erleuchtung nicht nur für sich selbst anstreben – also um ihre eigenen Probleme zu überwinden und ihre Fähigkeiten zu entfalten –, sondern für alle Menschen und Lebewesen. Sie wissen: Am wirksamsten können sie ihnen als Buddhas helfen.[51] Darum üben sie sich nicht nur in den Bereichen des achtfachen Pfades, sondern auch in sechs großen Haltungen: Großzügigkeit und Ethik, Geduld und freudiger Ausdauer, Sammlung und Weisheit.[52] Das alles braucht viel Kraft, und die haben sie durch ihre unbändige Freude am Heilsamen.

Uns selbst mag es (noch) nicht um die volle Erleuchtung zum Wohl aller Wesen gehen. Trotzdem können wir von den Bodhisattvas viel lernen: Wir können darauf achten, ob uns die Arbeit Freude macht – das muss nicht gleich die reine Glückseligkeit sein – und ob sie uns und andere in ihrer Entwicklung fördert. Stimmt die Richtung, werden Energie und Tatkraft wachsen.

Müdigkeit und Trägheit überwinden

Energie können wir auch entwickeln, indem wir Müdigkeit und Trägheit überwinden. Natürlich sind wir manchmal zu Recht müde oder gar erschöpft. Achten wir auf unsere körperlichen Empfindungen, dann spüren wir rechtzeitig, wann eine Erholungspause nötig ist.

Doch kann Müdigkeit auch andere Ursachen haben, nämlich Abwehr, Selbstzweifel oder falsche Prioritäten. Das sind Energie-Vampire, durch die wir vielleicht immer unter unseren eigentlichen Möglichkeiten bleiben und die im Folgenden ausführlicher beschrieben werden.

Abwehr

Manches schaffen wir einfach nicht, weil wir keine Lust dazu haben. Wir brauchen bloß daran zu denken, schon sinkt unser Energiepegel auf null. Wieder heben können wir ihn entweder durch Einsicht in die Notwendigkeit oder indem wir direkt an der Abwehr arbeiten. Hierzu untersuchen wir zunächst einmal, was genau wir ablehnen: die Tätigkeit selbst oder die beteiligten Personen.

Liegt es an den Personen, dann können wir – wie oben beschrieben – an unserer Haltung arbeiten und uns fragen: Hat diese Person wirklich nur schlechte Eigenschaften? Mit etwas Fantasie und Ausdauer werden wir ihre Stärken entdecken und unsere Abwehr abbauen.

Liegt diese in der Tätigkeit selbst begründet – ist sie uns vielleicht zu unwichtig oder langweilig –, dann fragen wir uns: Können wir auf sie verzichten? Oder ist sie das Wermutströpflein in einer Arbeit, die wir ansonsten gerne machen. Jemand schreibt vielleicht gern Artikel, mag sie aber nicht ausfeilen, mit Redaktionen verhandeln und den Schreibtisch aufräumen. Eine leidenschaftliche Köchin sträubt sich vielleicht gegen das Einkaufen und Geschirrspülen. Und jemand anders unterrichtet gern, wehrt sich aber gegen schwierige Kinder, autoritäre Vorgesetzte und langweilige Schul- und Elternversammlungen. In solchen Fällen hilft ein Blick auf die Arbeit, die wir mögen, eine umfassende Würdigung und Wertschätzung. Dann wehren wir uns weniger gegen die ungeliebten Nebentätigkeiten, so dass sie uns leichter von der Hand gehen. Besonders, wenn wir unser körperliches Wohlbefinden gesteigert haben, zum Beispiel durch Bewegung, Entspannung oder den Aufenthalt an der frischen Luft.

Manches finden wir allerdings nicht nur langweilig, sondern extrem unangenehm. Und manchmal machen unsere Mitmenschen uns die Hölle heiß. Doch auch Konflikte und Schwierigkeiten haben ihr Gutes: Wir können daraus lernen; wir können daran wachsen. Manche Menschen zeigen gerade in Katastrophenfällen ihre besten Seiten wie Geduld und Einsicht, Flexibilität und Kompetenz. Konflikte können sich manchmal sogar in spannende Abenteuer verwandeln, wenn wir sie von der sportlichen Warte aus sehen: »Mal sehen, ob ich heute nicht ruhig bleiben kann, wenn die Kollegin mir zum hundertsten Mal von ihren schrecklichen Nachbarn erzählen will.« Diesen Sportsgeist können wir ständig üben: »Mal sehen, ob ich der verpassten U-Bahn nicht lächelnd nachwinken kann. Vielleicht wartet in der nächsten ja etwas besonders Schönes auf mich.« Wenn diese Haltung uns in Fleisch und Blut übergeht, trägt sie uns auch durch widrige Umstände. Manchmal können wir ungeliebte Tätigkeiten aber auch an andere Menschen abgeben, die sie gerne tun, und ihnen im Gegenzug etwas abnehmen, was ihnen schwerfällt und uns selbst leicht von der Hand geht.

Selbstzweifel

Werden wir trotz Interesse und ausreichender Erholung plötzlich extrem müde, dann trauen wir uns die Arbeit vielleicht nicht recht zu: die Steuererklärung, ein klärendes Gespräch mit dem Kollegen X, eine Rede auf der Betriebsversammlung. Möglicherweise haben wir uns – vielleicht wegen unterschwelliger Minderwertigkeitsgefühle – auch zu viel auf einmal vorgenommen. Dann wollen wir beispielsweise gleich den ganzen Keller aufräumen oder die beste Magisterarbeit aller Zeiten schreiben. Damit wären wir aber vermutlich überfordert. Also flüchten wir uns in Müdigkeit oder gar Krankheit, so dass wir mit der Arbeit aufhören, weglaufen können und darum nie erfahren, ob wir mit der Arbeit tatsächlich überfordert wären. Oft hilft es, sie einfach anzupacken.

Einmal bekam ich vier Tage nach einem Vortrag über dieses Thema eine Karte: »Ich habe noch am selben Abend meinen Fernseher neu programmiert, und es hat geklappt.« Haben wir uns zu viel auf einmal vorgenommen, können wir die Arbeit in kleine Schritte aufteilen und kommen so zu einer Reihe von Erfolgserlebnissen, die uns immer wieder neuen Schwung geben.

Durch »fortgesetzte Hinwendung«, wie dieses Heilmittel in den buddhistischen Lehren heißt, wächst unsere Kompetenz. Das mindert Sorgen, Ängste und Minderwertigkeitsgefühle. Mit der Zeit können wir uns auch immer besser einschätzen: Wir unterfordern uns nicht, was nur unzufrieden macht; andererseits überfordern wir uns auch nicht, so dass wir unsere Zusagen einhalten können. Vorgesetzte, Mitarbeiterinnen und Kollegen werden das zu schätzen wissen.

Falsche Prioritäten

Müde werden wir auch, wenn wir in rastloser Tätigkeit unsere Energie an Unwesentliches verschwenden, vielleicht aus Gewohnheit oder Anpassung, innerer Unruhe oder dem Wunsch nach Anerkennung oder Zuwendung. Für die wesentlichen Dinge, für das, was uns wirklich glücklich macht, bleibt dann oft keine Zeit und Kraft mehr. Das empfohlene Heilmittel heißt darum: Prioritäten klären und neu setzen.

Doch was sind die wesentlichen Dinge im Leben? Eine christliche Antwort spricht von den Schätzen im Himmel, die von Rost und Motten nicht zerfressen werden. Auch im Buddhismus wird manchmal auf künftiges Glück verwiesen, auf die Ansammlung von gutem Karma für das nächste Leben. Doch bedeutet das dann auch, sich weniger um »weltliche« Dinge zu kümmern, weil diese – anders als unsere innere Haltung – uns kein dauerhaftes Glück schenken können.

Andere Aussagen betonen mehr die Gegenwart. Denken wir nur an Jesu Ausspruch vom Himmelreich in unserem Herzen oder von den Lilien auf dem Felde: »Sie säen nicht und ernten nicht, und der himmlische Vater ernährt sie doch.« Das erinnert sehr an die buddhistische Empfehlung, im Hier und Jetzt präsent zu sein, denn nur dieser Augenblick ist real. Das Morgen kommt nie, das Gestern ist vorbei. Wir leben immer jetzt. Thich Nhat Hanh erzählt gerne eine Geschichte, die er bei Leo Tolstoj gelesen hat: Ein König fragt einen Weisen, was die wichtigste Zeit, der wichtigste Mensch und die wichtigste Aufgabe sei. Der Weise antwortet: Das Jetzt ist der wichtigste Augenblick. Die Person, die vor dir steht, ist der wichtigste Mensch, und das, was jetzt getan werden muss, ist die wichtigste Aufgabe.[53]

Entsprechend zu leben gelingt natürlich nicht von heute auf morgen. Alle hier empfohlenen Heilmittel sind wirksam, aber kein Instantpulver für ein glückliches Leben, denn zuerst einmal müssen wir merken, was wir tun. Wieder und wieder, Tausende von Malen. Mit der Zeit wächst unsere Einsicht in unsere Strukturen und damit auch der Überdruss an schädlichen Mustern. Erst dann können wir in kleinen und für uns möglichen Schritten etwas daran ändern. Wir fassen also nicht den Vorsatz, uns nie wieder Sorgen zu machen, sondern die Sorgen jetzt einmal für fünf Minuten loszulassen. Das mag wenig erscheinen, doch viele kleine Schritte summieren sich zu großen Wanderungen.

Unerlässlich ist also die Einsicht in das, was wir tun, und in unsere inneren Strukturen. Im Zusammenspiel mit Vertrauen ist Einsicht das Thema des nächsten Kapitels.

15. Vertrauen und Einsicht

Sammlung und Energie müssen ebenso ausbalanciert werden wie Vertrauen und Einsicht, Herz und Verstand: Wir müssen wissen, was wir tun, und wir müssen mit ganzem Herzen bei der Sache sein.

Mit viel Vertrauen und wenig Einsicht sind wir schnell Feuer und Flamme für Menschen und Dinge, doch wir lassen uns leicht täuschen, ausnutzen und manipulieren. Außerdem sind wir dann recht sprunghaft: Ständig lassen wir uns von etwas Neuem begeistern.

Menschen im Westen neigen allerdings eher zu dem anderen Extrem: Klarheit und Einsicht ohne Herz und Vertrauen. Sie sind skeptisch und misstrauisch, möchten alles im Voraus regeln und sich gegen alle Eventualitäten absichern. Oft werden auch Pläne am grünen Tisch gemacht, ohne Mitsprache der Beteiligten und ohne, dass man versucht hätte, sich in ihre Lage einzufühlen. Sie müssen dann womöglich in eine neue Siedlung ziehen – ohne Spielplatz und Seniorenheim.

Drei Arten von Vertrauen

Jeder Schritt voran ist ein Schritt ins Unbekannte. Letztendlich wissen wir nicht, ob wir an einen guten Ort gelangen werden. Wir können nur darauf vertrauen und uns auf der Ebene des Herzens mit den beteiligten Menschen und Dingen verbinden. Im Buddhismus kennt man drei Arten von Vertrauen, die sich in der Tiefe der damit verbundenen Einsicht unterscheiden: unmittelbares oder direktes Vertrauen, überzeugtes Vertrauen und solches, das mit einem Herzenswunsch verbunden ist.[54]

Unmittelbares Vertrauen entsteht ohne größere Prüfung: Eine Person erscheint uns auf den ersten Blick vertrauenswürdig oder eine Sache vorteilhaft. Möglicherweise folgen wir auch dem Urteil einer Autoritätsperson.

Überzeugtes Vertrauen geht tiefer. Wir schauen nicht nur auf offensichtliche Vorteile und verlassen uns nicht auf den äußeren Schein, sondern überprüfen alles und holen den Rat vertrauenswürdiger Menschen ein. Dann denken wir gründlich über alles nach. Ist die Situation heilsam? Sind die beteiligten Menschen vertrauenswürdig? Fühlen wir uns offen für sie? Verbunden mit ihnen? Sind diese Fragen geklärt, dann fällen wir unsere Entscheidung, die fundierter und belastbarer ist als ein Hals-über-Kopf-Entschluss im Strohfeuer der ersten Begeisterung.

Große Lebensentscheidungen werden aufgrund der dritten Art von Vertrauen gefällt: Vertrauen, das mit einem *Herzenswunsch* verbunden ist. Das kann der Wunsch nach Neuem sein, nach Intensität oder nach dem Wesentlichen. Mit dieser Sehnsucht im Herzen und Vertrauen in das Unbekannte lassen wir uns auf die Liebe ein oder gründen ein eigenes Geschäft, übernehmen ein Ehrenamt oder ein neues Projekt. Oder wir begeben uns auf einen spirituellen Weg, ohne wirklich zu wissen, was Befreiung, Erwachen oder Erleuchtung ist. Doch wir sehnen uns danach; wir wollen erwachen. Berücksichtigen wir dabei auch unsere Erfahrung und Intelligenz, unser Wissen und den Rat vertrauenswürdiger Menschen, dann führen solche Entscheidungen uns an einen Ort, an dem wir unsere Lebensenergie am besten ausdrücken und ein erfülltes Leben leben können.

Vertrauen fördern

Vielen Menschen fehlt es jedoch an Vertrauen: Sie können sich nicht von ganzem Herzen auf eine Sache oder eine andere Person einlassen oder sich auch nur in sie einfühlen. Sie sind kühl und distanziert und identifizieren sich stark mit ihrem Denken, setzen ihre Theorien aber selten praktisch um, sondern geben sie – meist ungefragt – an andere weiter. Oft sind sie dabei dogmatisch und rechthaberisch und können darum wenig Neues lernen.

Sie müssen lernen, die emotionale Verbindung mit anderen Menschen wieder zu spüren. Tatsächlich können wir nicht einmal eine Banane essen, ohne gleich mit vielen Menschen verbunden zu sein: mit denen, die auf der Plantage arbeiten und auf dem Schiff, in Lagern und Häfen, auf dem Markt und im Geschäft. Denken wir auch an die Menschen, Tiere und Pflanzen, die an unserer Kleidung mitgewirkt haben. Wir sind auf sie angewiesen und mit ihnen verbunden. Noch mehr gilt das für die Menschen, mit denen wir täglich beisammen sind. Wenn wir unser Herz öffnen, so können wir diese Verbindung spüren. Hilfreich sind dabei auch die vier heilsamen Haltungen: Liebe, Mitgefühl, Mitfreude und Gleichmut.[55] Sie fördern Vertrauen, Offenheit und Hingabe.

Selbstvertrauen

Vertrauen entsteht auch durch Selbstvertrauen, das Vertrauen in die eigenen Kräfte. Kinder entwickeln es in einem einigermaßen freundlichen und stabilen Elternhaus. Doch auch religiöse Lehren und Weltanschauungen können das Selbstvertrauen stärken. Im Buddhismus wird gelehrt: Alle Menschen, ja alle Lebewesen, haben Buddha-Natur, jene grundsätzliche Offenheit, Klarheit und Feinfühligkeit, und sie sind begabt mit den fünf Fähigkeiten Achtsamkeit, Sammlung und Energie, Vertrauen und Einsicht. Schwierige Lebensumstände mögen uns zeitweise daran hindern, sie zu entfalten. Doch grundsätzlich sind sie immer da. Darum ist jeder Mensch wertvoll und keiner je verloren.

Einsicht

Damit das Vertrauen uns nicht auf Irrwege führt, brauchen wir Einsicht. Zwei Arten werden unterschieden: begriffliches und nichtbegriffliches Verstehen.

Begriffliches Verstehen geschieht mithilfe von Bildern und Begriffen, Vorstellungen und Konzepten. Wir verstehen Aussagen, wenn sie in sich logisch sind und im Einklang stehen mit unserer Lebenserfahrung, unserem Wissen und dem, was wir für wahr halten. Dieses Verstehen wird im Buddhismus nicht verachtet, aber auch nicht für das höchste gehalten, weil es sich nur indirekt, über den Verstand, vermittelt, ohne eine Verbindung auf der Ebene des Herzens, ohne Vertrauen. Außerdem ist dieses Verstehen dualistisch, das heißt, Subjekt und Objekt werden als getrennt voneinander wahrgenommen.

Nichtbegriffliche Einsicht ist nicht-dualistisch und wird auch manchmal intuitives Wissen genannt oder innere Schau. Sie kennen das vielleicht aus dem Alltagsleben. Das Telefon oder Smartphone klingelt, und Sie wissen intuitiv, wer anruft. Das fühlt sich anders an als bloßes Hoffen oder Wünschen: ruhiger, klarer, unaufdringlicher und doch ohne jede Spur von Zweifel. Dieselben Qualitäten hat auch die innere Schau. Durch sie können wir uns selbst oder die Welt plötzlich in einem ganz neuen Licht erkennen. Oder wir lesen einen Spruch zum hundertsten Mal und verstehen ihn plötzlich viel tiefer, auf einer anderen Ebene, ohne Worte. Auf einem Herbstspaziergang fällt ein Blatt zu Boden, wir halten inne und wissen ganz tief und völlig neu, was Vergänglichkeit bedeutet. Wir haben es mit dem Herzen verstanden.

Als besonders grundlegend gelten im Buddhismus die Einsichten in Leiden, in Unbeständigkeit und in die Wirklichkeit.

Leiden verstehen

Schwierigkeiten gehören zum Leben. Wenn wir das akzeptieren, entsteht Raum für ein Glück, das nicht mit dem Auf und Ab des Lebens steht und fällt.

Im Leben ist nicht alles angenehm und sind nicht alle Tage ein Freudenfest. Das werden die meisten Menschen gern einräumen, doch im Grunde ihres Herzens akzeptieren sie es nicht. Wenn sie krank werden, ihre Termine oder Reisepläne platzen, dann lamentieren sie: »Warum ich?« Anscheinend wollen sie in einer idealen Welt leben, in der sich beispielsweise niemand je verspätet und niemand krank wird, Computer niemals abstürzen und alle Kolleginnen und Mitarbeiter immer effizient und begeistert arbeiten. Vielleicht planen sie ihre Termine sogar so, dass sie sie nur dann einhalten können, wenn alle in Hochform sind und nichts Unvorhergesehenes geschieht. Doch solche Tage kommen nie.

Immer hat jemand Geburtstag oder Kopfschmerzen, die U-Bahn hat Verspätung oder die Müllabfuhr streikt, eine neue Telefonanlage wird installiert oder die Druckerpatrone ist leer und der Computerladen hat geschlossen. Darum empfiehlt es sich, von vornherein mit Schwierigkeiten zu rechnen. Deshalb muss man sich nicht ständig Sorgen machen. Es reicht, die Termine aufgrund von Durchschnittszeiten zu setzen und etwas Zeit für Unkalkulierbares einzuplanen. Und angesichts von Schwierigkeiten können wir uns fragen: »Warum nicht ich?« Jeden Tag erkälten sich Tausende – warum nicht ich? Jede Stunde stürzen Tausende von Computern ab – warum nicht auch meiner? Täglich haben Tausende einen Unfall – warum nicht auch ich? Damit ziehen wir das Unglück nicht an, sondern stellen uns nur den Schwierigkeiten, die zum Leben gehören. Wehren wir uns gegen sie, dann leiden wir nur zusätzlich noch unter Ärger oder gar Verzweiflung.

Akzeptieren wir die alltäglichen Schwierigkeiten und fixieren unsere Aufmerksamkeit nicht nur auf vorhersehbare kleine Freuden, dann entsteht mehr Raum für das größere Glück des offenen Herzens, der Gegenwärtigkeit und der Einsicht, den buddhistischen Lehren zufolge das höchste Glück.

Unbeständigkeit verstehen

Nicht nur Schwierigkeiten, auch Veränderungen gehören zum Leben. Alles verändert sich fortwährend: Empfindungen und Gefühle, Stimmungen und Gedanken, unser Körper und die Natur, das Wetter und die Lebensumstände, der Zeitgeist und das Betriebsklima. Unbeständigkeit ist das einzig Beständige.

Wir können lernen, sie zu akzeptieren, wenn wir sie über eine längere Zeit beobachten: Blumen verwelken, Paare trennen sich, Bekannte wechseln die Stelle, Regierungen werden abgelöst, Nachbarn ziehen ein oder aus, Arbeitsplätze werden umstrukturiert, unsere Haare werden grau, und wir bekommen Falten.

Leider fallen uns »negative« Veränderungen besonders auf. Darum mögen viele Menschen keinerlei Veränderungen und klammern sich an das Bestehende, an Meinungen und Gewohnheiten, Menschen und Umstände. Auch wenn die Arbeits- oder Wohnsituation noch so bedrückend oder die Beziehung noch so katastrophal ist, verharren sie lieber darin, als eine Veränderung zu wagen. Doch überlebte Situationen und Anschauungen behindern unsere Entwicklung. Wenn wir sie nicht loslassen können, leiden wir zusätzlich und sind nicht offen für erfreuliche Veränderungen, die es ja auch immer wieder gibt: Die neue Wohnung ist viel sonniger und das neue Smartphone leichter zu handhaben, die neue Arbeit ist anspruchsvoller und darum befriedigender, wir verlieben uns neu, und ein Streit löst sich auf.

Menschen, Dinge und Umstände sind jedoch nicht nur veränderlich, sondern auch veränderbar, das heißt, wir müssen die Veränderungen nicht passiv über uns ergehen lassen, sondern können selbst etwas tun, zum Beispiel neue Kommunikationsweisen erproben, uns gegen Ungerechtigkeiten bei der Arbeit wehren oder eine Zusatzqualifikation erwerben. Eingefahrene Strukturen am Arbeitsplatz lassen sich gut aufbrechen, wenn eine neue Person ins Team kommt oder die Arbeit neu verteilt wird.

Oft können schon kleine Veränderungen viel bewirken. Jeder Flügelschlag eines Schmetterlings verändert das Universum, heißt es in einem chinesischen Sprichwort. So können wir zum Beispiel auf dem Nachhauseweg einen kleinen Umweg durch den Park machen und die Abendsonne genießen. Statt immer mit dem Bus zu fahren, können wir bei schönem Wetter auch mal das Rad nehmen. Gehen wir abends eine halbe Stunde früher zu Bett, können wir morgens früher aufstehen und eine Yoga-Übung einschieben oder einfach nur in Ruhe frühstücken. Jede Situation, jeder Arbeitsplatz und jede Beziehung lassen sich verändern. Schon durch Kleinigkeiten.

Dabei sollten auch die Gesetze von Ursache und Wirkung beachtet werden: Unter Gier und Hass haben alle Beteiligten zu leiden. Denken, reden und handeln wir liebevoll und klar, dann folgen daraus Glück und Segen für uns und andere.

Die Wirklichkeit verstehen

Im 9. Kapitel ging es um »Schmerzhafte Emotionen umwandeln«. Wir haben uns angesehen, wie wir hinter Ärger das Gewahrsein der Wirklichkeit entdecken können, und dabei die relative bzw. konventionelle und die absolute bzw. letztendliche Dimension unterschieden.

In der relativen Dimension der Wirklichkeit herrschen die soeben besprochenen Bedingungen von Leid und Unbeständigkeit. Hier stehen wir an einem bestimmten Punkt in Zeit und Raum und sind geprägt von verschiedenen Erfahrungen und Bedingungen. Ein Beispiel für die Einsicht in die relative Dimension sind die bereits angesprochenen Rollen im Team. Keine davon ist überflüssig: Eine Person muss die Fäden in der Hand halten, und eine andere ist für eine freundliche Atmosphäre zuständig, eine muss etwas Neues einbringen, und eine muss bremsen, indem sie auf Sachzwänge hinweist. Passen Rolle und Persönlichkeit zusammen, nützt das dem gesamten Team. Einsicht in diese Strukturen hilft uns, die eigene Rolle zu verstehen und auszufüllen, Rollenverhalten nicht als gegen uns persönlich gerichtet zu empfinden und hinter den Rollen auch den ganzen Menschen zu sehen und anzusprechen.

In der relativen Dimension beziehen wir also Standpunkte. Diese erkennen wir aus der absoluten Dimension als relativ und veränderlich. Alle Situationen sind offen. Nichts ist jemals festgefahren, auch wenn es manchmal so aussieht. Alles kann sich ändern, wird sich ändern, denn Unbeständigkeit ist das einzig Beständige. So kann uns Einsicht in Unbeständigkeit an die absolute Dimension der Wirklichkeit heranführen. Hier erkennen wir den offenen Raum, in dem die Phänomene auftauchen und wieder verschwinden. Da gibt es kein unveränderliches, vom Rest der Welt getrenntes Ich, das alles kontrollieren könnte.

Menschen, die dem Leben wenig vertrauen, sind versucht, sich an die absolute Dimension zu klammern und die relative abzulehnen. »Die Welt ist nichts«, sagen sie. Nichts ist mehr wichtig. Gut und Böse gibt es nicht. Der Alltag lenkt nur ab vom Wesentlichen. Asketen der patriarchalischen Religionen neigen zu dieser Haltung. Sie flüchten in geistige Ersatzwelten und lehnen das konkrete Leben ab, also auch wesentliche Aspekte von sich selbst. Wie könnten sie da wirksam an sich arbeiten und einen Weg zum inneren Frieden finden? Verglichen mit dem Anhaften an der absoluten Dimension gilt es im Buddhismus als das kleinere Übel, an der Welt zu hängen, denn dann achtet man wenigstens auf sein Karma, akzeptiert Leiden und Vergänglichkeit und versucht, Heilsames zu tun und Unheilsames zu lassen.

Allerdings ist ein Leben, das von weltlichen Dingen völlig beherrscht wird, ein einziges Auf und Ab, ein ständiges Getriebensein. Außerdem halten wir unseren Standpunkt dann leicht für objektiv richtig und erkennen unsere Wahrnehmungen und Meinungen nicht mehr als Spiegel unserer inneren Verfassung. In diese Falle geraten vor allem materialistisch eingestellte Menschen. Sie glauben: »Die fassbare Welt ist alles.« Für sie ist nur wirklich, was sie sinnlich erfassen und besitzen können. Sogar auf einem religiösen Weg bleiben sie »weltliche« Menschen: Sie streben nach Einfluss, Anerkennung und persönlichen Vorteilen und danach, recht zu behalten, und das macht sie engstirnig und dogmatisch. An etwas Größeres glauben sie nur, machen aber keine eigenen Erfahrungen von Offenheit, Klarheit und Feinfühligkeit.

Wenn wir nur die relative Dimension sehen, kann Alltägliches uns in den Himmel oder die Hölle schleudern. Es fehlt der offene Raum, in dem wir erkennen: Gegensätze gehören zusammen und bedingen einander. Auf Begegnung folgt Trennung. Wer geboren wird, muss auch sterben, und manche Krankheiten stärken sogar die Abwehrkräfte und dienen der Gesundheit.

Immer sind beide Dimensionen zu berücksichtigen: Wir beziehen einen Standpunkt im Wissen darum, dass kein Standpunkt absolut richtig ist, denn von ihm aus sieht man nur einen Ausschnitt und nicht das ganze Bild. Zu diesem gehören alle Beteiligten und alle Bedingungen und auch der offene Raum, in dem alles geschieht.

Weder Ich noch Gott

In der absoluten Dimension erkennen wir: Es gibt kein Ich, das Erfahrungen macht und alles kontrollieren und steuern kann. Niemand regiert die Welt, niemand regiert unser Leben. Kein Ich und auch kein Gott. Beides sind nur Vorstellungen, die einander bedingen. In Wirklichkeit geschieht alles aufgrund von komplexen inneren Ursachen und äußeren Bedingungen, die sich fortwährend verändern. Letztendlich ist es ein Wunder, ein Geheimnis, das wir niemals fassen können.

Wenn wir dennoch an unseren Kontrollwünschen festhalten, müssen wir sie nach außen projizieren auf die Vorstellung eines allmächtigen Gottes. Ramesh Balsekar, ein zeitgenössischer indischer Weiser, sieht den Zusammenhang wie folgt: »Der Mensch weiß, dass er nicht alles haben kann, was er möchte. Darum erschafft er sich das Konzept eines barmherzigen und allmächtigen Gottes, der ihm alles geben wird, was er möchte.«[56] Oder er stellt sich einen kriegerischen und rechthaberischen Gott vor, der offenbar die eigene innere Verfassung widerspiegelt. Und wem es an Selbstwertgefühl mangelt, fühlt sich womöglich als Sprachrohr eines guten, starken Gottes.

Solange wir an ein festes Ich glauben, brauchen wir irgendetwas, mit dem wir uns identifizieren können. Das kann Gott oder Buddha sein, Macht oder Anerkennung, Wissenschaft oder ein zum Ideal verklärter Mensch. Wer aber frei werden will, muss den Glauben an ein festes Ich loslassen. Damit verschwindet die Anhaftung an eine Entsprechung im Außen. So sieht es jedenfalls die buddhistische Tradition.

Auch Meister Eckhart, der große Mystiker des Mittelalters, erkannte: Solange Gott und Ich vorhanden sind, kann es keine Erlösung geben. Er schrieb in einer Predigt über die Armen im Geiste: »Das ist ein [im Geiste, S.W.] armer Mensch der nichts will und nichts weiß und nichts hat [...], das [nur] ist Armut im Geist, wenn der Mensch so ledig Gottes und all seiner Werke dasteht.«[57] Das bedeutet: Nur wenn die Seele leer ist von sich selbst und von Gott, kann Gott sein Werk in ihr vollbringen. Oder: Nur wenn wir unsere festen Vorstellungen von einem Ich und von Gott loslassen, können wir frei sein und erwachen.

Heutzutage glauben nicht mehr viele Menschen an einen strafenden oder rettenden Gott im Außen. Dafür glauben sie an die Macht des Geldes, an politische Ideologien, an die Sterne oder an die große Liebe. Solange sie an einem fassbaren Ich festhalten, »glauben« sie auch an einen »Gott«, der ihnen das Leben entweder schwer macht oder sie retten soll. Es lohnt sich herauszufinden, wer oder was unser Gott ist.

Übung: Das ist mein Gott

Denken Sie an Menschen, Umstände und Dinge,
die Ihr Leben bereichern.
An Menschen, Umstände und Dinge,
die Sie irritieren und unangenehme Gefühle auslösen.
Fragen Sie sich: Wer oder was leitet mein Leben?
Hat jemand oder etwas mein Leben in der Hand?
Wie entstehen Glück und Leid?
Was ist mir das Wichtigste im Leben? Was sind meine höchsten Werte?
Was gibt meinem Leben Bedeutung?

Fähigkeiten in Kräfte verwandeln

Fünf Fähigkeiten sind allen Menschen angeboren: Achtsamkeit, Sammlung und Energie, Vertrauen und Einsicht. Voll entfaltet werden sie zu den fünf Kräften.

Die Schulung beginnt wie immer mit der Bewusstwerdung. Wenn wir genug Einsicht in unsere Strukturen haben, können wir dem Heilsamen mehr Raum geben, zum Beispiel, indem wir uns freuen, wenn zumindest ein wenig Energie da ist. Und um die Kräfte wachsen zu lassen, müssen wir sie üben, immer wieder üben. Nur durch stetes Tun verändern wir uns, nicht durch Analysen, Nachdenken oder eine einzige brachiale Willensanstrengung. Wünschen wir uns zum Beispiel mehr Achtsamkeit, dann können wir sie einüben, indem wir uns immer wieder hinsetzen und den Atem spüren. Möchten wir mehr Vertrauen entwickeln, dann können wir die vier heilsamen Haltungen einüben. Wir können Sammlung üben mit einer Methode, die zu uns passt. Und um Einsicht zu gewinnen, können wir über die Grundtatsachen des Lebens nachdenken und diese beobachten.

Aber bitte nehmen Sie diese Vorschläge nicht als Leistungskatalog, den Sie abarbeiten müssten, sondern als Inspiration und Orientierung auf dem Weg. Welchen Hindernissen Sie dabei begegnen und welche Heilmittel Sie anwenden können, erfahren Sie im nächsten Kapitel.

16. Fünf Hindernisse

In der südlichen Tradition des Buddhismus[58] kennt man fünf Hindernisse, die bei der Meditation und im täglichen Leben auftauchen können: Verlangen und Abwehr, Trägheit, Zweifel und Unruhe.[59] Sie prägen das innere Klima und Verhalten der meisten Menschen. Meist machen wir äußere Umstände dafür verantwortlich. Doch die können nur das auslösen, wozu wir eine innere Neigung haben.

Dies lässt sich täglich beobachten. Angenommen, Sie sitzen in einem Straßencafé und essen genüsslich ein Eis. Da kommt eine abgerissene Gestalt auf Sie zu und fragt: »Haste mal 'nen Euro?« Wie reagieren Sie? Geben Sie ihm den Euro und freuen Sie sich, dass Sie helfen konnten? Empfinden Sie Mitgefühl? Ärgern Sie sich, dass die Stadt sich nicht genug um Hilfsbedürftige kümmert? Oder dass dieser Penner Ihre Idylle stört? Oder er sich so gehen lässt, statt zu arbeiten? Ein und dieselbe Person kann also die verschiedensten Reaktionen auslösen und darum nicht deren Ursache sein.

Nun gibt es in dieser unvollkommenen Welt mit ihren unvollkommenen Menschen sehr viele Anlässe, sich zu ärgern. Selbstverständlich bleibt es uns unbenommen, die äußeren Umstände so angenehm wie möglich zu gestalten. Doch das geht nur bis zu einem gewissen Grad. Wir können nicht alle lauten Nachbarn vertreiben, alle schönen Dinge kaufen oder uns so viel Anerkennung sichern, dass wir nie mehr an unseren Fähigkeiten zweifeln müssen. Doch lässt sich die Neigung zu negativen Emotionen abbauen, so dass wir auch in schwierigen Situationen entspannt und kreativ sein können.[60]

Verlangen

Gegen das Verlangen, das uns rastlos umtreibt, helfen Sammlung auf eine Sache, Großzügigkeit und Einsicht.

Als unmittelbares Heilmittel für Gier und Verlangen gilt Sammlung oder die Ausrichtung der Aufmerksamkeit auf eine Sache.[61] Sicher waren Sie auch schon einmal so vertieft in Ihre Arbeit, ein Buch oder ein Gespräch, dass Sie keinen Hunger oder Durst gespürt haben. Vielleicht haben Sie sogar die Türklingel überhört. Konzentrieren wir uns vollkommen auf eine Sache, dann schweigen alle aufgewühlten Emotionen, das heißt, wir sind frei von Ängsten, Unruhe, Abwehr oder Verlangen. Ganz verschwinden diese erst mit tiefer Einsicht, doch wir alle schätzen einen kleinen »Urlaub« von unseren inneren Dramen, und sei es durch einen spannenden Krimi. Durch einfache Übungen, wie sie im dritten Teil dieses Buches vorgestellt werden, können wir unsere Fähigkeit zur Sammlung stärken.

Mittelfristig hilft Großzügigkeit gegen Verlangen. Teilen wir mit anderen Menschen Besitz, Zeit und Wissen, dann fühlen wir uns reich. Wir empfinden keinen Mangel. Wie könnten wir da gierig sein?

Langfristig hilft nur tiefe nichtbegriffliche Einsicht in das Zusammenspiel von außen und innen, Auslöser und Ursache. Nur sie löst Anhaftung auf, die übliche und Leiden schaffende Reaktion auf angenehme Gefühle.[62] Wir können »das Objekt der Begierde« endlich loslassen und atmen Freiheit.

Übung: Heilende Sammlung

Denken Sie an eine Situation,
in der Sie sich mit freudiger Hingabe einer Sache gewidmet haben.
Erinnern Sie sich an so viele Einzelheiten wie nötig,
um sich Ihr Befinden deutlich vergegenwärtigen zu können.
Fragen Sie sich:
Wie habe ich mich unmittelbar vor dieser Situation gefühlt?
Was genau hat meine Aufmerksamkeit gefesselt?
Wie lange hat meine Sammlung angehalten?
Wie habe ich mich danach gefühlt? Wie hat sich dieses Tun
auf meine kleinen und großen Wünsche und Sehnsüchte ausgewirkt?
Fragen Sie weiter: Welche Tätigkeiten mache ich mit Hingabe?
Wann bin ich mit ganzem Herzen bei der Sache?
Welche äußeren Bedingungen – Menschen und Umstände –
unterstützen meine Fähigkeit zum hingebungsvollen Tun?
Was kann ich in den nächsten Tagen tun oder lassen,
um Hingabe und innere Sammlung zu fördern?

Abwehr

Insgeheim wünschen wir uns, dass die Welt nach unserer Pfeife tanzt. Tut sie das nicht – und das liegt in ihrer Natur –, dann reagieren wir meist mit Ärger oder Abwehr. Dagegen helfen körperliches Wohlbehagen und Mitgefühl, Gleichmut und Einsicht.

Wenn wir uns körperlich wohl und entspannt fühlen, dann ärgern wir uns selten. Und wir können Ärger und schlechte Stimmung vertreiben, indem wir unser körperliches Wohlbefinden heben. Manchmal reicht eine Tasse Tee, ein Nickerchen oder ein heißes Bad. Noch wirksamer ist Bewegung. Wir können spazieren gehen, tanzen oder Sport treiben. Das fördert die Produktion des körpereigenen »Glückshormons« Endorphin. Wenn wir mit verschiedenen Methoden experimentieren, können wir herausfinden, was Ärger und schlechte Stimmung bei uns am besten vertreibt. Mittelfristig helfen Mitgefühl und Gleichmut: Mitgefühl mit uns und allen Menschen, die am selben Problem leiden; und Gleichmut, der uns hilft, die unangenehmen Gefühle als Teil des Lebens zu akzeptieren. Dann ruhen wir mehr in unserer Mitte und sehen gelassener auf das tägliche Auf und Ab.

Hilfreich ist auch klare Einsicht in die Situation. Ist sie unheilsam für mich? Kann ich sie ändern? Wenn wir unsere Möglichkeiten nicht recht einschätzen können, müssen wir es eben ausprobieren. Ärger kann uns dazu antreiben. Ansonsten brauchen wir uns eigentlich nie zu ärgern. Eine alte tibetische Weisheit lautet: »Du brauchst dich nie zu ärgern. Entweder kannst du etwas ändern, dann tu das. Kannst du nichts ändern, dann hilft auch der Ärger nicht.«

Nur tiefe Einsicht in ärgerliche Abwehr kann diese langfristig auflösen. Richten wir unsere Aufmerksamkeit auf die inneren Ursachen statt auf die Auslöser, dann entsteht Raum. Mit der Zeit verstehen wir immer besser, wie unangenehme Gefühle entstehen und wieder vergehen. Sie gehören zum Leben, das wir dann nehmen können, wie es ist.

Übung: Ärger

Denken Sie an einen Konflikt, in dem Sie sich geärgert haben.
Fragen Sie sich:
Was genau hat mich geärgert?
Eine Geste, ein Satz, ein Verhalten oder eine fehlende Geste?
Fragen Sie sich dann:
Wie habe ich mich unmittelbar vorher gefühlt?
Was habe ich an aktueller Stimmung und Hintergrund mitgebracht?
Wie habe ich Abwehr und Ärger ausgedrückt?
Direkt oder indirekt, aggressiv oder depressiv,
durch Angriff oder Rückzug?
Fragen Sie weiter:
Ärgere ich mich häufig? Was sind typische Anlässe?
Was sind typische Reaktionen?
Wachsen dadurch die Probleme oder schwinden sie?
Experimentieren Sie nun in Gedanken
mit den verschiedenen Heilmitteln:
Was können Sie zur Entspannung
und für Ihr körperliches Wohlbefinden tun?
Versuchen Sie, Mitgefühl für sich
und für Menschen in der gleichen Lage zu entwickeln.
Können Sie etwas an der Situation ändern? Dann tun Sie es.
Sind Sie auch bereit, die Konsequenzen zu tragen?
Wenn Sie nichts ändern können, versuchen Sie,
die Situation ohne Wenn und Aber zu akzeptieren.
Wie fühlen Sie sich, wenn Ihnen das auch nur für Minuten gelingt?

Trägheit

Müdigkeit nach harter Arbeit ist normal. Dagegen helfen eine Reihe probater Mittel: ausschlafen, gemütlich essen oder spazieren gehen, lesen oder in die Sauna gehen. Wer sich jedoch häufig erschöpft und überfordert fühlt, leidet vielleicht an einer der bereits besprochenen Arten von Trägheit aufgrund von Abwehr, mangelndem Selbstvertrauen und falschen Prioritäten.[63] Dagegen helfen »Anpacken« und das Klären unserer Prioritäten.

Interessanterweise gilt auch fieberhafte Aktivität als Trägheit, dann nämlich, wenn wir nicht das tun, was uns wirklich wichtig ist, sondern uns aus innerer Unruhe oder wegen äußerer Ziele in hektische Betriebsamkeit stürzen. Da hilft es, die Prioritäten zu klären.

Übung: Prioritäten klären

Fragen Sie sich:
Was möchte ich unbedingt noch erleben, lernen oder tun,
wenn ich wüsste, ich hätte nur noch drei Jahre zu leben?
Was würde ich auf keinen Fall mehr tun wollen?
Und was würde ich tun oder lassen,
wenn ich nur noch ein Jahr hätte?
Einen Monat? Eine Woche? Einen Tag? Eine Stunde?

Sind wir weder rastlos noch erschöpft, dann wehren wir uns vielleicht gegen manche Tätigkeiten, weil wir sie ablehnen und abwerten. So wehren sich viele Männer gegen das Putzen oder Waschen, das sie als unwichtig, langweilig oder unter ihrer Würde abtun. Bewegungsmuffel wehren sich gegen Sport und Intellektuelle gegen Aufräumen, das sie für spießig halten. Viele selbstbewusste Menschen – meist männlichen Geschlechts – neigen zu dieser Haltung.

Weniger selbstbewusste Menschen – vor allem Frauen – neigen eher zum Aufschieben. Sie verschieben manche Arbeiten, weil sie sie sich nicht recht zutrauen. Sie lassen die Steuererklärung liegen und den Wasserhahn tropfen; sie verschieben ein klärendes Gespräch zum dritten Mal und trauen sich nicht an das neue Computerprogramm, weil sie Angst vor dem Versagen haben. Machen sie sich dennoch an die Arbeit, überfällt sie bleierne Müdigkeit. Wenn sie ihr mangelndes Selbstvertrauen erkennen, können sie vielleicht einen neuen Anlauf machen. Gegen Abwehr hilft oft Einsicht in die Notwendigkeit, oder wir packen die Arbeit einfach an. Und gegen mangelndes Selbstvertrauen hilft Anpacken und Dranbleiben, ohne endlos darüber zu brüten, wie die Aufgabe am besten zu lösen sei, ob wir das überhaupt schaffen oder wir lieber vorher noch etwas anderes machen sollten. Packen wir einfach an, was ansteht, dann trägt der Anfangsschwung meist durch die gesamte Tätigkeit. Wir können auch eine ungeliebte Arbeit mit anderen zusammen machen und uns bei Unsicherheit Rat holen oder helfen lassen.

Leiden wir jedoch unter chronischer Müdigkeit, dann hilft vielleicht eine Änderung der Lebensweise oder -haltung: Wir können unseren Körper in Schwung bringen durch frische Luft, eine leichte, gesunde Kost und regelmäßige Bewegung. Interesse und Wertschätzung für unsere Arbeit wecken körperliche und geistige Kräfte. Offenheit und Neugier entstehen auch, wenn wir uns neuen Wissensgebieten zuwenden, die uns interessieren.

Übung: Trägheit und Energie

Denken Sie an eine Situation,
in der Sie sich müde und erschöpft gefühlt haben.
Fragen Sie sich: Welche Art von Müdigkeit war das?
Stand eine wohlverdiente Pause an?
Fanden Sie die Arbeit langweilig, unwichtig
oder unter Ihrer Würde?
Trauten Sie sich die Arbeit nicht recht zu?
Wie haben Sie auf Ihre Müdigkeit reagiert?
Hat sie sich dadurch aufgelöst?
Experimentieren Sie jetzt mit dem Heilmittel für Trägheit:
Stellen Sie sich vor, Sie packen eine ungeliebte
oder schwierige Arbeit an, ohne über Ihre Befindlichkeit
nachzudenken,
oder über besonders energie- und arbeitssparende Methoden.

Zweifel

Manchmal schwanken wir hin und her, ohne uns jemals für etwas entscheiden zu können. Oft steckt dahinter eine unklare Selbsteinschätzung oder mangelndes Selbstvertrauen. Dagegen hilft fortgesetzte Hinwendung zu einer Sache. Dadurch werden wir kompetenter, und die Selbstzweifel verschwinden ebenso wie die Unentschlossenheit.

Produktive Zweifel können hilfreich sein. Beispielsweise lassen sie uns prüfen, ob die angepriesene Lebensversicherung für uns geeignet ist und der neuste Superfood-Trend tatsächlich so toll für die Gesundheit ist, wie manche Medien behaupten. Steht eine berufliche oder private Veränderung bevor, dann prüfen wir sorgfältig Chancen und Bedingungen und treffen dann unsere Entscheidung. Auch sie ist ein Schritt ins Unbekannte. Doch können wir ihr leichter treu bleiben als einem Spontanentschluss.

Manchmal aber können wir uns überhaupt nicht entscheiden. Unentschlossen schwanken wir zwischen verschiedenen Möglichkeiten hin und her. Sollen wir einen Badeurlaub in Griechenland machen oder eine Trekking-Tour durch den Himalaya, die Stelle wechseln oder ein Sabbatjahr einschieben, eine Umschulung machen oder ein Kind in die Welt setzen – oder lieber doch nicht?

Dahinter steckt oft mangelnde Selbsterkenntnis: Wir wissen zu wenig über unsere Stärken und Schwächen und schwanken zwischen Unter- und Überforderung. Außerdem fühlen wir uns nicht mit anderen Menschen und Umständen verbunden. Alles spielt sich nur im Kopf ab, und der findet zu jedem Grund einen Gegengrund. Das ermüdet, auch wenn wir gar nichts tun.

Besser ist es, sich nach gewissenhafter Prüfung einer Sache zuzuwenden, und zwar über längere Zeit. Wenn wir uns mit Menschen und Umständen verbunden fühlen, können wir sie besser einschätzen. Wir erkennen auch, welche Arbeiten uns überfordern, und können uns dann gegen sie entscheiden. Vor allem aber entdecken und entfalten wir unsere Fähigkeiten und lernen unsere Stärken schätzen. So heilen Kompetenz und Verbundenheit unsere Zweifel und Unentschlossenheit.

Übung: Zweifel und Unentschlossenheit

Denken Sie an eine berufliche Entscheidung,
die Ihnen schwergefallen ist:
der Stellen- oder Ortswechsel, ein neuer Arbeitsbereich,
das Sabbatjahr oder ein kluger Umgang
mit schwierigen Kolleginnen oder Kollegen.
Fragen Sie sich: Was waren die Alternativen?
Was sprach für die eine und was für die andere Möglichkeit?
Was sprach gegen sie?
Was hat mir die Entscheidung erschwert?
Was hat sie mir schließlich ermöglicht?
Wie bewerte ich die Entscheidung heute?
Denken Sie an weitere Situationen,
in denen Sie sich entscheiden mussten.
Wie laufen Ihre Entscheidungsprozesse ab?
Gibt es bestimmte Muster, Phasen, Wendepunkte,
Entscheidungshilfen?

Übung: Eine aktuelle Entscheidung

Denken Sie an eine anstehende Entscheidung.
Wenn es zwei oder drei Alternativen gibt,
können Sie folgende Bilder auf sich wirken lassen:
Vor sich im Raum sehen Sie zwei oder drei Türen.
Jede steht für eine der drei Alternativen.
Betrachten Sie nun die erste Tür. Wie sieht sie aus?
Alt, neu, interessant, langweilig, teuer, robust, elegant?
Öffnen Sie dann die erste Tür einen Spalt. Was sehen Sie?
Einen wunderschönen Garten oder ein schäbiges Büro,
eine lichtdurchflutete Allee, einen einsamen Waldweg,
eine bevölkerte Straße mit vielen Menschen?
Untersuchen Sie nun auch die zweite und dritte Tür.
Die inneren Bilder sagen Ihnen etwas über Ihre
verborgenen Hoffnungen, Sehnsüchte und Befürchtungen.

Unruhe

Manche Menschen werden ständig von Unruhe und Sorgen geplagt: Sie haben Angst vor der Zukunft, grübeln häufig über ihre Probleme nach oder werfen sich vor, dies oder jenes getan oder versäumt zu haben. Dagegen helfen Freude, Gegenwärtigkeit und die Fähigkeit, sich einer Sache hinzugeben.

Natürlich dürfen wir Schwierigkeiten nicht einfach verdrängen. Wir müssen uns ihnen stellen. Bei hartnäckigen Schlafstörungen empfiehlt es sich zum Beispiel, ein Schlaftagebuch zu führen, also genau aufzuschreiben, was wir abends getan haben und wann, wie und wie lange wir danach geschlafen haben. Erkennen wir die Zusammenhänge, können wir abends zum Beispiel schweres Essen oder aufwühlende Gespräche meiden. Wachen wir nachts auf oder können nicht einschlafen, hilft manchmal eine einfache Atemübung mit »Ja – Danke« im Rhythmus des natürlichen Atemflusses. Bei hartnäckiger Unruhe können leichte, beruhigende Tätigkeiten wie Bügeln oder Putzen wieder beruhigen. In der nächsten Nacht schläft man dann meist länger, vorausgesetzt, man macht sich keine allzu großen Sorgen wegen vermeintlicher Schlafdefizite.[64]

Sorgen verringern sich oft oder lösen sich ganz auf, wenn wir an angenehme Dinge denken. Das können wir uns systematisch angewöhnen, indem wir immer wieder auf das schauen, was gut ist und klappt im Leben. Und wir können dem, was uns Freude macht, mehr Raum geben. Sind wir mit dem Herzen bei einer Sache, kommen wir kaum auf die Idee, uns Sorgen zu machen. Daraus ersehen wir, wie wichtig es ist, in der Gegenwart zu leben. Wenn wir unsere Aufmerksamkeit häufiger auf das richten, was hier und jetzt geschieht, werden wir ruhiger und machen uns weniger unnötige Sorgen.

Übung: Unruhe und Sorgen

Denken Sie an Momente in den letzten Tagen,
in denen Sie unruhig waren.
Erinnern Sie sich an eine der Situationen in allen Einzelheiten.
Fragen Sie sich:
Was beunruhigt mich? Was macht mir Sorgen? Wovor habe ich Angst?
Fragen Sie sich weiter: Wie reagiere ich auf Unruhe und Sorgen?
Lösen sie sich dadurch auf?
Was hat mir in der Vergangenheit geholfen, ruhiger zu werden?
Woran habe ich Freude?
Welchen Tätigkeiten kann ich mich von ganzem Herzen hingeben?
Fragen Sie sich zum Schluss:
Welche Umstände, Menschen und Tätigkeiten
können mir helfen, Unruhe und Sorgen loszulassen?

Die beschriebenen Hindernisse begegnen uns nicht nur bei der Arbeit und im Alltag, sondern auch auf dem Weg der Selbsterkenntnis und -entwicklung.

Abschließend möchte ich Ihnen einige Elemente des buddhistischen Weges vorstellen, denn alle meine Überlegungen und Empfehlungen in diesem Buch sind von buddhistischen Lehren und Übungen inspiriert, die ich sehr schätze und viele Jahre lang ausprobiert habe.

Teil 4

Der buddhistische Weg in Glück und Leid

17. Leiden und seine Ursachen

Vor zweieinhalbtausend Jahren saß im nordindischen Bodhgaya ein Mann namens Siddharta Gautama unter einem Feigenbaum[65] und meditierte eine ganze Nacht lang. Am nächsten Morgen war er frei. Er hatte das Leid überwunden und tiefen Frieden gefunden. Er war aus dem Schlaf der Unwissenheit erwacht.

Zuerst zögerte der Buddha, der Erwachte, über die Erfahrungen dieser Nacht zu sprechen, denn sie überstiegen alles, was er mit Worten auszudrücken vermochte. Einige Wochen später traf er seine früheren Gefährten wieder. Mit ihnen zusammen hatte er jahrelang versucht, sich durch harte Askese zu befreien, diesen Weg dann aber als begrenzt erkannt, denn er führte nicht zur völligen Befreiung. Nun erzählte er ihnen, wie er sich von allem Leid, aller Angst und Unzufriedenheit befreit hatte. Diese seine erste Predigt im Rotwildpark von Sarnath[66] handelte von den folgenden vier Wahrheiten:

- Es gibt Leiden.
- Das Leiden hat Ursachen.
- Wir können uns vom Leiden befreien.
- Es gibt einen Weg dahin, den achtfachen Pfad.

Alle weiteren Lehren des Buddha und seiner vielen Schüler und Nachfolgerinnen können als Variationen dieser vier Grundaussagen betrachtet werden. Sie sind in Anlehnung an die indische Heilkunst formuliert: Zuerst diagnostiziert der Arzt das Leiden und erforscht seine Ursachen, er stellt hoffentlich eine vollständige Heilung in Aussicht und verschreibt schließlich eine praktikable Therapie. Als besonders hilfreich erweist sie sich in schwierigen Umbruchphasen wie zur Zeit des Gautama Buddha und auch in der heutigen Zeit.

Leiden

Am Anfang des Weges – in Medizin und Buddhismus – steht die Frage: »Wo tut's weh?« Wir können uns also überlegen, was uns das Leben schwer macht, wie unsere Liste von Leiden aussieht. Der Buddha beschrieb acht Arten von Leiden:

> »Geburt ist Leiden, Altern ist Leiden, Krankheit ist Leiden und Sterben ist Leiden. Verlieren, was wir gerne haben, ist Leiden. Nicht bekommen oder nicht erleben, was wir möchten, ist Leiden. Bekommen und erleben, was wir nicht möchten, ist Leiden. Nie sicher sein vor zukünftigem Leiden ist Leiden.«

Zunächst einmal brauchen wir also eine sorgfältige Anamnese: Wir müssen unser Leiden wahrnehmen und anerkennen. Dabei helfen Gegenwärtigkeit und Achtsamkeit, die wir in den grundlegenden Meditationsübungen schulen können.

Mit der Zeit entdecken wir immer feinere Ebenen des Leidens und der Unzufriedenheit. Wir registrieren Langeweile und Unlust, Trägheit, Unruhe und Unwohlsein in allen Schattierungen. Wir erkennen auch das subtile Leiden im weltlichen Glück der Sinne: Es ist flüchtig und unbeständig. Es kann uns kein wirkliches Glück schenken, denn im Grunde vermindert es nur für eine Weile das alltägliche Leiden, zum Beispiel an Hunger oder Durst, Schmerz, Einsamkeit oder Langeweile. Es kann auch rasch umschlagen in Leiden, wenn wir zum Beispiel zu viel essen oder zu viel mit Menschen zusammen sind, so dass wir ihrer überdrüssig werden oder uns ausgelaugt fühlen.

Noch eine Art von Leiden wird im Buddhismus beschrieben: das alles durchdringende Leiden an der dualistischen Weltsicht. Manchmal fühlen wir uns existenziell allein, unverbunden und abgetrennt vom Rest der Welt. Wir verwechseln unser *existenzielles* Getrenntsein als einmalige Menschen mit einem vorgestellten *essenziellen* Getrenntsein von allen und allem. Wir leiden darunter, dass wir unsere Erfahrungen mit niemandem teilen können, und wir wollen nur noch eins: aus dem Gefängnis unserer gespaltenen Weltsicht ausbrechen, um in der Seligkeit der Nicht-Zweiheit zu ruhen.

Je feinere Arten von Leiden wir spüren und je mehr wir die Natur des weltlichen Glücks durchschauen, desto leichter fällt es uns, unwesentliche Dinge aufzugeben. Diese aus Einsicht geborene Haltung nennt man in Christentum und Buddhismus Entsagung. Im Buddhismus steht allerdings nicht der Verzicht im Vordergrund, sondern der *Wunsch* nach Freiheit von Gier, Hass und Verblendung in ihren vielen Varianten. So werden wir frei für die größeren Freuden des offenen Herzens, der Sammlung und Einsicht.

Abwehr und Verlangen

Woher kommt nun das Leiden? Nach meiner (nicht wissenschaftlich nachgewiesenen, sondern selbst erstellten und hoffentlich »pädagogisch« wirksamen) Statistik machen die oben genannten Arten des *natürlichen* Leidens, die der Buddha beschreibt, nur fünf Prozent unserer Leiden aus. Die übrigen 95 Prozent schaffen wir uns *zusätzlich* durch den Wunsch, alles möge anders sein, als es ist. Wir können das leicht nachprüfen. Wenn zum Beispiel unangenehme Gefühle auftauchen – zum Beispiel durch Zahnschmerzen, eine Trennung oder eine Kündigung –, dann können wir versuchen, diese Gefühle zu akzeptieren, diese Dinge anzunehmen, wie sie sind. Gelingt uns das und verringert sich dann unser Leiden, bestätigt das den oben genannten Zusammenhang.

Dass äußere Umstände zwar als Auslöser und Bedingungen mitwirken an Glück und Leid, sie aber nicht primär verursachen, habe ich bereits mehrfach angesprochen, und doch glauben das die meisten Menschen. Sie seufzen: »Ach, wenn ich bloß schön und reich wäre, gesund, beliebt und intelligent, wenn ich einen Traumjob hätte und die Prinzessin oder der Prinz auf einem weißen Pferd in mein Leben ritte, dann könnte ich glücklich sein bis ans Ende meiner Tage.« Genau diese Haltung verursacht aber die meisten Probleme: der Wunsch, alles möge anders sein, als es ist. Die Situation soll anders sein. Du sollst anders sein. Ich will anders sein. Und zwar auf der Stelle, ohne dass wir etwas dafür tun müssten.

Meist wehren wir uns also gegen unangenehme Gefühle, die jetzt gerade da sind; und wir verlangen nach angenehmen Gefühlen oder wollen sie festhalten, obwohl sie ihrer Natur nach flüchtig sind. Doch Verlangen nach angenehmen und Abwehr gegen unangenehme Gefühle schaffen sehr viel zusätzliches Leiden, denn sie führen zu Ärger und Wut, Trauer und Schuldgefühlen, Unruhe,

Angst und Sorgen, Neid und Zweifel, Ablenken und Verdrängen, Rationalisieren und Herunterspielen, Dramatisieren und Schuldzuweisungen.

Es empfiehlt sich also, Gegebenes zu akzeptieren und Abwehr und Verlangen aufzugeben. Das bedeutet nicht, dass wir nun gar nichts mehr wollen dürften. Wir sind kein Wirsingkohl, der sich Sonne und Regen passiv zuteilen lassen muss. Wir können denken und reden, uns bewegen und die gemeinsame Welt zusammen mit anderen beeinflussen und gestalten. Wir können das Beste aus den Gegebenheiten machen. Diese gilt es zu erkennen und zu akzeptieren und dann zu tun, was uns und andere glücklich macht, und zu unterlassen, was Leiden schafft. Wir müssen auch kein Unrecht erdulden. Wir können Grenzen setzen und uns wehren, nicht mit Empörung und Wut, sondern mit Mitgefühl im Herzen. Ein Meister gab einer tibetischen Nonne, die regelmäßig ziemlich übel belästigt wurde, einen guten Rat: »Nimm einen Stock in die Hand, fülle dein Herz mit Liebe und hau dem Belästiger auf die Finger!« Der Dalai Lama bezog sich wohl auf diese Geschichte und fragte in einem ähnlichen Fall: »Hast du einen Spazierstock oder einen Regenschirm? Dann nimm ihn in die Hand, entwickle Mitgefühl und hau drauf.«

Unwissenheit

Was aber ist die tiefere Ursache von allem Leiden, einschließlich der »pädagogischen« fünf Prozent Leiden, die zum Leben gehören, wie Alter oder Krankheit, Trennung oder Sterben? Den buddhistischen Lehren zufolge entsteht Leiden, weil wir unsere wahre Natur nicht kennen und uns mit einer begrenzten und fixierten Ich-Vorstellung identifizieren, die es gar nicht gibt.

In Wirklichkeit sind wir in jedem Moment alles, was wir wahrnehmen, und auch die Wahrnehmungsfähigkeit selbst. Wir sind die Offenheit, Klarheit und Feinfühligkeit unseres Geistes, die Wahrnehmung ermöglicht; und wir sind das Wahrgenommene selbst: die körperlichen Empfindungen und Sinneswahrnehmungen, Gefühle und Reaktionen, Gedanken, Bilder und Stimmungen. All das ändert sich fortwährend. Doch damit können und wollen wir uns nicht abfinden. Wir wollen etwas Unveränderliches sein, etwas fest Umrissenes und Besonderes. Darum bilden wir die Vorstellung von einem Ich, das wir für beständig halten, für ein festes Ding und für unabhängig von körperlichen und geistigen Prozessen. Das nennt der Philosoph Ernst Tugendhat[67] »dinganaloges« Denken.

Doch diese Art von Ich ist nicht beständig, sondern verändert sich fortwährend. Vielleicht bin »ich« meistens ordentlich, aber nicht immer. Vor einigen Jahren war »ich« vielleicht noch Katholikin; jetzt bin »ich« es nicht mehr. Normalerweise bin »ich« vielleicht ein heiterer Mensch, doch heute ist mir eine Laus über die Leber gelaufen.

Es gibt kein festgefügtes Ding namens Ich, nur viele Aspekte: körperliche Prozesse, emotionale Muster, Vorstellungen, Meinungen und Ansichten, Gewohnheiten, Impulse und Erinnerungen, die unter bestimmten Bedingungen auftauchen und wieder verschwinden.

Im Grunde können wir auch nicht von »meinem Körper« oder »meinen Gefühlen« reden. Richten wir nämlich unsere Aufmerksamkeit auf unsere geistigen und körperlichen Prozesse, dann stellen wir fest: »Körperliche Empfindungen geschehen und Sinneswahrnehmungen, Gefühle, Gedanken, Impulse und Erinnerungen steigen auf.« Doch da ist kein Ich, das diese Prozesse besitzt oder kontrollieren könnte. Vielmehr ist das Ich nur ein Begriff, den wir diesem vielschichtigen Lebensprozess nachträglich überstülpen.

Je weniger wir in Kontakt sind mit dem wirklichen Leben, desto eher halten wir das Ich für real, und damit es uns nicht ständig zwischen den Fingern zerrinnt, müssen wir es an etwas festmachen, müssen es mit irgendetwas identifizieren, mit Eigenschaften und Fähigkeiten, Besitz und Beruf, Ansichten und Meinungen, Rollen und Status, Schicht, Ethnie und Nationalität, Geschlecht und Kultur, Religion, Partei und Philosophie. Das alles müssen wir ständig verteidigen. Dadurch entstehen Angst und Anspannung, und wir leiden, wenn das, womit wir uns identifizieren, angegriffen wird, sich verändert oder ganz verschwindet, was unvermeidlich irgendwann geschieht. Leiden hört erst auf, wenn wir die Ich-Vorstellung loslassen und uns der Wirklichkeit anvertrauen. Wir können dann immer noch zwischen uns und einem Baum, zwischen uns und anderen unterscheiden, aber wir halten nicht mehr an einer fixierten Ich-Vorstellung fest.

Eine Übung, durch die wir unsere fundamentale Unwissenheit

ein wenig auflösen können, stammt von Ayya Khema. Sind wir irritiert, enttäuscht oder verunsichert, dann können wir uns als Erstes fragen: »Was denke ich?« Damit richten wir unser Augenmerk auf unsere gewohnte Einschätzung. Wir denken beispielsweise: »Du bist unmöglich. Ich bin unmöglich. Das Wetter ist grauenhaft. Die Suppe schmeckt scheußlich. Das ist gemein. So etwas darf es nicht geben. Das hätte ich von dir nie erwartet.« Danach fragen wir uns: »Was geschieht genau?« Damit lösen wir uns von den ichhaften Reaktionen und öffnen uns für die komplexe Wirklichkeit von Körperempfindungen, Gefühlen und Stimmungen, Gedanken, inneren Bildern und emotionalen Mustern. Allmählich begreifen wir, was der Inder Nisargadatta meinte, als er schrieb: »Es gibt kein Ich, es gibt nur Impulse.«[68] Kein Ich, das unser Leben regiert oder Opfer widriger Umstände ist. Nur der offene Raum, in dem eine Vielzahl von inneren und äußeren Prozessen abläuft.

In den tibetischen Traditionen wird sehr anschaulich beschrieben, wie die Ich-Vorstellung aus der Unwissenheit entsteht. Unser wahres Wesen ist Buddha-Natur, die allen Lebewesen innewohnende Offenheit, Klarheit und Feinfühligkeit des Geistes. Wenn wir nicht darin ruhen, nehmen wir dualistisch wahr. Wir spalten unsere Wahrnehmung auf in eine subjektive Innen- und eine objektive Außenwelt. Wir bilden Vorstellungen über uns und andere und verteidigen sie mit aufgewühlten Emotionen. Wenn wir das ständig wiederholen, entwickeln sich eingefahrene Verhaltensweisen, mit denen wir uns ebenfalls identifizieren. So führt die Unwissenheit über unsere Buddha-Natur zu dualistischer Wahrnehmung, aufgewühlten Emotionen und gewohnheitsmäßigem Verhalten.[69]

Das Ende vom Leiden

Nach Anamnese und Diagnose eröffnet Buddha, der große Arzt, uns die Aussicht auf Heilung durch Wahrnehmen und Loslassen.

Wann immer wir leiden, können wir zuerst einmal das Leiden in all seinen Facetten wahrnehmen. Erkennen wir als Ursache den Wunsch, irgendetwas möge anders sein, als es ist, erinnern wir uns: Freiheit und Frieden entstehen nicht, wenn Wünsche sich erfüllen. »Denn jeder Wunsch, wenn er erfüllt, kriegt augenblicklich Junge!«, wusste schon Wilhelm Busch. Dann gelingt es uns vielleicht für

Momente, den Wunsch loszulassen. »Eine Sekunde Loslassen ist eine Sekunde Freiheit«, sagte Ayya Khema. Es reicht nicht, wenn wir das nur mit dem Verstand begreifen. Wir müssen das mit Leib und Seele verstehen. Das Herz muss es erfahren und erleben. Immer wieder.

Mit der Zeit können wir immer öfter loslassen, immer öfter in Buddha-Natur ruhen, und sei es nur für Sekunden, und aus ihr heraus leben. Dabei unterstützen uns die Empfehlungen des achtfachen Pfades, die ich im nächsten Kapitel vorstellen möchte.

18. Der achtfache Pfad

Wenn wir uns nach einem glücklichen und erfüllten Leben sehnen, begeben wir uns vielleicht auf einen geistigen Weg. Die Essenz des buddhistischen Weges fasste der Buddha mit den Worten zusammen: »Tu Gutes, meide das Böse und kläre deinen Geist.«

Der dritte Punkt ist deshalb so wichtig, weil wir nicht wissen, wie die Welt wirklich ist, sondern nur, wie wir sie wahrnehmen, was wiederum von unserem inneren Zustand abhängt: Ist der Geist rein, fühlen wir uns in der Welt mit all ihrem Auf und Ab zu Hause. Ist der Geist unrein, ist die Welt ein Jammertal. Darum lehrte der Buddha, wie wir den eigenen Geist erkennen und reinigen können: von Gier, Hass und Verblendung, von Haben- und Nichthabenwollen, von Vorurteilen, Meinungen und unserem Festhalten daran. Haben wir alle falschen Ansichten losgelassen, leuchtet die uns innewohnende Buddha-Natur auf, und Liebe, Kraft und Weisheit manifestieren sich spontan. Hierzu wies der Buddha einen konkreten Weg, den achtfachen Pfad, der alle Aspekte des Lebens umfasst.

Die acht Elemente des Weges aus dem Leiden werden normalerweise folgendermaßen geordnet – der Begriff »recht« bedeutet dabei »angemessen« –: rechte Einsicht, rechte Einstellung, rechtes Handeln, rechte Rede, rechter Lebenserwerb, rechtes Bemühen, rechte Achtsamkeit, rechte Sammlung. Diese acht Glieder sind aber keine Stufenleiter, die bei Einsicht beginnt und bei Sammlung endet, auch wenn ein wenig Einsicht und emotionale Offenheit sicherlich am Beginn jedes geistigen Weges steht. Sie werden eher als acht Speichen eines Rades verstanden. Die Speichen müssen in etwa gleich stark sein, damit die Kutsche unseres Lebens auch in Richtung Freiheit rollt. Sind einige Speichen dünn wie Streichhölzer oder fehlen sie ganz, läuft das Rad nicht recht oder bricht leicht zusammen. Jede einzelne der acht Übungen unterstützt und stärkt also die anderen. Sie werden häufig in drei Bereiche zusammengefasst: Ethik, Sammlung und Weisheit. Zur Ethik gehören Handeln, Reden und rechter Lebenserwerb; Sammlung im weiteren Sinn setzt sich zusammen aus Bemühen, Achtsamkeit und Sammlung im engeren Sinn, und Einsicht und Einstellung werden der Weisheit zugeordnet. Ethik vereinfacht das Leben und beruhigt Herz und Geist. Dadurch können wir uns leichter sammeln und tiefe Ruhe erfahren. Und mit einem gesammelten Geist sehen wir die Dinge, wie sie sind, und entwickeln tiefe Einsicht. Beginnen wir also mit der Ethik: rechtes Handeln, rechte Rede und rechter Lebenserwerb.

Rechtes Handeln

Eine Orientierung für rechtes Handeln bieten die Richtlinien, die ich im 10. Kapitel »Ethisch handeln« besprochen habe. Sie empfehlen: kein Leben zu nehmen, sondern Leben zu schützen; nicht zu stehlen, sondern großzügig zu geben; anderen nicht zu schaden durch unser sexuelles Verhalten, sondern bestehende Beziehungen und das Zölibat von Ordinierten zu achten, und unseren Geist nicht mit Drogen oder Alkohol zu trüben, sondern ihn durch Meditation zu klären. Im Spiegel dieser Anregungen können wir unser eigenes Verhalten beobachten und gegebenenfalls ändern. Dabei arbeiten wir zuerst auf der Ebene des Verhaltens und schließlich auch auf der Ebene der Einstellung und Motive. Wir bemerken sie durch Innenschau und anhand der Folgen unseres Verhaltens.

Rechte Rede

Auch diesem Aspekt eines ethischen Lebens habe ich ein eigenes, das 11. Kapitel gewidmet: »Heilsames Reden«. Die Empfehlungen zur rechten Rede lauten: nicht zu lügen, sondern die Wahrheit zu sagen; nicht zu verleumden, sondern für Harmonie zu sorgen; nicht durch Worte zu verletzen, sondern heilsam zu reden, und nicht sinnlos zu schwätzen, sondern sinnvoll zu reden.

In Gesprächen können wir sehr viel über uns selbst erfahren, wenn wir unsere Reaktionen beobachten. So bemerken wir beispielsweise die Neigung zu Gefühlen von Überlegenheit oder Minderwertigkeit, mit der Aufmerksamkeit abzuschweifen oder uns auf ein bestimmtes Ergebnis zu fixieren, statt uns dem Gespräch hinzugeben. Dazu müssen wir auch zuhören können. Das fördert die

Intelligenz und Kreativität von beiden, der Person, die redet, und der, die zuhört. Bei meinen Vorträgen bemerke ich immer wieder die inspirierende Wirkung eines interessierten Publikums. In Zweiergesprächen sollten aber beide Seiten in den Genuss des förderlichen Zuhörens kommen.

Letztendlich geht es bei rechter Rede um wache und ehrliche Kommunikation, durch die wir die Klarheit und die guten Seiten aller Beteiligten fördern, Probleme nicht unter den Teppich kehren, sondern sie im passenden Augenblick ansprechen, um klug und mitfühlend miteinander umgehen zu können.

Rechter Lebenserwerb

Fünf Arten von Lebenserwerb gelten traditionell als schädlich und damit als unheilsam: seinen Lebensunterhalt mit dem Töten von Menschen und Tieren zu verdienen und Handel zu treiben mit Menschen, Waffen und Rauschmitteln oder Giften. Als besonders heilsame Tätigkeiten gelten Heilen und Lehren.

Die buddhistische Ethik wandte sich also schon immer – sogar in den hochpatriarchalischen asiatischen Gesellschaften – gegen Sklaven- und Frauenhandel, aber auch gegen den Handel mit Drogen, die die Klarheit des Geistes trüben. Waffenproduktion und -verkauf wird ebenso abgelehnt wie Kriegs- und Militärdienst. Bis heute sind buddhistische Mönche in den asiatischen Ländern vom Dienst an der Waffe befreit, und tibetische Buddhisten und Buddhistinnen weigern sich heute noch immer, in Schlachthäusern zu arbeiten. Unethisch wäre nach diesen Richtlinien auch die Arbeit in Rüstungsbetrieben und Tierversuchslaboren sowie Herstellung, Verkauf und Ausschank von Alkohol.

Der empfohlene Lebenserwerb orientiert sich daran, wie viel Heilsames für uns und andere daraus entsteht. Ist er ein geeigneter Kanal für unsere Lebensenergie? Fördert er unsere Fähigkeiten und guten Eigenschaften? Müssen wir zeitweise eine ungünstige Arbeitssituation hinnehmen, dann können wir immer noch unsere Freiräume nutzen, um offener, klarer und feinfühliger zu werden.

Wir verlassen nun den Bereich der Ethik und wenden uns der Sammlung zu. Diese umfasst: rechtes Bemühen, rechte Achtsamkeit und rechte Sammlung.

Rechtes Bemühen

Eine Gratwanderung zwischen Nachlässigkeit und Überforderung ist das rechte Bemühen, mit dem wir heilsame Gedanken und Stimmungen fördern und unheilsame verringern oder ganz vermeiden. Dabei hilft freudige Ausdauer, die manchmal sogar mit dem rechten Bemühen gleichgesetzt und oft als Freude am Heilsamen definiert wird.[70]

Wenn wir herausfinden, was uns Freude macht und uns und anderen guttut, können wir dem mehr Raum geben in unserem Leben und mit freudiger Ausdauer bei der Sache sein, gegenwärtig, konzentriert und voller Energie. Selbst Schwierigkeiten können uns dann nichts anhaben.

Doch sollten wir uns auch nicht überfordern oder Schuldgefühle entwickeln, wenn wir unser »Soll« nicht erfüllen. Darum sagte der tibetische Lama Thubten Zopa seinen deutschen Schülerinnen und Schülern bei der Gründung eines buddhistischen Seminarhauses 1981 in Bayern: »Wenn durch eure Arbeit im Zentrum auch nur ein einziger Mensch *einen* heilsamen Gedanken mehr entwickelt, als er es ohne euch täte, hat sich euer Einsatz gelohnt.« Diese Empfehlung entlastet mich sehr in meiner Arbeit als buddhistische Lehrerin und auch als Autorin von Beiträgen und Büchern. Und ich gebe sie sehr gerne und häufig an Menschen in helfenden und heilenden Berufen weiter.

Rechte Achtsamkeit

Wie wichtig dem Buddha die Achtsamkeit war, wird im Eingangsvers seiner Lehrrede über die Achtsamkeit deutlich:

> »Nur einen einzigen Weg gibt es … der zu der Wesen Reinheit führt, zur Überwindung von Sorge und Jammern, zum Untergang von Schmerz und Kummer, zur Gewinnung des rechten Pfades und zur Verwirklichung des Nirwanas, nämlich die vier Grundlagen der Achtsamkeit.«[71]

Sie beziehen sich auf die vier Bereiche, auf die wir unsere Achtsamkeit lenken können: die körperlichen Empfindungen und Sinneswahrnehmungen, Grundgefühle und emotionalen Reaktionen, unsere Grundstimmung und Gedanken.[72]

Den körperlichen Empfindungen kommt dabei eine Schlüsselrolle zu, da die anderen Bereiche sich auch körperlich manifestieren. Die grundlegenden Gefühlsqualitäten – angenehm, unangenehm und neutral – übersehen wir oft und erkennen sie erst im Rückblick, wenn sie bereits emotionale Reaktionen ausgelöst haben. Diese wiederum prägen unsere Grundstimmung, unsere Gedankenwelt und unsere Sicht der Welt. Richten wir unsere Achtsamkeit auf diese Prozesse, dann wird uns klar, wie viel wir selbst zu unserem Erleben beitragen, und wir fühlen uns weniger als Opfer.

Achtsamkeit bewahrt uns auch davor zu verdrängen, was wir nicht wahrhaben wollen. Menschen, die sich einem hohen Ideal verpflichtet haben, unterdrücken oft negative Tendenzen, die nicht in ihr Selbstbild passen. Sie nehmen sie dann bei anderen umso schärfer und als umso störender wahr und bekämpfen sie verbissen. Oder sie leben diese Gefühle aus, ohne es zu merken, was schädlicher ist, als wenn sie sich dessen bewusst wären. Durch Achtsamkeit erkennen wir also unser tatsächliches Verhalten. Dieses können wir natürlich nicht von heute auf morgen ändern, wenn wir vielleicht jahrelang unseren unheilsamen Gewohnheiten blind gefolgt sind.

Zwei Fallen gilt es zu vermeiden, nämlich alles Wahrgenommene sofort ändern zu wollen, statt die inneren Prozesse erst einmal richtig wahrzunehmen, oder gar nichts im Leben mehr ändern zu wollen und alles kommentar- und klaglos zu erdulden. Vor allem Frauen neigen sehr dazu, ihren Unmut hinunterzuschlucken oder ihre Wut hinter aufgesetzter Freundlichkeit zu verstecken. Sie ignorieren häufig ihre Grenzen oder idealisieren ihre Opferhaltung als Pflicht besonders dann, wenn sie abhängig sind von äußerer Anerkennung. Auch hier hilft Achtsamkeit auf die körperlichen Empfindungen, durch die sich Anspannung, Überforderung oder Minderwertigkeitsgefühle bemerkbar machen.

Rechte Sammlung

Wenn von spiritueller Praxis oder Meditation die Rede ist, denken viele Menschen nur an dieses Übungsfeld: rechte Sammlung, den Geist ausrichten. Ein wenig Sammlungsvermögen besitzen wir alle, sonst könnten wir nicht einmal eine Tasse Kaffee kochen. Wenn unsere alte Nachbarin bereits nach zwei Minuten vergisst, was wir ihr soeben erst gesagt haben, wird uns schnell klar, wie viel Sammlung im täglichen Leben nötig ist. Es fördert die Sammlungsfähigkeit, den Alltag einfach zu strukturieren und klare Prioritäten zu setzen, uns für unser Tun zu interessieren und Prioritäten und Lebensenergie ins Gleichgewicht zu bringen.[73]

Der buddhistischen Tradition zufolge können wir das Erinnerungs- und Sammlungsvermögen aber auch gezielt schulen, indem wir unsere Aufmerksamkeit auf eine Sache ausrichten, zum Beispiel auf den Atem.

Für den Anfang reicht es, mit zehn, zwanzig Prozent der Aufmerksamkeit das Ein- und Austreten des Atems an der Nasenöffnung zu verfolgen. Wir folgen einfach dem natürlichen Atemrhythmus, ohne ihn gezielt zu verändern. Dabei bemühen wir uns, nicht einzuschlafen und uns nicht in Bilder und Gedanken zu verlieren, also weder in grobe Trägheit noch grobe Ablenkung zu verfallen, wie die buddhistische Tradition es nennt. Haben wir das ein, zwei Wochen lang regelmäßig oder täglich fünf bis zehn Minuten geübt, können wir vielleicht eine Minute lang beim Atem bleiben, auch wenn wir uns manchmal etwas dösig fühlen oder sich im Hintergrund sehr viele Gedanken, Bilder und Erinnerungen tummeln.

Wenn wir nach einigen Wochen oder Monaten in der Lage sind, für etwa fünfzehn bis zwanzig Minuten mehr oder weniger klar beim Atem zu bleiben, können wir vielleicht feine Trägheit und feine Ablenkung erkennen und ab und zu auflösen. Bei feiner Trägheit schlafen wir nicht mehr ein, spüren den Atem aber auch nicht besonders deutlich. Es fehlt uns an Klarheit. Wir können uns dann etwas aufrechter hinsetzen und die Körperspannung erhöhen. Das macht wacher. Doch wenn wir uns dabei zu sehr anstrengen, verfallen wir der feinen Ablenkung. Das bedeutet: Im Hintergrund entstehen viele Bilder und Gedanken, auch wenn wir den Atem nicht mehr ganz verlieren. Dann müssen wir uns wieder etwas entspannen. Aber aufgepasst, sonst verlieren wir uns wieder in Trägheit. Die Übung ist also eine Gratwanderung zwischen Ablenkung und Trägheit, zu viel und zu wenig Spannung, wie wenn man eine Gitarrensaite spannt: Spannt man sie zu fest, klingt es blechern; und es brummt, wenn man sie zu locker spannt. Nur durch Ausprobieren und Spielen erkennen wir den richtigen Ton.

Vertieft sich die Sammlung, wird der Atem mitunter so fein, dass er kaum noch zu spüren ist. Manche Menschen glauben dann, sie machten etwas falsch. Dem ist aber nicht so. Der feine Atem ist eine natürliche Folge der Sammlung. Meist spüren wir dann auch ein intensives körperliches Wohlbehagen, oft verbunden mit einem angenehmen Gefühl von Wärme, Strömen, Pulsieren oder einem leichten Vibrieren.

Feiner Atemfluss und angenehme Körpergefühle können die erste von acht Sammlungsstufen anzeigen. Will man diese kennenlernen, lässt man das Meditationsobjekt los und richtet die Aufmerksamkeit auf das Wohlbefinden, das durch die angenehmen körperlichen Empfindungen ausgelöst wird. Das gelingt meist leicht, denn auf schöne Erfahrungen konzentrieren wir uns gern. Interesse, eine Nebenbedeutung des Pali-Begriffs für die erste Sammlungsstufe oder Vertiefung, liefert den Schlüssel für diese Erfahrung: Interessieren wir uns für das, was wir tun, können wir uns leicht darauf konzentrieren, ohne Druck und Willensanspannung.

Wenn wir nun auf das Wohlbehagen achten, können wir die zweite Sammlungsstufe erreichen: eine sehr reine und intensive Freude, die das Herz öffnet. Achten wir nun auf diese Freude, kann sie jedes Verlangen für die Dauer der Sammlung stillen, und wir erfahren auf der dritten Stufe große Zufriedenheit, die auf der vierten zu tiefer Ruhe führt.[74]

Die nächsten Stufen werden überweltliche Vertiefungen genannt: Zuerst lösen sich die körperlichen Grenzen auf, und wir erfahren die Unendlichkeit des Raumes. Nur ein unendliches Bewusstsein wäre dazu in der Lage, und auf der nächsten Stufe entdecken wir das. Die siebte schließlich wird als Erleben des Nichts beschrieben und die achte als Grenzerfahrung zwischen Wahrnehmung und Nicht-Wahrnehmung.

Ayya Khema legte großen Wert auf die verlorene Kunst der Sammlungsstufen, warnte aber auch davor, sie zu einem Hindernis werden zu lassen: Sie sind so angenehm, dass sie leicht Anhaftung wecken. Akzeptieren wir aber ihre Vergänglichkeit, können wir auf jeder Stufe etwas lernen. Auf der ersten Stufe erkennen wir: Um uns wohlzufühlen, brauchen wir kein äußeres Objekt. Die Liebe und Freude der zweiten Stufe macht uns unabhängiger von äußerer Zuwendung. Durch die tiefe Zufriedenheit schätzen wir den Frieden des Herzens mehr als selige Verzückung durch die Sinne und das Denken, und auf der vierten Stufe der großen Stille tritt das Ichgefühl so stark in den Hintergrund, dass wir seine mangelnde Substanz erahnen.

Der Buddha hatte diese Sammlungsübungen von Hindu-Yogis gelernt, erkannte sie dann aber als nicht ausreichend, denn sie sind unbeständig. Sie dauern an, solange wir gesammelt sind. Sie verlieren sich, wenn wir sie nicht kontinuierlich üben. Tiefe Einsicht aber bleibt. Durch sie können wir Frieden und Befreiung finden. Allerdings können wir mit einem gesammelten Geist leichter zu tiefen Einsichten gelangen.

Manche buddhistische Traditionen legen weniger Wert auf die Sammlung und lehren vor allem Ethik und Einsicht. Manche tibetische Lamas betonen, die erste Sammlungsstufe genüge für die meisten Meditationsübungen.

Doch wird die letztendlich angestrebte tiefe Einsicht von unterschiedlichen Menschen auf unterschiedlichen Wegen erreicht. Einige entwickeln zuerst Sammlung und dann tiefe Einsicht. Andere haben spontan tiefe Einsichten, die sie dann durch Sammlung stabilisieren können. So wirken Einsicht und Sammlung zusammen und verstärken einander. Wir müssen selbst herausfinden, was wann geeignet ist für uns. Meist kann in intensiven Übungsphasen eher Sammlung entwickelt werden, im täglichen Leben dagegen eher Ethik und Weisheit. Zu Letzterer gehören rechte Einstellung und rechte Einsicht, über die ich jetzt sprechen will.

Rechte Einstellung

Absichten und Einstellungen führen zu Handlungen und bestimmen auch deren Folgen. Drei unheilsame und drei heilsame Einstellungen unterscheidet man im Buddhismus: Gier, Hass und Unwissenheit, die zu unangenehmen Gefühlen führen, und Klarheit, Mitgefühl und Großzügigkeit, durch die alle Beteiligten mehr Glück erfahren. Wir selbst natürlich eingeschlossen. Dies sei vor allem Frauen gesagt, die Mitgefühl vor allem für andere empfinden, nicht aber so leicht für sich selbst.

Wie können wir heilsame Einstellungen entwickeln? Zunächst einmal müssen wir sie uns bewusst machen, da wir mit unbewussten Einstellungen nicht arbeiten können. Wenn wir die unterschiedlichen Facetten von Habenwollen, Nichthabenwollen und Unwissenheit erkennen, hilft es nichts, sich unter Druck zu setzen oder nur über gute Absichten nachzudenken. Lassen wir aber alles los, was nicht Buddha-Natur ist, dann leuchten Klarheit, Mitgefühl und Großzügigkeit ganz natürlich auf.

Rechte Einsicht

Rechte Einsicht entsteht, wenn wir bestimmte Wahrheiten im Herzen bewegen, und sie bezieht sich vor allem auf die Einsicht in die vier edlen Wahrheiten, die zwei Dimensionen der Wirklichkeit und in die drei Daseinsmerkmale.

Die vier edlen Wahrheiten sind Thema dieses und des vorigen Kapitels. Durch sie gewinnen wir also Einsicht in Leiden, seine Ursachen, sein Ende und den Weg zu seiner Überwindung.

Auch die beiden Dimensionen der Wirklichkeit habe ich bereits behandelt: die relative Dimension der vielfältigen Standpunkte und die absolute Dimension, in der alle Standpunkte als relativ erkannt werden. Normalerweise sehen wir immer nur einen Ausschnitt. Zum ganzen Bild gehören aber alle Beteiligten, alle Standpunkte und der offene Raum, in dem alles geschieht.

Die drei Daseinsmerkmale sind Leiden, Unbeständigkeit und Unkontrollierbarkeit oder Substanzlosigkeit, traditionell »Nicht-Ich«, Pali *anatta*, genannt. Wir gewinnen also Einsicht in das direkte Leiden, die subtileren Formen der Unzufriedenheit und das alles durchdringende Leiden der Dualität, und zwar nicht nur über den Verstand, sondern mit Leib und Seele, indem wir immer wieder spüren, wie Leiden entsteht. Wir erkennen auch die Unbeständigkeit von Sinnesfreuden, Beziehungen und Arbeitsverhältnissen usw., und dann müssen wir uns nicht länger an sie klammern. Und wir suchen nicht länger Sicherheit in dem, was keine Substanz hat, nämlich im Ich und Mein. Aus buddhistischer Sicht gibt es kein Ich, das Erfahrungen macht, Körper und Geist besitzt oder irgendetwas kontrollieren könnte. Es gibt nur den ständigen Fluss körperlicher und geistiger Prozesse, die nach bestimmten karmischen Mustern ablaufen. Wenn wir nicht länger Glück mit Leid verwechseln und Unbeständiges und Substanzloses nicht länger für beständig und existent halten, dann öffnet sich der Weg zum Frieden des Nirwanas.

Der Alltag bietet viele Gelegenheiten, Einsichten zu gewinnen. Doch brauchen wir auch ein gewisses Maß an Innenschau, Übung und meditatives Nachdenken. Dabei ist das optimale Verhältnis von Handeln und meditativem Nachdenken je nach Temperament und Lebensphase von Mensch zu Mensch verschieden. Lama Thubten Yeshe sagte: »Wer den ganzen Tag meditieren kann und das auch tut, den unterstützen wir gerne. Wer das nicht kann, sollte täglich ein wenig üben und einen Teil seiner unruhigen Energie dem Studium der Lehren und dem Dienst an den Nächsten widmen.« Der englische Vipassana-Lehrer Christopher Titmuss schlägt vor, das Verhältnis zwischen Übung und tätiger Nächstenliebe immer wieder neu zu überprüfen. »Das Wichtigste im Leben ist, anderen Menschen zu dienen, ihnen Gutes zu tun! Dabei unterstützen uns systematische Übungen. Können wir nicht mehr mit ganzem Herzen für andere arbeiten, dann müssen wir wieder mehr Gewicht auf die systematische Übung legen.« Um diese geht es im nächsten Kapitel.

19. Üben – warum und wozu?

Vier Motive bzw. Absichten

Altruismus ist der beste Weg zum eigenen Glücklichsein.
DALAI LAMA

Gut gemeint ist nicht immer gut gemacht.
LEBENSERFAHRUNG

Warum und wozu wollen wir üben? Mit der *Warum*-Frage schauen wir zurück und klären unsere Motivation, d. h. wie finden wir heraus, was uns zum Meditieren »treibt«: Unruhe, das Gefühl in alten Mustern stecken zu bleiben, Langeweile usw. Mit der *Wozu*-Frage schauen wir in die Zukunft und klären unsere Absicht, d. h. werden uns bewusst, was wir gerne mehr erleben oder besser kennenlernen wollen usw.

Der Buddhismus beschreibt vier Beweggründe, meist als Motivation übersetzt: Wir suchen erstens mehr *kurzfristige* und zweitens *längerfristige* Zufriedenheit, wollen drittens unsere *Verblendungen*, Sanskrit *kleshas*, kennenlernen und abbauen, d. h. unheilsame Gewohnheiten wie z. B. negative Gedankenschleifen, reaktive Muster und unheilsames Verhalten. Als vierte und höchste Absicht gilt in der Mahayana-Tradition der Wunsch, *zum Wohle aller* Wesen zu *erwachen*, damit wir zum Wohle aller *leben* können. Ob Pflanzen Lebewesen sind, ist eine alte Debatte zwischen vielen indischen Traditionen, die Pflanzen als Lebewesen betrachten, und dem Buddhismus, der das nicht so sieht. Aber auch Buddhistinnen und Buddhisten empfehlen einen umsichtigen, achtsamen und wertschätzenden Umgang mit der ganzen Natur. Alle vier Einstellungen zum Üben sind notwendig und hilfreich, aber nur die vierte Absicht führt zum Erwachen aus Gier, Hass und Verblendung. Warum?

Alle Menschen streben nach kurzfristiger Befriedigung ihrer Bedürfnisse, denn das sichert das Überleben. Umsichtige Menschen sorgen auch für langfristige Befriedigung und verzichten um der

Gesundheit willen z. B. auf ungesundes Essen oder riskante Sportarten und lassen sich gegen Schäden versichern. Kluge Menschen bemerken darüber hinaus, dass sie im Griff von Gier, Hass und Verblendungen, von Habsucht und Angst, Rachsucht und Wut, Rechthaberei und Sturheit usw. immer wieder in Schwierigkeiten geraten und daher mehr leiden als nötig.

Wenn wir schädliche Angewohnheiten und reaktive Muster erkennen, wollen wir sie vielleicht mithilfe von Psychotherapie oder Meditation bearbeiten. Dabei hilft die Praxis ethischer Regeln, die ich in den Kapiteln 10, 11 und 18 beschrieben habe. Wenn wir uns um ethisches Verhalten bemühen, bemerken wir Widerstände dagegen, schneller und auch schädliche Gewohnheiten, und können so unser Verhalten mit Körper, Rede und Geist überprüfen. In anderen Worten: Ethisches Verhalten fördert die *Bewusstwerdung*. Aber auch mit dem Wunsch nach *Selbst*erkenntnis geht es uns primär immer noch um das eigene Wohl und darum, unser eigenes Leid zu verringern.

Wir sind aber nicht nur Individuen, sondern auch soziale Wesen, und die optimistische These des Mahayana lautet daher: Wenn wir uns auf der Grundlage von Selbstverantwortung und Selbsterkenntnis darum bemühen, auch *anderen* Gutes zu tun, tun wir auch uns selbst viel Gutes. Der Dalai Lama spricht von »weiser Selbstsucht« und betont: »Altruismus ist genaugenommen der beste Weg zum eigenen Glücklichsein.« Leider ist Altruismus nicht so leicht zu leben, denn wir wissen alle: Gut gemeint ist nicht immer gut gemacht.

Zum Wohle aller: Der Bodhisattva-Weg

Geben ist seliger als nehmen.
CHRISTLICH

Reich ist, wer teilen kann.
INDISCH

Geduld ist die Kernkompetenz des Weges.
LEBENSERFAHRUNG

Ausdauer ist Freude am heilsamen Tun.
BUDDHISTISCH

Wenn wir potenziell zum Wohle aller leben und handeln *wollen*, müssen wir zuerst erwachen, lehrt das Mahayana. Wenn wir aber mit dem heilsamen Handeln warten wollen bis wir völlig erwacht sind, fangen wir nie damit an. Daher heißt es im Weiteren, dass Bodhisattvas – die Wesen, *sattva*, die Erwachen, *bodhi*, anstreben – auf Erwachen »verzichten«, damit sie zum Wohle aller wirken können. Was nun? Erwachen oder nicht?

Die offizielle Interpretation lautet so: Bodhisattvas verzichten auf das *statische* Nirwana, d. h. auf die »ewige« Ruhe, und engagieren sich im dynamischen oder *aktiven* Nirwana für das Wohl der anderen und hoffentlich aller. Ich sehe das so: Es geht den Bodhisattvas nicht um ihr eigenes Erwachen, sondern um das Wohl aller, und daher bemühen sie sich so gut es geht um die Reinigung von Herz und Geist auf dem Achtfachen Pfad und tun ihr Bestes. Das Wohl aller ist ihre Orientierung, aber sie klammern sich nicht verbissen an ein Perfektionsideal und setzen sich damit auch nicht unter Druck. Sie tun ihr Bestes und übernehmen Verantwortung für die Folgen ihres Handelns, und zwar nicht nur für die beabsichtigten, sondern auch für die *unbeabsichtigten* Folgen. Sie geben weder sich noch anderen die Schuld, wenn etwas schiefläuft, sondern lernen daraus. Immer und immer wieder. Im Wissen: Großzügigkeit tut gut.

Als Erweiterung und Vertiefung der ethischen Regeln für Laien (Kapitel 10, 11, 18), üben sie sich in den sechs Paramitas, den Handlungen, die vom Ufer der Verblendung ans andere Ufer des

Erwachens führen. Das sind Großzügigkeit und Ethik, Geduld und Ausdauer, Sammlung und Einsicht (Kapitel 14,15). Diese Haltungen wirken sich dem Buddhismus zufolge nicht nur heilsam auf Menschen und andere Wesen wie z. B. Tiere aus, denen wir konkret begegnen, sondern sie vermehren die positive Energie in der Welt und wirken indirekt auf alles und alle. Diese positiven Auswirkungen und Kräfte kann man zwar nicht mit naturwissenschaftlichen Methoden messen, aber wir spüren sie. Es gibt Menschen, die tun uns gut, auch wenn wir sie nicht persönlich kennen, sondern nur von ihnen hören oder lesen. Ich vertraue darauf, dass kein positiver Gedanke verloren geht, sondern andere auch dann stärkt und heilt, wenn sie nichts davon wissen.

Eigene und andere Kraft und realistischer Optimismus

In den ersten beiden Kapiteln dieses Buches ging es um Wurzeln und Flügel, um Geborgenheit und Freiheit und um dreifaches Vertrauen: in andere, in uns selbst und in das Große Ganze. Menschen, die gerne wandern, wissen, dass man sich auch mal verlaufen kann. Was hilft, wenn wir uns verlaufen haben? Drei Dinge: ungefähr zu wissen, wo man sich befindet, der Rat anderer *Menschen* bzw. eine gute *Landkarte* und *Glück*. Wenn wir nicht wissen, wo wir gerade sind, nützt auch die beste Karte nichts. Wir müssen den Menschen, die uns den Weg zeigen, vertrauen bzw. die Karte auch lesen können, d.h. wissen, welchen Maßstab sie verwendet und was die unterschiedlichen Hinweise bedeuten.

Es bleibt aber immer ein Risiko. Ich gehe seit über fünfzehn Jahren mit drei vertrauten Menschen wandern und wir haben schon einige Abenteuer erlebt. Manchmal hat uns eine leidenschaftliche Diskussion über die unterschiedlichen Interpretationen von Landschaft und Landkarte geholfen, den richtigen Weg zu finden. Und manchmal hatten wir einfach Glück.

Wenn wir die Landkarte als Metapher für die Lehren und Übungen verstehen, bedeutet das: Wir müssen herausfinden, wo wir stehen, d.h. wie wir ticken und welche Übung zu uns passt. Alle buddhistischen Lehren sind eine Art Landkarte für den Weg. Viele buddhistische Texte gleichen allerdings Weltkarten oder Deutschlandkarten. Sie helfen uns nicht, wenn wir den Weg zum neuen

Bioladen oder zu der alten Kirche im nächsten Dorf suchen. Dazu brauchen wir eine andere Karte, auf der wir unseren Standort erkennen können. Am einfachsten ist es, wenn wir jemand finden, der sich in der Gegend auskennt. Das entspricht den Lehrerinnen und Begleitern, die wir persönlich kennen und die unsere Fragen verstehen.

20. Die regelmäßige Übung

Auf dem meditativen oder spirituellen Weg wenden wir Methoden und Techniken an, üben neue Verhaltensweisen und machen uns mit Lehren und Weisheiten vertraut. Dies sind Hilfsmittel, Schlüssel, die sicher in der Hand liegen müssen. Doch müssen wir auch wissen, wo das Schlüsselloch ist, und – das Allerwichtigste – die Tür auch öffnen wollen.

Mit einer verbissenen Schäferhund-Mentalität – Sitz! Konzentrier dich! Hör auf zu träumen! – kommen wir allerdings nicht sehr weit. Haben wir aber den tiefen Wunsch nach Selbsterkenntnis, dann müssen wir uns nicht aufs Kissen prügeln. Wir interessieren uns ganz einfach für unsere physischen und psychischen Prozesse: für die körperliche Verfassung und Verspannungen, Stimmungen und Gedanken, angenehme und unangenehme Gefühle und unsere emotionalen Reaktionen darauf. Wir lernen mit der Zeit, sie ruhig zu bemerken und zu beobachten, ohne sie abzulehnen oder festzuhalten.

Sind wir mit der Übung vertraut, werden wir diese Haltung entspannter Wachheit auch im Alltag immer wieder einnehmen. So können wir Anspannungen, negative Stimmungen und Gedanken schon bemerken, ehe sie sich völlig festgefahren haben. Das befreit von inneren Dramen – Klagen, Selbstmitleid und überzogenen Erwartungen usw. – und hilft uns, mit den Herausforderungen des Lebens kreativer und klüger und mit mehr Humor und Mut umzugehen.

Mit der Zeit erleben wir in der Übung aber auch tiefere Ebenen von Offenheit, Klarheit und Verbundenheit, von Ruhe, Dankbarkeit und Freude, und das gibt dem Leben mehr Sinn und Stabilität.

Wahl der Übung

In diesem Buch haben wir bereits eine Reihe von Übungen vorgestellt, meist geführte Selbsterkundungen, die zur Klärung von bestimmten Schwierigkeiten und Problemen beitragen und den Einstieg in die systematische Praxis erleichtern. Die folgenden Übungen setzen schon eine gewisse innere Ruhe und die Fähigkeit zur Sammlung voraus. Am besten probieren Sie aus, was Sie anspricht und zum Üben motiviert. Es kommt nicht so sehr auf die Methode an, sondern darauf, eine Übung regelmäßig durchzuführen und sich nicht zu überfordern, denn dann werden Sie das Üben bald wieder aufgeben.

Manche Menschen üben gerne täglich und andere fühlen sich mit diesem Vorsatz unter Druck gesetzt. Daher empfehle ich seit vielen Jahren nur noch, »regelmäßig« zu üben. Dazu hat mich eine Teilnehmerin inspiriert. Diese Psychotherapeutin sagte zu mir: »Seit ich mir nur vornehme, ›häufiger als gar nicht‹ zu üben, übe ich regelmäßig und setze mich weniger unter Druck.« Wenn Sie also vier, bis fünf Mal die Woche für zehn bis dreißig Minuten eine bestimmte Übung durchführen, sind Sie auf der »sicheren« Seite. Wir Menschen sind Gewohnheitstiere, heißt es oft, und heilsame Gewohnheiten stabilisieren unser Leben. Und dazu kann auch das regelmäßige Üben sehr viel beitragen.

Vielleicht fassen Sie jetzt schon den Entschluss: Ich will eine Woche lang täglich fünf oder zehn Minuten eine der folgenden Übungen durchführen. Legen Sie Ort und Zeit fest und üben Sie dann eine Woche, ohne zu überlegen, ob Sie das nun tun wollen oder nicht. Nach einer Woche überprüfen Sie Ihre Erfahrungen. Hat Sie das Üben manchmal beruhigt? Oder wurden Sie eher unruhig und müde? Fühlten Sie sich schon vorher so? Dann haben Sie zumindest Einsicht gewonnen. Oder haben Sie sich, wenn die Meditation selbst nicht besonders angenehm war, nachher vielleicht ruhiger und klarer gefühlt? Wenn die regelmäßige Praxis auch nur ein wenig nützlich und hilfreich war, beschließen Sie wieder, die Übung eine Woche lang regelmäßig zu machen. Bei Bedarf können Sie ein, zwei Minuten länger üben und die Zeitspanne allmählich auf fünfzehn, zwanzig oder dreißig Minuten erhöhen. Solange Sie vier, fünf Mal pro Woche üben, werden Sie die heilsame Wirkung deutlich spüren.

Sollten Sie sich während der Meditation sehr unwohl fühlen oder gar keine Lust zu üben haben, kann ein Gespräch mit erfahrenen Praktizierenden oder einer Lehrerin hilfreich sein. Auch Bücher von kompetenten Autoren oder ein Audio-Vortrag einer vertrauten

Lehrerin können helfen, wenn sie zur selbstständigen Praxis ermutigen und sie durch praktische Hinweise unterstützen. Das entspricht einer Landkarte im passenden Maßstab für unsere Situation.

Wenn Sie etwas mehr Erfahrung mit der Meditation haben, können Sie ein Wochenende oder eine Woche intensiver üben, und zwar mit wechselnden Übungen – je nach Neigung und Bedürfnissen – sowie einer Hauptübung, die Sie kontinuierlich durchführen, so dass sie Ihre augenblickliche Verfassung widerspiegelt. Ein ausgewogener Übungsplan enthält täglich eine Übung, die Freude weckt, eine zur Förderung der Sammlung und eine, die Einsicht fördert, wie das meditative Nachdenken über einen Leitsatz oder ein Zitat, das Sie besonders anspricht.

Manche meiner Schülerinnen planen solche Intensivphasen gemeinsam, und zwar jede bei sich zu Hause. Sie sprechen ein Wochenende oder eine freie Woche ab, in der sie relativ ungestört zu Hause üben können, und telefonieren jeden Abend oder alle zwei Tage und sprechen über ihre Erfahrungen. Ich empfehle am Ende jedes längeren Meditationskurses, sich in den nächsten Wochen und Monaten ein, zwei Mal im Monat zu zweit über die Praxis auszutauschen. Diese »Tandems« bestehen manchmal viele Jahre lang und unterstützen das regelmäßige Üben enorm.

Ort und Zeit

Das regelmäßige Üben fällt Ihnen vermutlich leichter, wenn Sie einen festen Ort dafür reservieren. Sie können ihn ansprechend gestalten, zum Beispiel mit einer Blume, einer Kerze, einem Bild oder einem Stein. Halten Sie auch ein Sitzbänkchen bereit, ein Kissen, eine Yogamatte oder eine Wolldecke, je nachdem, in welcher Position Sie üben möchten.

Sie müssen nicht immer zur selben Uhrzeit üben, doch empfiehlt es sich, eine bestimmte Zeit im Tagesablauf einzuhalten, vielleicht vor oder nach der Arbeit oder vor dem Zubettgehen. Probieren Sie einfach aus, wann es Ihnen am leichtesten fällt und Sie am wenigsten gestört oder abgelenkt werden.

Körperhaltung

Sie können alle Übungen im Sitzen oder Liegen durchführen.

Der Bodensitz: Setzen Sie sich auf eine feste Unterlage – ein Kissen oder eine mehrfach gefaltete Decke – und kreuzen Sie die Beine. Die Knie sollten auf dem Boden aufliegen. Notfalls können Sie eine Decke darunterlegen. Der Rücken ist aufrecht, die Schultern sind entspannt, und die Hände liegen locker auf den Oberschenkeln. Ungeübten können anfangs die Knie schmerzen. Doch für den Rücken ist der Bodensitz eher angenehm.

Der Kniesitz: Setzen Sie sich auf ein stabiles Kissen oder auf ein Meditationsbänkchen, das meist höher sein darf als beim Bodensitz. Halten Sie den Rücken aufrecht und suchen Sie eine Haltung, bei der Sie die Knie nicht zu sehr belasten, aber auch nicht zu weit nach hinten lehnen. Der Kniesitz entlastet die Beine. Allerdings kann der Rücken schmerzen. Sie können darum auch zwischen Knie- und Bodensitz wechseln.

Im Liegen: Legen Sie sich auf eine Decke oder Yogamatte. Um den unteren Rücken zu entspannen, legen Sie ein dickes Kissen oder eine zusammengefaltete Decke unter die Knie. Achten Sie darauf, symmetrisch zu liegen. Falls Sie im Liegen immer einschlafen, sollten Sie eher im Sitzen üben. Wenn Sie zu Verspannungen neigen oder sich leicht überanstrengen, sollten Sie immer wieder auch im Liegen üben und versuchen, wach zu bleiben.

Auf einem Stuhl: Falls die genannten Haltungen Ihnen Schwierigkeiten bereiten, können Sie auch auf einem Stuhl üben. Setzen Sie sich auf den vorderen Rand, aufrecht, stabil und bequem und lehnen Sie sich nicht an. Die Hände liegen locker auf den Oberschenkeln. Die Füße stehen etwa schulterbreit auseinander fest auf dem Boden. Ist der Ihnen zu kühl, können Sie eine Decke unter die Füße legen. Sie können auch ein Kissen auf den Stuhl legen, durch die leicht nach unten geneigten Oberschenkel wird der Rücken entlastet.

Übung: Die Erde spüren

Vorbemerkung: Diese Übung kann hilfreich sein, wenn Sie sich unruhig oder zu wenig geerdet fühlen, wenn Sie kraftlos sind oder Sorgen und aufgewühlte Emotionen Sie plagen. Dabei spüren Sie zuerst die Festigkeit der Erde und aller festen Dinge im Außen und richten dann Ihre Aufmerksamkeit auf die festen Bestandteile Ihres Körpers. So spüren Sie Ihre innere Festigkeit und Stabilität.

Spüren Sie den Boden unter sich.
Spüren Sie die Stellen, wo der Körper den Boden berührt.
Atmen Sie in diese Stellen hinein.
Spüren Sie das Gewicht Ihres Körpers auf dem Boden.
Spüren Sie, wie der Boden Sie trägt.
Spüren Sie die Festigkeit und die Stabilität der Erde.
Richten Sie Ihre Achtsamkeit nun
auf die festen Bestandteile Ihres Körpers:
Knochen, Muskeln, Sehnen, Gewebe und Haut.
Spüren Sie die Festigkeit Ihres Körpers,
die Kraft, die darin steckt.
Immer, wenn Sie Ihre Aufmerksamkeit
auf die festen Dinge im Außen
oder auf die festen Bestandteile des Körpers richten,
spüren Sie Festigkeit.
Ruhen Sie für eine Weile
in diesem Gefühl der Festigkeit und Stabilität.

Übung: Den Raum spüren

Vorbemerkung: Wenn Sie sich eingeengt und überfordert fühlen, träge oder schwer, kann es Ihnen helfen, den äußeren Raum zu spüren und dann Ihre Aufmerksamkeit auf die Hohlräume in Ihrem Körper zu richten. So finden Sie Zugang zu Ihrem geistig-seelischen Raum, einer offenen Weite, in der alles Platz hat.

Richten Sie Ihre Aufmerksamkeit auf den Raum um sich herum,
im Zimmer und draußen, unter und über den Wolken.
Spüren Sie die Offenheit und Weite. Alles hat darin Platz:
Sie selbst mit all Ihren Stärken und Schwächen,
Angenehmes und Unangenehmes,
Ihre Mitmenschen, alle Tiere, Städte und Berge,
Flüsse und Meere, der Mond und die Sterne.
Richten Sie nun Ihre Aufmerksamkeit
auf die Hohlräume in Ihrem Körper.
Spüren Sie den Nasenraum, den Mundraum,
die Hohlräume im Kehlbereich, in den Lungen, im Magen,

im Bauch, im Beckenbereich. Spüren Sie den Raum im Körper.
Immer, wenn Sie Ihre Aufmerksamkeit
auf den Raum im Außen und im Körper richten, spüren Sie Raum.
Ruhen Sie für eine Weile in diesem Gefühl des Raums,
im Gefühl der offenen Weite.
In diesem inneren Raum hat alles Platz:
Körperempfindungen, angenehme und unangenehme Gefühle,
gute und schlechte Laune und alle Gedanken.
Und die Erfahrung grundlegender Offenheit,
Klarheit und Feinfühligkeit, die Erfahrung von Buddha-Natur,
der klaren und erkennenden Natur der tiefsten Schicht des Geistes.
In dieser offenen Weite wohnt das Vertrauen,
dass es für alle Probleme eine Lösung gibt,
auch wenn wir sie heute noch nicht kennen.[75]

Übung: Den Atem spüren

Vorbemerkung: Eine grundlegende Übung, um innere Ruhe zu finden, ist die Achtsamkeit auf den Atem. Es reicht, mit etwa zehn bis zwanzig Prozent der Aufmerksamkeit bei der Sache zu bleiben. Wenn Sie mehr von sich verlangen, ermüden Sie leicht oder fühlen sich überfordert. Solange Sie sich bemühen, beim Atem zu bleiben, ist jede Sekunde wertvoll, denn entweder kommen Sie zur Ruhe, oder Sie lernen etwas über sich, wenn Sie abschweifen und bemerken, was Sie gerade beschäftigt.

Wollen Sie diese Übung regelmäßig oder jeden Tag durchführen, so üben Sie sie etwa einen Monat lang täglich 5–10 Minuten. Das ist wirksamer, als einmal in der Woche eine halbe Stunde zu üben. Nach und nach können Sie Ihre Meditationszeit verlängern und Ihre Aufmerksamkeit verfeinern. Durch das regelmäßige Üben über einen Zeitraum von einigen Monaten nimmt Ihre Sammlungskraft zu, Ihre Aufmerksamkeit wird schärfer und Sie erfahren Momente der Ruhe und des Friedens.

Spüren Sie den Atem an den Nasenöffnungen,
den Luftzug, den das Aus- und Einatmen verursacht,
und begleiten Sie diesen Prozess,
indem Sie beim Ausatmen innerlich »Aus« sagen.
Beim Einatmen können Sie die Aufmerksamkeit lockern.
Sie können auch auf das Heben und Senken der Bauchdecke achten

und innerlich »Heben – Senken« sagen.
Ist Ihnen das zu schwierig, können Sie auch auf die
Atembewegungen im gesamten Oberkörper achten
und im Rhythmus des Atems innerlich »Ein – Aus« sagen.
Sind Sie eher unruhig, können Sie den Weg des Atems
von den Nasenöffnungen bis in den Bauchraum
und wieder zurück zur Nase verfolgen.
Wenn Ihre Aufmerksamkeit abschweift,
werden Sie das nach einiger Zeit merken.
Freuen Sie sich darüber und loben Sie sich dafür.
Vertiefen Sie sich dann nicht weiter in diese Vorstellungen,
sondern registrieren Sie nur kurz, was Sie gedacht haben.
So gewinnen Sie Einsicht in das, was Sie beschäftigt.
Benennen Sie es mit einem einfachen Begriff wie
»Hören, Spüren, Denken, Vergangenheit, Zukunft,
angenehm, unangenehm« und kehren Sie dann zum Atem zurück.

Übung: Den Körper spüren

Vorbemerkung: Diese klassische Übung entspannt, gibt Energie und hilft, sorgenvolle und aufgeregte Gedanken loszulassen. Wir achten dabei auf die körperlichen Empfindungen – kalt, warm, trocken, Prickeln, Klopfen, Stechen, Pulsieren, leicht, schwer, verspannt –, ohne uns in emotionale Reaktionen und Erklärungen zu verlieren. Sie können Teile der Übung oder die ganze Übung in einigen Minuten durchführen. Wollen Sie sie gründlich machen, sollten Sie 20–40 Minuten darauf verwenden und am Ende noch einige Minuten in Ruhe sitzen oder liegen bleiben.

Es gibt verschiedene Varianten dieser Übung. Probieren Sie aus, was Ihnen am meisten zusagt. Unruhige Menschen sollten mit der Aufmerksamkeit vom Scheitel zu den Füßen wandern. Sind Sie müde, können Sie umgekehrt verfahren. Das macht wach und gibt Energie. Sie sollten aber zum Abschluss noch einmal in ein, zwei Minuten vom Scheitel zu den Füßen wandern.

Sie sitzen oder liegen auf dem Boden.
Spüren Sie die Stellen, wo der Körper die Unterlage berührt.
Spüren Sie, wie sich der Druck beim Atmen verändert.
Achten Sie auf die Bewegungen,
die der Atem im Körper verursacht.

Achten Sie nun auf die Empfindungen im Scheitelbereich:
warm, kühl, Pulsieren, Stechen, Kribbeln.
Spüren Sie die Augenpartie, die Schläfen, die Ohren,
die Wangen, den Nasenbereich, den Mund,
den Mundinnenraum und den Unterkiefer.
Spüren Sie die Empfindungen am Hinterkopf,
im ganzen Kopf, innen und außen.
Registrieren Sie alle Empfindungen,
ohne sich in Fantasien zu verlieren oder zu überlegen,
was diese Empfindungen bedeuten
oder wie Sie damit umgehen sollten.
Manchmal werden Sie gar nichts spüren oder etwas,
das Sie nicht beschreiben können.
Registrieren Sie das und machen Sie sich keine Sorgen darüber.
Gehen Sie nun mit Ihrer Wahrnehmung weiter zum Halsbereich,
innen und außen.
Spüren Sie die Schultern, die Oberarme, die Ellbogen,
die Unterarme, die Handgelenke, die Hände, die einzelnen Finger.
Achten Sie dann auf die Empfindungen im Brustraum,
innen und außen, und im Bauchbereich.
Spüren Sie die Schulterblätter und den ganzen Rücken,
von oben nach unten, den Beckenbereich, die Hüften,
die Lenden, die Oberschenkel, die Knie, die Unterschenkel,
die Knöchel, die Füße, die Sohlen und die einzelnen Zehen.
Versuchen Sie nun, den Körper als Ganzes wahrzunehmen,
vom Scheitel bis zu den Sohlen.

Übung: Gehen

Vorbemerkung: Zur Einstimmung in die regelmäßige Sitzpraxis oder als Ergänzung dazu können Sie auch im Gehen üben. Sind Sie vertraut damit, können Sie auch beim Spazierengehen oder Einkaufen »mit Freude«, mit Achtsamkeit gehen.

Suchen Sie beispielsweise in der Wohnung oder im Garten
eine Strecke von zwanzig, dreißig Schritten
und gehen Sie im normalen Tempo hin und her.
Richten Sie Ihre Aufmerksamkeit auf die Füße,
auf den Kontakt mit dem Boden und registrieren Sie
»links« und »rechts«, wenn Sie den jeweiligen Fuß aufsetzen.

Dann verlangsamen Sie das Tempo.
Registrieren Sie die einzelnen Phasen und benennen Sie sie
mit »heben, oben, senken«.
Schweifen Sie mit den Gedanken ab, registrieren Sie,
was Sie gerade denken, und benennen es kurz mit
»Vergangenheit, Zukunft, Denken, Hören, Pläne«.
Dann richten Sie Ihre Achtsamkeit wieder auf das Gehen.
Sie können das Gehen auch mit einfachen Sätzen
oder Worten verbinden, wie zum Beispiel:
»Ja zum Leben« (rechts) und »Danke fürs Leben« (links).
Beim schnellen Gehen können Sie im Rhythmus des Gehens
»Ja – Danke« sagen.

Übung: Gedanken beobachten

Vorbemerkung: Wenn zu viele Gedanken Sie vom Atem oder den körperlichen Empfindungen ablenken, können Sie Ihre Aufmerksamkeit auch direkt auf den Gedankenstrom lenken. Auf diese Weise erkennen Sie, ob Sie zum Beispiel dazu neigen, zu jammern oder sich Sorgen zu machen, von der Zukunft zu träumen oder sich selbst und anderen Vorwürfe zu machen. Die Einsicht, dass all dies Sie nicht glücklich macht, wird Ihnen helfen, die Gedanken loszulassen.

Wenn Sie an einem akuten Problem leiden, ist es wenig sinnvoll, es verdrängen zu wollen. Lassen Sie aber auch nicht zu, dass Sie ständig daran denken. Sie können sich eine bestimmte Zeit dafür reservieren. Wenn Sie während der Meditation bemerken, dass Sie schon wieder an Ihren Problemen nagen, können Sie sich sagen: »Dann-und-dann werde ich mich darum kümmern. Jetzt mache ich Urlaub davon.«

Richten Sie Ihre Aufmerksamkeit auf Ihre Gedanken
und benennen Sie sie mit »Denken«,
wenn sie sich auf die Gegenwart beziehen.
Erinnerungen etikettieren Sie mit »Vergangenheit«
und Pläne, Hoffnungen und Sorgen mit »Zukunft«.
Unterscheiden Sie auch zwischen angenehmen
und unangenehmen Gedanken, ohne sich an die einen zu klammern
oder die anderen abzulehnen.
Beobachten Sie sie nur wie einen Fluss,

in den Sie nicht hineinspringen,
oder eine Gruppe von Pferden, die Sie nicht reiten müssen.
Sind Sie wieder einmal aufgesprungen,
freuen Sie sich, dass Sie es gemerkt haben.
Benennen Sie kurz – Denken, Vergangenheit oder Zukunft,
angenehm oder unangenehm –
und lassen Sie das »Pferd« dann weiterziehen.
Sie können auch neue Gattungen erfinden
für Ihre drei bis vier »Lieblingspferde«, zum Beispiel
»Träumerei«, »Geldsorgen«, »böse Welt« oder »Ehedrama«.
Mit der Zeit ziehen immer weniger Gedanken durch Ihren Geist.
Genießen Sie die Stille, den Frieden.

Übung: Liebe

Vorbemerkung: Auch im Christentum gilt die Maxime: Liebe deinen Nächsten *wie dich* selbst. Sogar unsere *Feinde* sollen wir lieben. Ein solcher Anspruch ist allerdings schwer zu erfüllen. Vielleicht wollen wir das nicht einmal. Wenn wir uns aber klarmachen, dass wir selbst am meisten unter unserem Ärger und unserem Selbstmitleid zu leiden haben, werden wir uns davon befreien wollen. Doch ohne Übung geht es nicht.

Nehmen Sie einen Spiegel oder stellen Sie sich vor,
Sie sitzen sich selbst gegenüber.
Schauen Sie die Person genau an. Wie sitzt sie da?
Wie sieht sie aus? Welchen Gesichts- und Körperausdruck hat sie?
Welchen Eindruck vermittelt sie?
Doch werten Sie nicht, beobachten Sie nur.
Öffnen Sie dann Ihr Herz und senden Sie sich selbst Liebe
und so viele gute Wünsche, wie Ihnen einfallen, zum Beispiel:
Möge ich gesund sein. Möge ich lieben und geliebt werden.
Möge ich eine Arbeit finden, bei der ich meine Lebensenergie
gut ausdrücken kann.
Möge ich inneren Frieden finden. Möge ich glücklich sein.
Wiederholen Sie die Übung nun mit einer Person,
die Ihnen nahesteht: Schauen Sie sie an und wünschen Sie ihr,
was sie braucht und was ihr Freude macht.
Als Nächstes üben Sie mit einer Person,
die Ihnen gleichgültig ist.

Senden Sie auch ihr Liebe. Wünschen Sie ihr, glücklich zu sein.
Zum Schluss üben Sie mit einer Person,
mit der Sie Probleme haben, die Sie auf die Palme bringt,
deren bloße Anwesenheit all Ihre negativen Seiten hervorlockt.
Betrachten Sie sie einfach, ohne zu werten, zu jammern
oder innerlich zu schimpfen. Sehen Sie sie nur an.
Bleiben Sie entspannt und in dem Gefühl des Wohlbefindens,
das Sie sich selbst geschenkt haben.
Versuchen Sie nun, auch dieser Person Liebe zu senden.
Können Sie das nicht, dann genügt es, ihr kein Leid zu wünschen.
Denken Sie an das Schlimmste, was Ihnen jemals zugestoßen ist.
Können Sie wirklich wünschen, dieser Person
möge so etwas geschehen? Wahrscheinlich nicht.
Also haben Sie zumindest Mitgefühl mit ihr.
Sie können Ihre negativen Ansichten auch
in positive Wünsche verwandeln.
Mögest du frei sein von deinem Geiz,
denn er macht dich eng und dein Leben arm.
Mögest du frei sein von deinem Missmut und deinem Bedürfnis,
mich zu demütigen, denn das macht auch dich unglücklich.
Mögest du Einsicht gewinnen in dein Tun,
so dass du es künftig lässt.
Freuen Sie sich über die Großmut,
mit der Sie sogar Ihren Feinden Gutes wünschen können.

Zuflucht

Wenn wir einen tiefen Wunsch nach Selbsterkenntnis und Erfahrungen aus erster Hand spüren und uns die Frage nach Leben und Tod unter den Nägeln brennt, dann begeben wir uns auf einen religiösen Weg. Meist finden wir dort eine Dreiheit von Vorbild, Lehre und geistiger Gemeinschaft. Im Christentum ist Jesus Christus das Vorbild, die Bibel weist den Weg, und auch in der Kirche von heute mit ihren vielen Problemen finden viele Menschen immer noch eine Gemeinschaft, die sie stärkt und inspiriert. Im Buddhismus nimmt man Zuflucht zu den sogenannten drei Juwelen, zu Buddha, Dharma und Sangha; zum Buddha als Symbol für das Ziel, zu den Lehren und Übungen als dem eigentlichen Weg und zur

Sangha, der geistigen Gemeinschaft, die uns Vorbild und Unterstützung ist.

Buddhas inspirieren uns und offenbaren, was in uns steckt: Buddha-Natur.

Durch das Dharma – die Lehren und Übungen – erkennen wir uns selbst und unsere Hindernisse. Wir lernen, sie loszulassen, so dass unsere innere Weisheit sich ganz natürlich entfalten kann. Wegen der großen Vielfalt von buddhistischen Übungen können alle Menschen mit ihren verschiedenen Stärken, Schwächen und Konditionierungen für sie geeignete Übungen finden. Manche können uns viele Jahre lang begleiten, denn es reicht nicht aus, durch sie einmal einen kurzen Blick in diese oder jene Welt getan zu haben. Die deutschstämmige Zen-Meisterin Gesshin Prabhasa Dharma Roshi formulierte eine alte Zen-Weisheit mit den Worten: »Wenn du dein wahres Wesen erkannt und eine tiefe Erleuchtungserfahrung gemacht hast, musst du noch dreißig Jahre weiterüben, um dich mit dieser Erfahrung ganz vertraut zu machen.«

Die *vertikale* Sangha der Zuflucht sind Vorbilder und Lehrerinnen, Mentorinnen und Begleiter, die zumindest mehr Erfahrung mit dem Weg haben als wir selbst, und die *horizontale* Sangha ist die Gemeinschaft der Übenden. Sie helfen uns, den Weg zu gehen. Lektüre und Meditationstechniken allein können keine Umwandlung bewirken. Dazu bedarf es des persönlichen Kontaktes mit lebendigen Lehrerinnen und Mentoren, die wissen, was sie tun, und leben, was sie lehren. Und einer Gemeinschaft von Mitübenden und Gefährtinnen für die gemeinsame Praxis und den Austausch über den Weg. Leider sind nicht alle Lehrenden eines geistigen Weges integer. Manche instrumentalisieren bewussst oder unbewusst ihre Schülerinnen und Schüler für ihre eigenen Bedürfnisse. Haben die Lehrenden jedoch ein gewisses Maß an Integrität und innerer Klarheit, können sie auf Fallen hinweisen und uns helfen, uns selbst zu erkennen. Dabei zeigen sie uns nicht nur unsere Schwächen, sondern auch unsere Stärken: Was immer wir an ihnen achten und verehren – ihre Weisheit, ihre Kraft und ihren Humor, ihre Großzügigkeit und Herzenswärme –, das tragen wir auch in uns, sonst könnten wir es gar nicht sehen. Und durch die Beziehung werden diese Qualitäten genährt.

Ob ein Mentor oder eine Lehrerin unsere Entwicklung fördert, lässt sich an unserem Selbstvertrauen ablesen. Fühlen wir uns nichtig und klein in der Nähe der verehrten Person, dann idealisieren wir sie aus einem Gefühl des inneren Mangels heraus und wollen unbedingt zu ihrem Umfeld gehören. Das kann das Leiden an unterschwelligen Minderwertigkeitsgefühlen für eine Weile lindern, doch auf Dauer hemmt es die Entwicklung. Gute Lehrerinnen und Mentoren ermutigen uns zur Eigenständigkeit und stärken unser Selbstvertrauen – und sie ernüchtern uns, wenn wir Gefahr laufen abzuheben und arrogant zu werden. Sie vermitteln uns das Dharma, die Lehren und Übungen, und helfen uns, umzusetzen, was wir verstanden haben. So werden wir fähig, den Weg selbst zu gehen, selbst Sangha zu sein.

Der Weg aller Buddhas ist ein Weg tiefer Selbsterfahrung, der sich in uns selbst entfaltet: Inspiriert durch die Zuflucht zu den äußeren Drei Juwelen fangen wir an zu üben und entwickeln Selbstvertrauen auf dem Weg. Und das Vertrauen in andere und in uns selbst ist der Weg zur unfassbaren Zuflucht, jenseits von Worten und Begriffen, Bildern und Gefühlen. Das kann man auch unerschütterliches Vertrauen nennen.

Zum Abschluss

Leben bleibt tragisch und erhaben. Einige Bedingungen und Umstände bekommen wir gut in den Griff, aber leider nicht alles. Zu einem gelingenden Leben brauchen wir neben guten Umständen, Lebenserfahrung und verlässlichen Beziehungen auch Vertrauen auf das Unfassbare, das uns trägt, was auch geschieht. Manche nennen diese *andere* Kraft Buddha-Natur, Gott oder das Göttliche, die kosmische Ordnung oder die Weisheit des Lebens. Ich glaube, dass wir dieses Vertrauen brauchen, wenn wir angesichts der großen Herausforderungen unserer Zeit nicht verzweifeln wollen. Was fördert dieses Vertrauen in das, was größer ist als wir selbst?

Dieses Buch stellt viele Überlegungen und Übungen vor, die mich seit über vierzig Jahren dabei unterstützen, gute Bedingungen zu erkennen, wertzuschätzen, und es mir ermöglichen, eigene gute Fähigkeiten und die von anderen zu entdecken und zu fördern, Beziehungen zu pflegen und auf das Große Ganze zu vertrauen. All diese Faktoren wecken und stärken einen realistischen Optimismus bzw. einen optimistischen Realismus, d.h. eine Haltung, die mit Schwierigkeiten rechnet und auf sichtbare und unsichtbare Unterstützung vertraut.

Anhang

Überblick über die Übungen

In alphabetischer Reihenfolge

Ärger 185
Alte Wunden heilen 51
Angenehme Gefühle 154
Aufhänger, Stimmung, Hintergrund (1) 33
Aufhänger, Stimmung, Hintergrund (2) 52
Ausgewogene Beziehungen 122
Beziehungen und Ethik 129
Dankbarkeit 27
Das ist mein Gott 180
Den Atem spüren 220 f.
Den Körper spüren 221 f.
Den Raum spüren 219 f.
Der ideale Arbeitsplatz 149
Die Erde spüren 218 f.
Die fünf Sinne 75
Die Welt als Spiegel 2.0 42 f.
Die Wirklichkeit erkennen 113
Eigene und andere Kraft 26
Eine aktuelle Entscheidung 189
Erfahrungen mit Gewalt 119
Frei und geborgen 34
Freund, Feind, Fremde 99
Geben können 120 f.
Gedanken beobachten 223 f.
Gehen 222 f.
Gier und Sehnsucht 51
Gleich und verschieden 34
Gleichmut 100
Halt in unsicheren Zeiten 25
Hass wird nicht überwunden durch Hass 43
Heilende Sammlung 183
Heilige Orte, Zeiten und Worte 26
Heilsame Gedanken säen 161
Heimat und Welt 25
Himmel und Hölle und die Erde auf Erden 42
Ich und die anderen 50
Individuum, Gruppe und Masse 42
Innen und außen 71 f.
Karma und Gerechtigkeit 42
Klatsch und Tratsch 136
Konflikte und Wachstum 119
Konsum und Beziehungen 127
Kreativ streiten 51
Liebe 224 f.
Liebe und Anhaften 63
Lügen 134
Mein Arbeitsplatz 147
Meine eigenen Regeln 127 f.
Meine Lieblingssorgen 27
Mein Leben ist kostbar 76 f.
Mitfreude 90
Mitgefühl 96 f.
Mitgefühl als Weg 97
Nehmen und Geben 96

Neid als Weg zum »Mehr« 90 f.
Neutrale Gefühle 155
Offenheit, Klarheit, Feinfühligkeit 81 f.
Prioritäten klären 186
Prioritäten setzen 163 f.
Raum und Kontakt 34
Rechtes Bemühen 165
Schwätzen 140
Spiegelgleich wahrnehmen 104
Spielen, Stimmigkeit, Schönheit 26
Sternstunden 82
Sternstunden oder Momente des Wohlbefindens 27
Stimmung 157
Trägheit und Energie 187
Treue 125 f.
Unangenehme Gefühle 154
Und Worte treffen das Herz 137 f.
Unruhe und Sorgen 190
Verantwortung übernehmen 64
Verbindung spüren 106 f.
Verhältnis zu den Menschen am Arbeitsplatz 148
Verletzen 138
Vertrauen in andere, in mich und ins Große Ganze 26
Vier Schritte zu tiefer Einsicht 27
Warum arbeiten Sie? 146
Was klappt im Leben? 89 f.
Wert zuschreiben 108
Wunschgebete 43
Zusammenhänge erfassen 110
Zweifel und Unentschlossenheit 188

Zur Entwicklung von …	Name der Übung	Seite
Achtsamkeit	• Den Atem spüren	220 f.
	• Gehen	222 f.
	• Stimmung	157
Akzeptanz	• Himmel und Hölle und die Erde auf Erden	42
Allheilmittel	• Heilsame Gedanken säen	161
	• Nehmen und Geben	96
	• Offenheit, Klarheit, Feinfühligkeit	81 f.
	• Sternstunden • Sternstunden oder Momente des Wohlbefindens • Wunschgebete	82 27 43
Einsicht	• Das ist mein Gott	180
	• Den Atem spüren	220 f.
	• Die Wirklichkeit erkennen	113
	• Offenheit, Klarheit, Feinfühligkeit • Vier Schritte zu tiefer Einsicht	81 f. 27
Energie	• Den Körper spüren	221 f.
	• Trägheit und Energie	187
Entschlusskraft	• Eine aktuelle Entscheidung	189
	• Zweifel und Unentschlossenheit	188
Erdung	• Die Erde spüren	218 f.
Ethik	• Erfahrungen mit Gewalt	119
	• Klatsch und Tratsch	136
	• Lügen	134
	• Meine eigenen Regeln	127 f.
	• Verletzen	138

Freude	• Angenehme Gefühle	154
	• Dankbarkeit • Die fünf Sinne	27 75
	• Heilende Sammlung	183
	• Mein Leben ist kostbar	67 f.
	• Meine Lieblingssorgen • Mitfreude	27 90
	• Offenheit, Klarheit, Feinfühligkeit	81 f.
	• Raum und Kontakt • Sternstunden • Sternstunden oder Momente des Wohlbefindens	34 82 27
	• Stimmung	157
	• Was klappt im Leben?	89 f.
	• Wert zuschreiben	108
Geschick im Handeln	• Zusammenhänge erfassen	110
Gleichmut, Gelassenheit	• Freund, Feind, Fremde	99
	• Gleichmut • Individuum, Gruppe und Masse • Karma und Gerechtigkeit	100 42 42
Großzügigkeit	• Geben können • Gleich und verschieden • Kreativ streiten	120 f. 34 51
guten Beziehungen	• Ärger	185
	• Ausgewogene Beziehungen	122
	• Beziehungen und Ethik	129
	• Freund, Feind, Fremde	99
	• Innen und Außen	71 f.
	• Klatsch und Tratsch	136
	• Konflikte und Wachstum	119
	• Liebe	224 f.
	• Liebe und Anhaften	63

	• Neutrale Gefühle	155
	• Rechtes Bemühen	165
	• Treue	125 f.
	• Verhältnis zu den Menschen am Arbeitsplatz	148
klaren Prioritäten	• Der ideale Arbeitsplatz	149
	• Prioritäten klären	186
	• Prioritäten setzen	163 f.
	• Warum arbeiten Sie?	146
Sammlung	• Den Atem spüren	220 f.
	• Gedanken beobachten	223 f.
	• Heilende Sammlung	183
Liebe	• Liebe	224 f.
	• Liebe und Anhaften	63
Mitgefühl	• Ärger	185
	• Mitgefühl	96 f.
	• Mitgefühl als Weg	97
Offenheit	• Den Raum spüren	219 f.
	• Offenheit, Klarheit, Feinfühligkeit	81 f.
	• Spiegelgleich wahrnehmen	104
Perspektiven-wechsel	• Ich und die anderen	50
Prioritäten klären	• Gier und Sehnsucht	51
Ruhe	• Den Atem spüren	220 f.
	• Den Körper spüren	221 f.
	• Die Erde spüren	218 f.
	• Gedanken beobachten	223 f.
	• Unruhe und Sorgen	190
Selbsterkenntnis	• Angenehme Gefühle	154
	• Aufhänger, Stimmung, Hintergrund (1) • Aufhänger, Stimmung, Hintergrund (2) • Die Welt als Spiegel 2.0 • Erfahrungen mit Gewalt	33 52 42 f. 119

	• Gier und Sehnsucht • Heilende Sammlung	51 183
	• Konsum und Beziehungen	127
	• Lügen	134
	• Mein Arbeitsplatz	147
	• Neutrale Gefühle	155
	• Rechtes Bemühen	165
	• Schwätzen	140
	• Stimmung	157
	• Unangenehme Gefühle	154
	• Und Worte treffen das Herz	137 f.
Üben	• Spielen, Stimmigkeit, Schönheit	26
Verantwortungs-gefühl	• Verantwortung übernehmen	64
Verbundenheit	• Freund, Feind, Fremde	99
	• Kreativ streiten • Hass wird nicht überwunden durch Hass • Offenheit, Klarheit, Feinfühligkeit	51 43 81 f.
	• Verbindung spüren	106 f.
Versöhnung, Vergeben	• Alte Wunden heilen	51
Vertrauen	• Eigene und andere Kraft • Frei und geborgen • Halt in unsicheren Zeiten	26 34 25
	• Heilige Orte, Zeiten und Worte	26
	• Heimat und Welt • Vertrauen in andere, in mich und ins Große Ganze	25 26
innerem Wachs-tum	• Konflikte und Wachstum	119
	• Neid als Weg zum »Mehr«	90 f.

Anmerkungen

1 Mit diesen drei Begriffen beschreibt Rigdzin Shikpo (Michael Hookham) Buddha-Natur. Die Erklärungen über Buddha-Natur in diesem Buch folgen weitgehend seinen Unterweisungen. Sie sind auch in deutscher Sprache als Buch erschienen: Rigdzin Shikpo, *Meditation und Achtsamkeit. Schlüssel zu innerem Vertrauen*. Theseus, Berlin 1999.

2 Vgl. Sylvia Wetzel, *Mut zur Muße. Sich Zeit gönnen für das Wesentliche*. Scorpio, München 2017.

3 Vgl. Dies., *Erwachen und Erlösung. Eine Buddhistin interpretiert das Christentum*. Patmos, Ostfildern 2019.

4 Vgl. van Carel Schaik / Kai Michel, D*as Tagebuch der Menschheit. Was die Bibel über unsere Evolution verrät*. 9. Aufl. Rowohlt, Reinbek bei Hamburg 2020.

5 Vgl. Erich Neumann, Die Gruppe, der Große Einzelne und die Entwicklung des Individuums. In: ders.: *Ursprungsgeschichte des Bewusstseins*. Patmos, Düsseldorf/Zürich 2004, Appendix I, S. 429–445; ders., Die Bildung des Massenmenschen und die Rekollektivierungsphänomene. In: ders.: *Ursprungsgeschichte des Bewusstseins*, Appendix II, S. 447–456.

6 Vgl. Luise Reddemann / Sylvia Wetzel, *Mögen alle Wesen glücklich sein. Mitgefühl und Gerechtigkeit neu entdecken*. Patmos, Ostfildern 2017.

7 Vgl. Anselm Grün, *Womit habe ich das verdient? Die unverständliche Gerechtigkeit Gottes*. dtv, München 2012; Gotthardt Fuchs (Hg.), *Angesichts des Leids an Gott glauben? Zur Theologie der Klage*. Knecht, Frankfurt am Main 1996.

8 Odo Marquard, *Philosophie des Stattdessen. Studien*. Reclam, Stuttgart 2016.

9 Ulrich Beck, *Macht und Gegenmacht im globalen Zeitalter. Neue weltpolitische Ökonomie*. (Edition Zweite Moderne). Neuausgabe. Suhrkamp, Frankfurt am Main 2009.

10 Martin Buber: *Ich und Du* (1923). Nachw. von Bernhard Casper. Reclam, Stuttgart 2021.

11 Die meisten in Deutschland angebotenen Tantra-Kurse sind von hinduistischen Lehren inspiriert und dienen mehr der Selbsterfahrung als der spirituellen Entwicklung. Buddhistisches Tantra oder Vajrayana betont die Bedeutung von tiefer Einsicht. Damit tantrische Übungen Anhaftung nicht verstärken, braucht es einen kraftvollen und meditativ geschulten Geist, sehr viel Einsicht und emotionale Offenheit und eine sehr sorgfältige Begleitung. Eine verständliche Einführung in die Prinzipien und Methoden des buddhistischen Tantra gibt Lama Thubten Yeshe in: *Wege zur Glückseligkeit. Einführung in Tantra*. Diamant, München 1988. Ders., *Die Grüne Tara. Weibliche*

Weisheit. Grundlagen des buddhistischen Tantra. Herausgegeben und übersetzt von Sylvia Wetzel. Neuausgabe. edition steinrich, Berlin 2021 (1. Aufl. Diamant, München 1998).

12 Die buddhistische Psychologie wird in den Abhidharma-Schriften zusammengefasst, eine systematische Zusammenstellung der Lehren des Buddha durch spätere Kommentatoren. Man könnte sie die »Lehrerhandbücher« des Buddhismus nennen. Vgl. Geshe Rabten, *Treasury of Dharma.* Tharpa Publications, London 1988, S. 53. Lama Yeshe, *Denken und Sein.* edition tara libre, Ludwigsfelde 2002/2012, S. 80ff.

13 Ayya Khema, *Unsere Umwelt als Spiegel. Der Weg zum Frieden.* Jhana Verlag, Uttenbühl 1991. Die gebürtige Berlinerin (1923–1997) hat durch ihre bodenständigen Unterweisungen und klar strukturierten Übungsanleitungen viel zur Verbreitung des Buddhismus im deutschsprachigen Raum beigetragen. Sie ist einem breiteren Publikum durch öffentliche Vorträge, Bücher und Filmbeiträge bekannt. Vgl. die Leseempfehlungen im Anhang.

14 Vgl. auch die Abschnitte »Buddha-Natur«, »Leben ist ein Geheimnis« und »Die Klarheit des Geistes«, S. 40ff.

15 Francis Picabia, Postkarte. Sprüche von Künstlern, Serie 44/6. Gebrüder König, Breite Str. 93, 50667 Köln.

16 Vgl. auch den Abschnitt »Reichtum und Mangel«, S. 58 f.

17 Skr. *budh* heißt wörtlich »erwachen«.

18 Bei einer tibetischen Meditation wird zuerst an acht Freiheiten gedacht, d. h. an acht ungünstige Bedingungen, von denen wir frei sind: »Ein Dasein in Höllenbereichen, als hungriger Geist und als Tier, als unzivilisierter Mensch und als langlebiger Gott, mit falschen Ansichten, in Zeiten ohne Buddhas sowie mit schwerer geistiger Behinderung – das sind die acht hinderlichen Umstände.« Sodann empfiehlt die Tradition, über zehn Reichtümer oder günstige Lebensbedingungen nachzudenken. Fünf hängen von uns selbst ab: »Menschsein, in einem zentralen Land geboren sein, aller Sinne mächtig sein, nicht durch extrem negative Handlungen belastet sein und Vertrauen in die angemessenen Mittel haben.« Die anderen fünf günstigen Bedingungen hängen von anderen ab: »Ein vollkommen Erwachter ist in dieser Welt erschienen. Er hat die edle Lehre gelehrt. Seine Lehren sind erhalten. Die erhaltenen Lehren werden praktiziert. Es gibt Wesen, die sich liebevoll um andere kümmern.« Auch wenn wir in unserem Leben nicht alle acht Freiheiten und zehn Reichtümer finden, können wir uns doch über alle günstigen Bedingungen freuen. Die beiden Zitate und weitere traditionelle Erläuterungen zum kostbaren Menschenleben finden Sie in dem tibetischen Klassiker aus dem 12. Jh.: Gampopa, *Der kostbare Schmuck der Befreiung.* Theseus, Berlin 1996, S. 31 ff. Vgl. auch Allan B. Wallace, *Von Tibet nach New York. Alte buddhistische Weisheit für unser heutiges Leben.* Diamant, München 1995, S. 73. Weitere Anregungen zur Wertschätzung des eigenen Lebens finden Sie in den Übungen: »Die fünf Sinne«, S. 75, und »Was klappt im Leben?«, S. 89 f.

19 Vgl. Rigdzin Shikpo, *Meditation und Achtsamkeit*, S. 114ff.

20 *The Bhagavad Gita* (übers. von Juan Mascaró). Penguin Books, London 1962, Kap. 4, Vers 40. Eigene Übersetzung ins Deutsche.

21 Die Übung »Neid als Weg zum Mehr« wurde angeregt durch Erklärungen italienischer Feministinnen zum Phänomen Neid unter Frauen. Vgl. Libreria delle donne di Milano, *Wie weibliche Freiheit entsteht.* Orlanda, Berlin 1988, S. 132.

22 Anstoß zu dieser Übung gab ein Vortrag des tibetischen Lehrers Chögyam Trungpa (1940–1987) über die »Sieben Schätze« oder die »Sieben Reichtümer des universellen Monarchen«. Chögyam Trungpa lebte seit 1967 im Westen, studierte Religionswissenschaften in England und gründete die erste buddhistische Universität in den USA. Er ist für seine unkonventionelle Neuinterpretation vieler traditioneller Unterweisungen bekannt. Die klassischen Sieben Schätze – in den tantrischen Traditionen Teil jeder Gabendarbringung an die Buddhas und spirituellen Meister – interpretiert er als zentrale Elemente eines erfüllten Lebens: Die Königin steht für ein ebenbürtiges Gegenüber auf der emotionalen Ebene und der Ratgeber für eine vertrauenswürdige und lebenserfahrene Person, auf deren Rat wir hören. Dem General entspricht eine loyale Freundin oder einem Freund, der in guten und in schlechten Zeiten zu uns steht. Das Pferd symbolisiert Lebensenergie und Freude am Tun und der Elefant ein stabiles Selbstwertgefühl. Das Juwel steht für Reichtum, der im Buddhismus darauf beruht, dass man teilen kann, was man hat. Man muss also nicht viel besitzen, um sich reich fühlen zu können. Das Rad ist ein Steuerrad und symbolisiert die Fähigkeit, das Leben in die eigenen Hände zu nehmen. Vgl. Chögyam Trungpa, *Das Buch vom meditativen Leben.* O. W. Barth, München 1989, S. 167ff.

23 Vgl. Sylvia Wetzel, *Achtsamkeit und Mitgefühl. Mut zur Muße statt Hektik und Burnout.* 4. Aufl. Klett-Cotta, Stuttgart 2019; dies., *Fühlen ist Leben. Mit schwierigen Gefühlen umgehen.* Herder, Freiburg im Breisgau 2018.

24 Vgl. Sogyal Rinpoche, *Das Tibetische Buch vom Leben und Sterben*, S. 226ff., zu Tonglen insbesondere S. 242–250.

25 Vgl. auch den Abschnitt »Rechte Sammlung«, S. 204 ff.

26 Vgl. Wetzel, *Fühlen ist Leben.*

27 Vgl. auch das Kapitel »Achtsamkeit«, S. 151 ff. Der Klassiker zum Thema Achtsamkeit ist: Nyanaponika, *Geistestraining durch Achtsamkeit.* Christiani, Konstanz 1976. Sehr inspirierende und einfühlsame Anleitungen zur Achtsamkeit gibt auch: Thich Nhat Hanh, *Das Sutra des bewussten Atmens.* Theseus, Berlin 1989. Ders., *Umarme Deine Wut.* Theseus, Berlin 1992.

28 Diese praxisbezogene Darstellung des Themas ist inspiriert von Dr. Alexander Berzin. Vgl. Alex Berzin, Die *Fünf Emotionen. Kurstranskript.* München, Aryatara Institut 1993. S.a. Alexander Berzin, *Developing Balanced Sensitivity.* Snow Lion, New York 1998, S. 99 ff. Seine Darstellung der fünf Emotionen und der fünf Arten von Buddha-Natur folgt der Gelug-Tradition des tibetischen Buddhismus. In der Nyingma- und Kagyu-Tradition werden die Symbole für Urteilen und Abwehr umgekehrt gesehen; Abwehr wird also mit weißem Licht, dem Element Wasser und dem Spiegelgewahrsein in Beziehung gesetzt und Urteilen entsprechend mit blauem Licht usw. Vgl. Chögyam Trungpa, *Feuer trinken, Erde atmen. Die Magie des Tantra.* Rowohlt, Reinbek bei Hamburg 1989, S. 98 ff.

29 Vgl. auch das Kapitel »Achtsamkeit«, S. 151 ff.

30 Das Kapitel »Ethisch handeln« basiert auf zwei Vortragsreihen, die die Autorin mit Marie Mannschatz u. a. zum Thema »Ethik und Achtsamkeit« im Herbst 1996 und Frühjahr 1998 in Berlin durchführte. Vgl. auch Thich Nhat Hanh, *Fünf Pfeiler der Weisheit.* O. W. Barth, München 1995, und Aitken Roshi, *Ethik des Zen.* (Diederichs Gelbe Reihe 79.) Diederichs, München 1989.

31 Vgl. auch Thich Nhat Hanh, *Vierzehn Tore der Achtsamkeit.* Theseus, Berlin 1998.

32 Informationen über Naikan-Kurse erhalten Sie z. B. über: Naikan-Zentrum, Bremer Landstr. 34, 27412 Tarmstedt, www.naikan.de.

33 So äußerte sich der Dalai Lama auf der I. International Conference of Western Buddhist Teachers, Dharamsala, Indien, März 1993, an der die Autorin teilnahm. Manchmal bezieht er sich nur auf die traditionellen Lehren. So im Herbst 1998, als er einen einwöchigen Kurs über »Buddhas Weg zum Glück« im norddeutschen Schneverdingen gab. Dort beantwortete er Fragen nach unheilsamer bzw. heilsamer Sexualität sinngemäß so: Sexuelle Beziehungen dienen in erster Linie der Fortpflanzung. Daher gelten im engeren Sinn alle sexuellen Begegnungen, die Fortpflanzung unmittelbar ausschließen, als unheilsam. Dazu gehören Oral- und Analverkehr sowie homosexuelle Beziehungen. Es gibt aber keine Vorbehalte gegen empfängnisverhütende Mittel, die im tibetischen Kulturkreis häufig eingenommen werden. Als großer Pragmatiker räumte der Dalai Lama allerdings ein, dass nur wenige Buddhisten alle Regeln korrekt einhielten. Konkret: Auch wer nicht alle Regeln einhalten könne oder wolle, könne Buddhist bleiben. Auf die Diskriminierung von Homosexuellen angesprochen, meinte er, andere Menschen wegen ihres sexuellen Verhaltens oder ihrer sexuellen Orientierung zu diskriminieren, sei grundsätzlich falsch und selbst unheilsames Verhalten.

34 Die traditionellen Aussagen zu heilsamem und unheilsamem Verhalten müssen im Kontext der jeweiligen sozialen Bedingungen und kulturellen Werte einer bestimmten Gesellschaft gesehen werden. In Asien haben und hatten im Allgemeinen nur Mönche und Nonnen genügend Zeit für Meditation und Studium; sie werden durch Spenden von den Laien unterstützt. Im reichen Westen gibt es dagegen eine Vielzahl von Lebensformen, die Zeit und Raum für Meditation und Studium bieten, auch für Eltern. Außerdem gibt es im Westen bislang nur wenige Klöster, die Nonnen und Mönche unterstützen. Darum spielen Ordinierte im westlichen Buddhismus nur eine marginale Rolle, sogar unter den westlichen Lehrerinnen und Lehrern des Buddhismus. Viele Lamas, die den Westen kennen und Englisch sprechen, raten ihren westlichen Schülerinnen und Schülern, sich diesen Schritt sehr sorgfältig zu überlegen.

Noch ein Wort zu den geschlechtsspezifischen Unterschieden: Vor allem Männer haben sich im Verlauf der Geschichte und in allen Religionen für ein enthaltsames Leben eingesetzt, gegen die »Abhängigkeit vom Fleische« gewettert und ein »reines Leben im Geiste« propagiert. Wenn dagegen Frauen sich zu einem zölibatären Leben verpflichtet haben, wollten sie sich meist nur von familiären Verpflichtungen befreien und der Bevormundung durch einen Gatten entgehen, ohne sexuelle Beziehungen grundsätzlich abzulehnen. Der Kulturphilosoph Ken Wilber gibt folgende Erklärung für die unterschiedliche Haltung zu Sexualität bei Frauen und Männern: Das männliche Sexualhormon Testosteron weckt ihm zufolge »zwei und nur zwei Impulse: Fuck or kill!« (Vögeln oder töten!) (Vgl. Ken Wilber, *Eine kurze Geschichte des Kosmos*. Fischer Spirit, Frankfurt 1997, S. 22.) Auch wenn das sehr überspitzt klingt und ist, finde ich diesen provokanten Hinweis immer noch aktuell, denn er regt zum Überprüfen der eigenen Erfahrungen an. Sind diese Antriebe stark und womöglich miteinander vermischt, dann stören sie den Frieden des Herzens und Geistes ganz erheblich. Darum wurde religiös Übenden verständlicherweise davon abgeraten, die Hormonproduktion durch sexuelle Tätigkeit zu fördern. Bei Frauen sehe das aber anders aus. Wilber verweist auf das Hormon Ocytocin, »das Frauen zu überschwemmen scheint, wenn bloß ihre Haut gestreichelt wird. Ocytocin wurde schon als ›Beziehungsdroge‹ bezeichnet: es erzeugt einen unglaublich starken Drang nach Verbundenheit, Beziehung, Fürsorge, Halten, Berühren.« (ebd., S. 23. Wilber spricht vom Hormon Ocytocin oder Oxytocin. Fachfrauen sprechen die hier beschriebenen Funktionen eher dem Milchdrüsenhormon Prolaktin zu.) Laut Wilber haben diese biologischen Gegebenheiten zu der spezifischen Rollenverteilung im Patriarchat geführt. Nun erlauben es die heutigen ökonomischen und kulturellen Bedingungen aber, den engen Zusammenhang zwischen Geschlecht und Rolle aufzulösen. Darum sei es eine zentrale Aufgabe der heutigen Gesellschaften, Frauen zur Selbstständigkeit zu erziehen und Männer zu Rücksicht und Einfühlung. Frauen und Männer können also viel voneinander lernen, vor allem in guten Beziehungen.

35 Vgl. Anm. 11.

36 Vgl. Sylvia Wetzel, *Worte wirken Wunder. Reden mit Herz und Verstand.* 2. Aufl., revidierte Ausgabe. Lehmanns, Berlin 2013.

37 Vgl. Sylvia Boorstein, *Buddha oder die Lust am Alltäglichen*. Goldmann, München 1998, S. 62–63.

38 In traditionellen Unterweisungen über die Vier Grundlagen der Achtsamkeit wird der dritte Bereich oft »Gedanken« oder »Bewusstseinszustände« und der vierte Bereich »Geistobjekte« genannt. Vgl. Nyanatiloka, *Buddhistisches Wörterbuch* (Buddhistische Handbibliothek 3). Christiani, Konstanz 1983, S. 204. Für eine erste praktische Beschäftigung mit Achtsamkeitsübungen hat sich die Unterscheidung zwischen »Grundstimmung« und »Gedanken« als fruchtbarer erwiesen. Dieser Einteilung folgte auch Ayya Khema.

39 Vgl. C. G. Jung, *Allgemeine Beschreibung der Typen* (1921). In: *Gesammelte Werke*. Bd. 6: *Psychologische Typen*. Hg. von Marianne Niehus-Jung / Lena Hurwitz-Eisner / Franz Riklin / Leonie Zander. Sonderausgabe. 4. Aufl. Edition C. G. Jung im Patmos Verlag, Ostfildern 2019, §§ 556–671.

40 Der Buddhismus lehnt Astrologie als Vorhersagesystem ab. Fasst man sie reduktiv als mechanische Auswirkung der Planeten auf uns Menschen oder als rigides System auf, das Menschen auf bestimmte Stärken und Schwächen festlegt, läuft man Gefahr, keine Verantwortung für die eigene Entwicklung

zu übernehmen. Der Buddhismus betont den Freiraum, der durch Bewusstwerdung und Wachheit entsteht. Wenn wir Aussagen der Astrologie als kraftvolle Bilder für das Zusammenwirken von menschlichen Grundenergien interpretieren, können sie diesen Prozess unterstützen und dann halte ich sie für hilfreich. Vgl. beispielsweise: Petra Niehaus, *Das Handbuch der astrologischen Biografiearbeit.* Ebertin, Freiburg 1998.

41 Vgl. auch die Kapitel »Schmerzhafte Emotionen umwandeln«, S. 101 ff., und »Fünf Hindernisse«, S. 182 ff.

42 Vgl. Alice Miller, Das *Drama des begabten Kindes und die Suche nach dem wahren Selbst.* 31. Aufl. Suhrkamp, Berlin 2018; Luise Reddemann / Sylvia Wetzel, *Der Weg entsteht unter deinen Füßen. Achtsamkeit und Mitgefühl in Übergängen und Lebenskrisen.* 2. Aufl. der Neuausgabe. Herder, Freiburg im Breisgau 2018 (1. Auflage 2011).

43 Der Theravada-Buddhismus (wörtlich: der Weg der Älteren) bezieht sich auf die älteren Pali-Schriften und betont den Weg der Entsagung zur Freiheit vom Leiden. Er wird auch südliche Tradition genannt, da er vor allem in Südostasien, in Sri Lanka, Thailand und Burma zu Hause ist.

44 So lautet der Titel der Festschrift zu Ayya Khemas 70. Geburtstag. Jhana, Uttenbühl 1994.

45 Im Mahayana-Buddhismus gilt Mitgefühl als das zentrale Motiv, den buddhistischen Weg zu gehen. Das Mahayana (wörtlich: großes Fahrzeug) wird auch nördlicher Buddhismus genannt, da er eher in den nördlichen Ländern Asiens wie Tibet, Mongolei, Vietnam, China, Korea und Japan verbreitet ist. Im Westen ist das Mahayana in zwei großen Ausprägungen bekannt, dem tantrischen Buddhismus Tibets und dem überwiegend japanischen Zen. In neuerer Zeit auch durch das Zen aus Vietnam (Thich Nhat Hanh) und Korea.

46 Vgl. Thich Nhat Hanh, *Die Sonne, mein Herz.* Theseus, Berlin 1998.

47 Mündliche Unterweisung von Akong Rinpoche, Seebeck 1993.

48 Mündliche Unterweisung von Lama Yeshe, Jägerndorf, September 1981.

49 Vgl. zum Beispiel die Abschnitte »Das kostbare Menschenleben«, S. 75 ff., »Sternstunden«, S. 82 ff., und »Freude und Mitfreude«, S. 87 ff.

50 Siehe die Anmerkung 45 zum Mahayana-Buddhismus.

51 Der Wunsch nach Erleuchtung zum Wohle aller Wesen heißt im Sanskrit *bodhicitta*, der Geist (*citta*), der Erwachen (*bodhi*) anstrebt. Eine Person, die mit dieser Einstellung lebt, ist eine oder ein *bodhisattva*, ein auf Erwachen (*bodhi*) ausgerichtetes Wesen (*sattva*). Der Sanskrit-Begriff Buddha wird im Tibetischen mit *sang gyä* wiedergegeben. Ein Buddha ist ein Wesen, das alle Probleme überwunden (*sang*) und alle Fähigkeiten entfaltet (*gyä*) hat.

52 Diese sechs Fähigkeiten werden im Sanskrit *paramita* genannt, Haltungen, die ans andere Ufer (paramita), das Ufer des Erwachens führen.

53 Die wunderschön erzählte Geschichte findet sich in: Thich Nhat Hanh, *Das Wunder der Achtsamkeit.* Theseus 1988, S. 62.

54 Vgl. Allan B. Wallace, Vo*n Tibet nach New York. Alte buddhistische Weisheit für unser heutiges Leben.* Diamant, München 1995, S. 52. Dalai Lama, *Gesang der inneren Erfahrung. Die Stufen auf dem Pfad zur Erleuchtung.* Dharma Edi-

tion, Hamburg 1993, Kapitel über Zuflucht, S. 134 ff. Dalai Lama, *Der Stufenweg zu Klarheit, Güte und Weisheit*. Diamant, München 1998, Stichwort Zufluchtnahme, S. 117 ff.

55 Vgl. auch das Kapitel »Vier heilsame Haltungen«, S. 84 ff.

56 Ramesh Balsekar, zitiert nach: Shirish S. Murthy, *Vom Bewußtsein getroffen. Worte von Ramesh S. Balsekar*. Lüchow, Freiburg 1998.

57 Meister Eckhart, *Deutsche Predigten und Traktate*. Diogenes, München 1979, S. 302 und S. 307.

58 Siehe die Anmerkung 43 zum Theravada-Buddhismus.

59 Die Südliche Tradition des Buddhismus spricht von fünf Hindernissen oder Hemmnissen: Verlangen nach Sinnesfreuden, Abneigung und Übelwollen, Trägheit und Lässigkeit; Zweifel und Unruhe. Vgl. Ayya Khema, *Vier Ebenen des Glücks*. Jhana, Uttenbühl 2001, S. 147 ff. Im tibetischen Buddhismus werden sechs Hauptverblendungen beschrieben: Anhaftung, Ärger, Stolz, Unwissenheit, Zweifel und falsche Ansichten. Vgl. Alan B. Wallace, *Von Tibet nach New York*. Diamant, München 1995, S. 54 ff. Der tantrische Buddhismus arbeitet mit fünf zentralen Emotionen: Unwissenheit, Stolz, Anhaftung, Neid und Ärger.

60 Vgl. auch das Kapitel »Schmerzhafte Emotionen umwandeln«, S. 101 ff.

61 Pali *samadhi*, wörtl. Fest zusammen-gefügt-Sein, Sammlung. Sammlung ist das Gerichtetsein des Geistes auf ein einziges Objekt. Vgl. Nyanatiloka, *Buddhistisches Wörterbuch* (Buddhistische Handbibliothek 3). Christiani, Konstanz 1983, S. 191.
Sammlungsübungen gelten im Buddhismus vor allem deshalb als so wichtig, weil Sammlung negative Haltungen anhält. Es heißt, in der ersten Sammlungsstufe verschwinden die fünf Hindernisse, und wir merken, dass wir nicht eins mit ihnen sind. Die diesem Kapitel zugrundeliegenden Anweisungen stammen unter anderem aus den Lehren über die Entfaltung von Sammlung und Energie. In der ersten Sammlungsstufe »Entzücken« (Pali *piti*, auch Interesse) werden fünf Qualitäten entfaltet. Sie sind »automatische« Heilmittel oder Gegenmittel für die fünf Hindernisse: Hinwendung zum Meditationsobjekt (Pali *vitakka*) löst Trägheit auf. Fortgesetzte Hinwendung zum Meditationsobjekt (Pali *vicara*) löst Zweifel auf. Die durch körperliches Wohlbefinden entstehenden angenehmen Gefühle (Pali *piti*) lösen Ärger und Übelwollen auf. Das Gefühl der Offenheit und Freude (Pali *sukkha*) löst Ängste, Unruhe und Sorgen auf, und einsgerichtete Sammlung (Pali *ekkagata*), die Ausrichtung der Aufmerksamkeit auf einen Punkt, setzt zumindest für die Dauer der Sammlung, das Verlangen nach Sinneseindrücken außer Kraft. Vgl. Ayya Khema, *Vier Ebenen des Glücks*. Jhana, Uttenbühl 2001, S. 147 ff. Wendet man diese Beschreibungen auf den Alltag an, bekommt man praktische Hinweise zur Auflösung aller fünf Blockaden.

62 Vgl. auch die Kapitel »Liebe und Anhaftung«, S. 55 ff., und »Die Welt als Spiegel«, S. 65 ff.

63 Vgl. auch den Abschnitt »Müdigkeit und Trägheit überwinden«, S. 167.

64 Vgl. Barbara Knab, *Schlafstörungen*. Kohlhammer, Stuttgart 1989.

65 Diese Art Feigenbaum heißt seit dieser Zeit Bodhi-Baum, Baum des Erwachens (lat. *ficus religiosa*).

66 Sarnath liegt in der Nähe der ältesten und heiligsten Stadt Indiens, früher Kashi, heute Varanasi (Benares), der Stadt, in der alle frommen Inder sterben wollen. Eine gute Einführung in die Grundlehren des Buddhismus mit Anregungen zur Praxis im Westen bietet: Detlef Kantowsky, *Buddhismus*. Aurum, Bielefeld 1994, und Thich Nhat Hanh, *Wie Siddhartha zum Buddha wurde*. Theseus, Berlin, Bielefeld 2010.

67 Ernst Tugendhat, *Selbstbewusstsein und Selbstbestimmung. Sprachanalytische Interpretationen*. 8. Aufl. Suhrkamp, Frankfurt am Main 2010.

68 Nisargadatta Maharaj, *Ich bin*. Kamphausen, Bielefeld 1998, S. 30. Vgl. auch die Bücher seiner Schüler: Ramesh S. Balsekar, *Erleuchtende Gespräche*. Lüchow, Bielefeld 2010. Shirish S. Murthy, *Vom Bewußtsein getroffen. Worte von Ramesh S. Balsekar*. Lüchow, Freiburg 1998.

69 Der tibetische Meister Kalu Rinpoche beschreibt sehr anschaulich, wie ein Leben in Leiden durch vier Schleier entsteht. Weil wir unsere Buddha-Natur nicht kennen (Schleier vor der Buddha-Natur), spalten wir die Welt gedanklich auf in Subjekt und Objekt (Schleier der Dualität). Wir entwickeln Vorstellungen über uns und die Welt und verteidigen diese mit aufgewühlten Emotionen (Schleier der Emotionen) und stabilisieren das Ganze mit eingefahrenen Gewohnheiten (Schleier des Karma). Vgl. Kalu Rinpoche, *Der Dharma, der wie Sonne und Mond alle Wesen erleuchtet*. Kagyu Dharma, Wachendorf 1990, S. 142 ff.

70 Vgl. auch die Abschnitte »Rechtes Bemühen«, S. 164 f., »Sammlung und Energie durch Freude«, S. 166, und »Freude am Heilsamen«, S. 167.

71 Vgl. Nyanatiloka, *Buddhistisches Wörterbuch* (Buddhistische Handbibliothek 3). Christiani, Konstanz 1983, S. 203.

72 Vgl. auch das Kapitel »Achtsamkeit«, S. 151 ff.

73 Vgl. auch das Kapitel »Sammlung und Energie«, S. 162 ff.

74 Vgl. auch den Abschnitt »Gleichmut«, S. 97.

75 Diese beiden Übungen sind inspiriert durch den Tara-Rokpa-Prozess, ein mehrjähriges Übungsprogramm, das auf den buddhistischen Lehren von Weisheit und Mitgefühl aufbaut, aber auch westliche Methoden wie Biografiearbeit, freies Malen und Zeichnen und Entspannungsübungen einbezieht. Tara Rokpa ist nicht religiös gebunden und offen für alle. Der Prozess ist besonders geeignet für Menschen in psychosozialen und helfenden Berufen sowie für alle, die ihr Interesse an Therapie und Meditation miteinander verbinden wollen. In den ersten zwei Jahren des Trainings arbeitet man jeweils einen Monat mit einem der fünf Elemente: Erde, Wasser, Feuer, Luft und Raum. Vgl. Akong Rinpoche, *Den Tiger zähmen*. Neuausgabe. edition steinrich, Berlin 2021 Informationen erhalten Sie über Tara Rokpa Büro, Tel. +49–241–872453. E-Mail: info@tararokpa.de. Homepage: https://tararokpa.de.

Leseempfehlungen

Akong Rinpoche: *Den Tiger zähmen. Selbstheilung aus der Weisheit Tibets*. Überarb. Neuausgabe. edition steinrich, Berlin 2010.

Allmen, Fred von: *Mit Buddhas Augen sehen. Buddhistische Meditation und Praxis*. edition steinrich, Berlin 2010.

Ders.: *Die Freiheit entdecken. Grundlagen buddhistischer Erkenntnis-Meditation*. 3., überarb. Aufl. Badenweiler, Norbu 2016.

Ayya Khema: *Die vier Ebenen des Glücks. Die Anweisungen des Buddha zum Glücklichsein*. 3. Aufl. Jhana, Uttenbühl 2015.

Beck, Ulrich: *Macht und Gegenmacht im globalen Zeitalter. Neue weltpolitische Ökonomie*. (Edition Zweite Moderne). Neuausgabe Suhrkamp, Frankfurt am Main 2009.

Bodamer, Kurt: *Der Mensch ohne Ich*. 10., akt. Neuausgabe. Herder, Freiburg im Breisgau 1981.

Boorstein, Sylvia: *Buddha oder die Lust am Alltäglichen*. O. W. Barth, München 1996. (Ein Hinweis. Die mehrfache Großmutter Sylvia Boorstein ist 1938 geboren und nicht, wie fälschlich angegeben, 1958.)

Buber, Martin: *Ich und Du* (1923). Nachw. von Bernhard Casper. Reclam, Stuttgart 2021.

Chödrön, Pema: *Beginne, wo du bist. Eine Anleitung zum mitfühlenden Leben*. 11. Aufl. Aurum, Bielefeld 2016.

Dies.: *Wenn alles zusammenbricht. Hilfestellung für schwierige Zeiten*. 7., vollst. Taschenbuchausgabe. Goldmann, München 2001.

Chögyam Trungpa: *Das Buch vom meditativen Leben. Shambhala und der Pfad des inneren Kriegers*. Knaur-Taschenbuch, München 2021.

Ders.: *Die Insel des Jetzt im Strom der Zeit. Leben, Tod und andere Bardo-Erfahrungen im Buddhismus*. Krüger, Frankfurt 2001.

Ders.: *Der Mythos Freiheit und der Weg der Meditation. Eine Einführung in den tibetischen Buddhismus*. Rowohlt-Taschenbuch, Reinbek bei Hamburg 2006.

Ders.: *Spirituellen Materialismus durchschneiden*. 2. Aufl. der Neuausgabe Theseus, Bielefeld 2017.

Dalai Lama: *Gesang der Inneren Erfahrung. Die Stufen auf dem Pfad zur Erleuchtung*. 2., überarb. Aufl. Dharma Edition, Hamburg 1998.

Ders.: *Der Stufenweg zu Klarheit, Güte und Weisheit. Eine Unterweisung auf der Basis der Schrift: Der angenehme Weg zur Erkenntnis aller Phänomene*. Diamant, München 1998.

Eisenstein, Charles: *Wut, Mut, Liebe! Politischer Aktivismus und die echte Rebellion*. Europa Verlag, München 2020.

Fuchs, Gotthardt (Hg.): *Angesichts des Leids an Gott glauben? Zur Theologie der Klage*. Knecht, Frankfurt am Main 1996.

Gebser, Jean: *Gesamtausgabe. Bd. 2: Ursprung und Gegenwart. Teil 1: Die Fundamente der aperspektivischen Welt. Beitrag zu einer Geschichte der Bewusstwerdung*. Novalis-Verlag, Schaffhausen 1986.

Ders.: *Gesamtausgabe. Bd. 3: Ursprung und Gegenwart. Teil 2: Die Manifestationen der aperspektivischen Welt. Versuch einer Konkretion des Geistigen*. Novalis-Verlag, Schaffhausen 1986.

Ders.: *Gesamtausgabe. Bd. 4: Ursprung und Gegenwart. Kommentarband*. Novalis-Verlag, Schaffhausen 1986.

Ders.: *Gesamtausgabe. Bd. 5: Vorlesungen und Reden zu »Ursprung und Gegenwart«*. Novalis-Verlag, Schaffhausen 1986.

Grün, Anselm: *Womit habe ich das verdient? Die unverständliche Gerechtigkeit Gottes*. dtv, München 2012.

Guardini, Romano: *Religiöse Erfahrung und Glaube*. 2. Aufl. Topos-Taschenbuch, Mainz 1979.

Jaspers, Karl: *Einführung in die Philosophie. Zwölf Radio-Vorträge* (1953). Piper, München 1971.

Jung, Carl Gustav: Nach der Katastrophe (1945). In: *Gesammelte Werke Bd. 10: Zivilisation im Übergang* (1945). Hg. von Lilly Jung-Merker / Elisabeth Rüf. Sonderausgabe. 6. Aufl. 2021, §§ 400–443.

Kantowsky, Detlev: *Buddhismus*. 2. Aufl. Aurum, Bielefeld 1994.

Kornfield, Jack: *Frag den Buddha und geh den Weg des Herzens. Was uns bei der spirituellen Suche unterstützt*. Neuausgabe. Kösel, München 2017.

Krastev, Ivan: *Europadämmerung. Ein Essay*. 5. Aufl. Suhrkamp, Berlin 2020.

Marcuse, Ludwig: *Mein zwanzigstes Jahrhundert. Auf dem Weg zu einer Autobiographie*. Neuausgabe. Diogenes, Zürich 2002.

Ders.: *Meine Geschichte der Philosophie. Aus den Papieren eines bejahrten Philosophie-Studenten*. 4. Aufl. Diogenes, Zürich 2008.

Ders.: *Philosophie des Glücks. Von Hiob bis Freud*. Vom Autor revidierter und erweiterter Text nach der Erstausgabe von 1948. Diogenes, Zürich 2006.

Marquard, Odo: *Glück im Unglück. Philosophische Überlegungen*. 3. Aufl. Fink, Paderborn 2008.

Ders.: *Individuum und Gewaltenteilung. Philosophische Studien*. Reclam, Stuttgart 2004.

Ders.: *Philosophie des Stattdessen*. Studien. Reclam, Stuttgart 2016.

Ders.: *Zukunft braucht Herkunft. Philosophische Essays*. 2., erw. Aufl. Reclam, Stuttgart 2003.

McDonald, Kathleen: *Wege zur Meditation. Eine praktische Anleitung* 2., unveränd. Aufl. Diamant, Jägerndorf 1994.

McLeod, Ken: *Wake Up to Your Life. Discovering the Buddhist Path of Attention*. Harper Collins, New York 2002.

Nassehi Armin: *Mit dem Taxi durch die Gesellschaft. Soziologische Stories*. 3. Aufl. Murrmann, Hamburg 2015.

Ders.: *Die letzte Stunde der Wahrheit. Kritik der komplexitätsvergessenen Vernunft*. 3. Aufl. Murrmann, Hamburg 2019.

Neumann, Erich: Die Bildung des Massenmenschen und die Rekollektivierungsphänomene. In: ders.: *Ursprungsgeschichte des Bewusstseins*. Patmos, Düsseldorf/Zürich 2004, Appendix II, S. 447–456.

Ders.: Die Gruppe, der Große Einzelne und die Entwicklung des Individuums. In: ders.: *Ursprungsgeschichte des Bewusstseins*. Patmos, Düsseldorf/Zürich 2004, Appendix I, S. 429–445.

Packer, Toni: *Der Moment der Erfahrung ist unendlich. Meditation jenseits von Tradition und Methode*. Theseus, Berlin 1996.

Pieper, Josef: *Glück und Kontemplation*. Hg. von Berthold Wald. Topos, Ostfildern 2012.

Ders.: *Muße und Kult*. (1948). Mit einer Einf. von Karl Lehmann. Neuausgabe der 5., neu bearb. Aufl. 1958. Kösel, München 2007.

Reckwitz, Andreas: *Die Gesellschaft der Singularitäten. Zum Strukturwandel der Modern*. 3. Aufl., wissenschaftliche Sonderausgabe. Suhrkamp, Berlin 2020.

Shikpo, Rigdzin: *Meditation und Achtsamkeit. Schlüssel zu innerem Vertrauen*. Theseus, Berlin 1999.

Ders. (M. Hookham): *Wende dich niemals ab. Der buddhistische Weg jenseits von Hoffnung und Furcht*. Arbor, Freiamt im Schwarzwald 2009.

Sogyal Rinpoche: *Das Tibetische Buch vom Leben und Sterben*. Vollständige und überarbeitete Taschenbuchausgabe. Knaur MensSana Taschenbuch, München 2020.

Thich Nhat Hanh: *Die fünf Pfeiler der Weisheit. Liebe, Achtsamkeit und Einsicht – der buddhistische Weg für den westlichen Menschen*. Vollständige Taschenbuchausgabe. Droemer Knaur, München 2000.

Ders.: *Vierzehn Tore der Achtsamkeit. Zu einem spirituellen Engagement in der Welt*. Theseus, Berlin 1998.

Ders.: *Wie Siddhartha zum Buddha wurde. Eine Einführung in den Buddhismus*. Neuausgabe. O. W. Barth, München 2020.

Ders.: *Das Wunder der Achtsamkeit. Einführung in die Meditation*. Theseus, Bielefeld 2010.

Thubten, Yeshe: *Die Grüne Tara. Weibliche Weisheit. Grundlagen des buddhistischen Tantra*. Hg. von Sylvia Wetzel. Diamant, München 1998.

Ders.: *Wege zur Glückseligkeit. Einführung in Tantra*. 4. Aufl. Diamant, München 2006.

Tillich, Paul: *Mut zum Sein*. 2. Aufl., Neuausgabe. De Gruyter Berlin, 2015.

Ders.: *Vom Wesen und Wandel des Glaubens (Dynamics of Faith)*. Neu übersetzt, eingeleitet und mit einem Kommentar versehen von Werner Schüßler. De Gruyter, Berlin 2020.

Tugendhat, Ernst: *Selbstbewusstsein und Selbstbestimmung. Sprachanalytische Interpretationen*. 8. Aufl. Suhrkamp, Frankfurt am Main 2010.

Van Schaik, Carel / Michel, Kai: *Das Tagebuch der Menschheit. Was die Bibel über unsere Evolution verrät*. 9. Aufl. Rowohlt, Reinbek bei Hamburg 2020.

Weil, Alfred (Hg.): *Karma*. 2., veränd. Aufl. Beyerlein & Steinschulte, Stammbach 2008.

Ders. (Hg.): *Stiller Geist – klarer Geist. Buddhistische Meditation*. Theseus, Berlin 1998.

Wetzel, Sylvia: *Grüne Tara – freie Frau*. edition steinrich, Berlin 2022.

Dies.: *Das Herz des Lotos. Frauen und Buddhismus*. 2. Aufl. der Neuausgabe. edition steinrich, Berlin 2018.

Zotz, Volker: *Geschichte der buddhistischen Philosophie*. Rowohlt, Reinbek bei Hamburg 1996.

Dank

An dieser Stelle danke ich allen, die direkt oder indirekt an diesem Buch mitgewirkt haben. Die Teilnehmerinnen und Teilnehmer von Kursen und Vorträgen inspirierten mich mit ihren Fragen und Rückmeldungen zu neuen Experimenten bei der Vermittlung meditativer Methoden. Mit Freundinnen, Kolleginnen und Kollegen konnte ich Kurserfahrungen austauschen und neue Ansätze besprechen. Einige lasen erste Entwürfe zu einzelnen Kapiteln und halfen mit wohlwollender und kompetenter Kritik. Karin Burschik danke ich immer noch für die gelungene Zusammenarbeit für die Fassung von 1998. Nach einem Meditationskurs bei mir erklärte sie sich dazu bereit, das Buch anhand meiner Rohfassung neu zu schreiben. Es gelang ihr, dem geschriebenen Text die Klarheit, Lebendigkeit und den Humor der mündlichen Vorträge zu verleihen. An der erweiterten Neufassung und Überarbeitung war sie nicht mehr beteiligt. Meiner Nenn-Nichte Elisa danke ich für die Idee zum Titel dieses Ratgebers: Während unserer Brainstormings besuchte sie mich oft und sang in der Küche ein Lied, das sie gerade gelernt hatte: »Hoch im Himmel, tief auf der Erde, überall ist Sonnenschein.« Unsere Ansprüche und Erwartungen, Wünsche und Sehnsüchte reichen oft hoch in den Himmel, doch leben müssen wir auf der Erde.

Informationen zum Buddhismus

Informationen über Einrichtungen in Deutschland, die einführende Vorträge und Kurse über Buddhismus anbieten, erhalten Sie über den Dachverband der deutschen Buddhisten (DBU) und die von der DBU herausgegebene Zeitschrift »Buddhismus aktuell« (https://buddhismus-aktuell.de).

Deutsche Buddhistische Union (DBU) e. V.
Amalienstr. 71, D-80799 München
Tel.: +49–89–45 20 69 3–0, Fax: +49–89–45 20 69 329
E-Mail: info@dbu-brg.org
https://buddhismus-deutschland.de/

Informationen über buddhistische Gemeinschaften
in Österreich und der Schweiz erhalten Sie über:

Österreichische Buddhistische Religionsgesellschaft (ÖRB)
Fleischmarkt 16, A-1010 Wien
Tel.: +43–1-512 37 19, Fax: +43–1-512 37 19 13
E-Mail: office@buddhismus-austria.at
https://www.buddhismus-austria.at/

Schweizerische Buddhistische Union (SBU)
CH-3000 Bern
https://www.sbu.net/

Entspannung, Meditation, Buddhismus mit Sylvia Wetzel

Biografische Notizen zu Sylvia Wetzel

Geb. 1949. Buddhistische Meditationslehrerin, Autorin, Referentin und leidenschaftliche Netzwerkerin. Gründungsmitglied einiger buddhistischer Projekte, des Aryatara Instituts 1980, des Diamant-Verlags 1983, der Internationalen buddhistischen Frauenorganisation Sakhyadhita 1987, des International Network of Western Buddhist Teachers 1993, des Forums Buddhismus Berlin-Brandenburg (BUBB) 1999 und der Buddhistischen Akademie Berlin-Brandenburg 2001.
Sie studierte Russisch und Politik, Abschluss 1975, befasst sich seit 1968 mit unterschiedlichen Wegen zur psychologischen und politischen Befreiung und seit 1977 mit dem Buddhismus. Ausbildung in der tibetischen Tradition bei Lama Thubten Yeshe, Zopa Rinpoche, Rigdzin Shikpo u. a. und zwei Jahre Praxis als buddhistische Nonne. Wichtige Impulse kommen aus dem Rinzai-Zen, dem Theravada und dem Tara-Rokpa-Prozess. Mit ihrem kritischen Blick auf Kultur und Geschlechterrollen in Ost und West ist sie eine Pionierin des Buddhismus in Europa. In ihren Kursen und Büchern macht sie komplexe Themen in verständlicher Sprache einem breiten Publikum zugänglich.
Sie inspirierte und inspiriert ein vielfältiges Netzwerk lokaler Meditations- und Studiengruppen und bildet Schülerinnen zu buddhistischen Lehrerinnen und Kursleiterinnen aus. Zu den Aktivitäten ihrer Schülerinnen gehören auch diverse soziale Projekt wie z. B. die Unterstützung von Mädchen und Frauen in Indien und Nepal.
Die Autorin hat im Sommer 2021 alle längeren Kurse an die von ihr zum Lehren autorisierten Schülerinnen abgegeben. Sie gibt noch einige Wochenendkurse, meist im Hybrid-Format, d. h. Präsenzkurse mit Möglichkeit der Teilnahme via Zoom. Informationen erhalten Sie über unser Büro (Adresse s. u.).

Kurse von und mit Schülerinnen von Sylvia Wetzel

Autorisierte Lehrerinnen
Sabine Hayoz Kalff. www.buddhazollikon.ch/sabine-h-kalff.php
Agnes Pollner. www.agnes-pollner.de
Lily Besilly. www.besilly.de
Christine Kalkowski. www.christine-kalkowski.de
Alexandra Pfohlmann. www.alexandra-pfohlmann.de
Nives Bercht. www.nives-bercht.de

Kursleiterinnen für Meditation, *Entspannung usw.*
Frau Leo Morgentau. www.morgen-tau.com
Isa Roth. www.isaroth.de
Solrun Jürgensen. solrun.juergensen@ewetel.ne
Brigitte Feige. www.brigitte-feige.de
Zora Michaelis. zora-michaelis@t-online.de

Büro & Informationen über Kurse:
Nives Bercht
Heckmannufer 4a, 10997 Berlin
030/618 12 14
info@sylvia-wetzel.de
www.sylvia-wetzel.de

Texte, Töne und Termine, Bücher und Schriften, Audios und Podcasts

Bücher von Sylvia Wetzel

Achtsamkeit und Mitgefühl. Mut zur Muße statt Hektik und Burnout. 4. Aufl. Klett-Cotta, Stuttgart 2019.

Erwachen und Erlösung. Eine Buddhistin interpretiert das Christentum. Patmos, Ostfildern 2019.

Fühlen ist Leben. Mit schwierigen Gefühlen umgehen. Herder, Freiburg im Breisgau 2018.

Das Herz des Lotos. Frauen und Buddhismus. 2. Aufl. der Neuausgabe. edition steinrich 2018 (1. Aufl. S. Fischer, Frankfurt am Main 1999).

Grüne Tara – freie Frau. edition steinrich, Berlin 2022.

Hoch wie der Himmel. Tief wie die Erde. Einsichten und Übungen zu Liebe, Beziehung und Arbeit. Vollständig überarbeitete und erweiterte Neuausgabe. Patmos, Ostfildern 2022 (1. Aufl. Theseus, Berlin 1999).

Lass los, was dich beschwert. Meditationen für die innere Leichtigkeit. Neuausgabe. Herder 2018 (1. Aufl. unter dem Titel: Leichter leben. Praktische Meditationen zum Umgang mit Gefühlen. Theseus, Berlin 2002).

Meditieren – aber wie? Krisen in der Meditation überwinden. Klett-Cotta, Stuttgart 2018.

Mut zur Muße. Sich Zeit gönnen für das Wesentliche. Scorpio, München 2017.

Vertrauen. Finden, was mich wirklich trägt. Scorpio, München, 2015.

Worte wirken Wunder. Reden mit Herz und Verstand. 2. Aufl., revidierte Ausgabe. Lehmanns, Berlin 2013.

Bücher von Sylvia Wetzel, zusammen mit Luise Reddemann

Reddemann, Luise / Wetzel, Sylvia: *Mögen alle Wesen glücklich sein. Mitgefühl und Gerechtigkeit neu entdecken.* Patmos, Ostfildern 2017.

Reddemann, Luise / Wetzel, Sylvia: *Der Weg entsteht unter deinen Füßen. Achtsamkeit und Mitgefühl in Übergängen und Lebenskrisen.* 2. Aufl. der Neuausgabe. Herder, Freiburg im Breisgau 2018 (1. Auflage 2011).

Books in English

The Heart of the Lotus. A Buddhist Perspective on Women's inner and outer Liberation. BoD, Norderstedt 2015.

Words are Working Wonders. Talking with Heart and Mind. A Buddhist Perspective on Communication. BoD, Norderstedt 2015.

Living with Ease. A Buddhist Perspective on Emotions. BoD, Norderstedt 2015.

Libros en Español

Mujer y Budismo en occidente. Un camino de libertad. Icaria, Barcelona 2001.

La vida mas facil. Ediciones Dharma, Alicante 2006.

Confianza. Icaria, Barcelona 2021.

Beiträge von Sylvia Wetzel in Büchern (Auswahl)

Anfängergeist. In: Luise Reddemann (Hg.): *Zeiten des Wandels. Die kreative Kraft der Lebensübergänge* (Verena Kast zum 70. Geburtstag). Kreuz, Freiburg im Breisgau 2013.

Aufmerksamkeit, Achtsamkeit und Erwachen – buddhistische Perspektiven. In: Reddemann, Luise: *Achtsamkeit in der Psychotherapie* (Lindauer Beiträge zur Psychotherapie und Psychosomatik). 2., überarbeitete Aufl. Kohlhammer, Stuttgart 2017.

Trotz allem Jam-Jam-Jam-Jammer-Zweifel-Kummer – ich lebe gern. In: Astrid Lampe / Peer Abilgaard / Klaus Ottomeyer (Hg.): *Mit beiden Augen sehen. Leid und Ressourcen in der Psychotherapie* (Luise Reddemann zum 70. Geburtstag). Klett-Cotta, Stuttgart 2013.

Die Liebe höret nimmer auf. In: Rudolf Walter (Hg.): *Inspiration für das Leben. Im Dialog mit der Bibel* (Anselm Grün zum 70. Geburtstag). Herder, Freiburg im Breisgau 2015.

Vorwort und Beitrag in: Christa Spannbauer (Hg.): *Im Haus der Weisheit. Spirituelle Lehrerinnen und Lehrer sprechen über ihre Visionen für unsere Zeit.* Kösel, München 2008.

Vorwort in: Agnes Pollner: *Die Weibliche Seite des Buddha. Ein Lesebuch* (mit Geschichten über 70 weise Frauen im Buddhismus). 2., korrigierte und erweiterte Aufl. Theseus, Bielefeld 2010.

Die edition tara libre. Eigenverlag

Texte & Töne. Mitschnitte von Vorträgen und Kursen
http://www.sylvia-wetzel.de/edition.htm
Bezug: bestellungen@tara-libre.org

Texte:
Rund 30 kleine Schriften und 16 Bücher mit Thesen und Kommentaren zu buddhistischen Grundthemen, öffentlichen Vorträgen usw., etwa Kommentare zum Herz-Sutra, zum Lojong und zur Grünen Tara, zu den Bodhisattva-Gelübden und den Paramitas u. a.

Töne:
Vorträge, Übungen, Fragen, Mantras und Lieder:
ca. 80 Titel auf Audio-CDs (2001–2008), über 250 Titel auf MP3-CDs (2000–2021). Wird fortgesetzt. Je € 10 (bis 150 min.), je € 12 (160–400 min.).

Audios & Videos von Sylvia Wetzel im Netz

Es gibt viele Audio- und Video-Mitschnitte von öffentlichen Vorträgen im Netz. Auch Mitschnitte von historischen Konferenzen, z. B. Konferenz Westlicher Buddhistischer Lehrer*innen mit dem Dalai Lama 1993 in Dharamsala, Nordindien, Konferenz Frauen und Buddhismus 2000 in Köln.
Audio- und Video-Aufnahmen sind auch erhältlich bei: auditorium-netzwerk.de

Ausführliches Inhaltsverzeichnis

Vorwort 7
Vorwort zur Neuausgabe 2022 9

Teil 1: Ich und die Welt 11

1. **Wurzeln und Flügel** 13
   Halt in unsicheren Zeiten – Heilige Orte, Zeiten und Worte – Heimat, Feste und Lieder – Spielen, Stimmigkeit, Schönheit und die Gesetze des Lebens – Eigene und andere Kraft – Vertrauen in andere, in mich und ins Große Ganze – Dankbarkeit und Freude als Heilmittel für Sorgen – *Zehn Übungen: Heimat und Welt – Halt in unsicheren Zeiten – Heilige Orte, Zeiten und Worte. Heimat, Fest und Lieder – Spielen, Stimmigkeit, Schönheit – Eigene und andere Kraft – Vertrauen in andere, in mich und ins Große Ganze – Meine Lieblingssorgen – Dankbarkeit – Sternstunden oder Momente des Wohlbefindens – Vier Schritte zu tiefer Einsicht*
2. **Frei und geborgen** 28
   Frei und geborgen, gleich und verschieden – Individuum und soziales Wesen, Raum und Kontakt – Täuschungen und Enttäuschungen, gültige Konzepte – Ohnmacht, Wut und Angst – Erwartungen und Ansprüche, Wünsche und Hoffnungen – *Vier Übungen: Aufhänger, Stimmung, Hintergrund (1) – Gleich und verschieden – Frei und geborgen – Raum und Kontakt*
3. **Individuum, Gesellschaft und Politik** 35
   Individuum, Gruppe und Masse – Karma und Gerechtigkeit: Warum gibt es so viel Leid? – Himmel und Hölle und die Erde auf Erden – Die Welt als Spiegel 2.0: Feindbilder und Kooperation – Hass wird nicht überwunden durch Hass – *Sechs Übungen: Individuum, Gruppe und Masse – Karma und Gerechtigkeit: Warum so viel Leid? – Himmel und Hölle und die Erde auf Erden – Die Welt als Spiegel 2.0 – Hass wird nicht überwunden durch Hass – Wunschgebete*

4. **Erwachsen werden und Erwachen** 44
Ich und die anderen: Standpunkte und Perspektiven – Kreativ streiten: Kreativ statt reaktiv – Gier und Sehnsucht – Alte Wunden heilen – *Fünf Übungen: Ich und die anderen: Standpunkte und Perspektiven – Kreativ streiten: Kreativ statt reaktiv – Gier und Sehnsucht – Alte Wunden heilen – Aufhänger, Stimmung, Hintergrund (2)*

Teil 2: Beziehungen 53

5. **Liebe und Anhaftung** 55
Was ist Liebe? – Vier Merkmale – Reichtum und Mangel – Wahrnehmen und Idealisieren – Wachsende Zuneigung – Ent-Täuschung und Hass – Wenn es wehtut, ist es keine Liebe – Wege zur Liebe – *Übung: Liebe und Anhaften* – Verantwortung übernehmen – *Übung: Verantwortung übernehmen*

6. **Die Welt als Spiegel** 65
Neigung und Erfahrung – Innen und Außen – Stimmung und Hintergrund – Schuldgefühle, Größenwahn und Grübeleien – Der Blick in den Spiegel – *Übung: Innen und Außen*

7. **Den inneren Reichtum entdecken** 73
Die acht »weltlichen« Dinge – Die guten Seiten des Lebens – *Übung: Die fünf Sinne* – Das kostbare Menschenleben – *Übung: Mein Leben ist kostbar* – Buddha-Natur – Leben ist ein Geheimnis – Die Klarheit des Geistes – Spontanes Mitgefühl – Stabiles Selbstwertgefühl – *Übung: Offenheit, Klarheit, Feinfühligkeit* – Sternstunden – *Übung: Sternstunden*

8. **Vier heilsame Haltungen** 84
Gefühle und mögliche Reaktionen – Angenehme Gefühle und Anhaftung – Freude, Dankbarkeit und Liebe – Freude und Mitfreude – *Drei Übungen: Was klappt im Leben? – Mitfreude – Neid als Weg zum »Mehr«* – Unangenehme Gefühle und Abwehr – Mitgefühl – *Drei Übungen: Nehmen und Geben – Mitgefühl – Mitgefühl als Weg* – Gleichmut – *Zwei Übungen: Freund, Feind, Fremde – Gleichmut*

9. Schmerzhafte Emotionen umwandeln 101
Urteilen und spiegelgleiches Gewahrsein – *Übung: Spiegelgleich wahrnehmen* – Überheblichkeit und Gewahrsein der Gleichheit – *Übung: Verbindung spüren* – Anhaften und unterscheidendes Gewahrsein – *Übung: Wert zuschreiben* – Neid und Gewahrsein des klugen Handelns – *Übung: Zusammenhänge erfassen* – Ärger und Gewahrsein der Wirklichkeit – *Übung: Die Wirklichkeit erkennen*

10. Ethisch handeln 115
Fünf ethische Richtlinien – Gewaltlosigkeit – *Zwei Übungen: Erfahrungen mit Gewalt – Konflikte und Wachstum* – Großzügigkeit – *Zwei Übungen: Geben können – Ausgewogene Beziehungen* – Sexualität und Liebe – *Übung: Treue* – Geistige Klarheit – *Übung: Konsum und Beziehungen* – Eigene Maßstäbe setzen – *Übung: Meine eigenen Regeln* – Heilsame Beziehungen – *Übung: Beziehungen und Ethik*

11. Heilsames Reden 130
Rechte Rede – Lügen haben kurze Beine – *Übung: Lügen* – Hast du schon gehört, dass …? – *Übung: Klatsch und Tratsch* – Und Worte treffen das Herz – *Zwei Übungen: Und Worte treffen das Herz – Verletzen* – Schweigen ist Gold – *Übung: Schwätzen*

Teil 3: Arbeit 141

12. Was, wie und warum wir arbeiten 143
Was ist Arbeit? – Arbeitsmotive – *Übung: Warum arbeiten Sie?* – Der Arbeitsplatz – *Zwei Übungen: Mein Arbeitsplatz – Mein Verhältnis zu den Menschen an meinem Arbeitsplatz* – Der ideale Arbeitsplatz – *Übung: Der ideale Arbeitsplatz* – Talente entdecken: Die fünf Fähigkeiten

13. Achtsamkeit 151
Körperempfindungen – Gefühle und emotionale Reaktionen – *Drei Übungen: Unangenehme Gefühle – Angenehme Gefühle – Neutrale Gefühle* – Grundstimmung – *Übung: Stimmung* – Gedanken – Wahrnehmen befreit – Gedanken können heilen – *Übung: Heilsame Gedanken säen*

14. Sammlung und Energie 162
Prioritäten setzen – *Übung: Prioritäten setzen* – Rechtes Bemühen – *Übung: Rechtes Bemühen* – Sammlung und Energie durch Freude – Freude am Heilsamen – Müdigkeit und Trägheit überwinden – Abwehr – Selbstzweifel – Falsche Prioritäten

15. Vertrauen und Einsicht 172
Drei Arten von Vertrauen – Vertrauen fördern – Selbstvertrauen – Einsicht – Leiden verstehen – Unbeständigkeit verstehen – Die Wirklichkeit verstehen – Weder Ich noch Gott – *Übung: Das ist mein Gott* – Fähigkeiten in Kräfte verwandeln

16. Fünf Hindernisse 182
Verlangen – *Übung: Heilende Sammlung* – Abwehr – *Übung: Ärger* – Trägheit – *Zwei Übungen: Prioritäten klären – Trägheit und Energie* – Zweifel – *Zwei Übungen: Zweifel und Unentschlossenheit – Eine aktuelle Entscheidung* – Unruhe – *Übung: Unruhe und Sorgen*

Teil 4: Der buddhistische Weg in Glück und Leid 191

17. Leiden und seine Ursachen 193
Leiden – Abwehr und Verlangen – Unwissenheit – Das Ende vom Leiden

18. Der achtfache Pfad 200
Rechtes Handeln – Rechte Rede – Rechter Lebenserwerb – Rechtes Bemühen – Rechte Achtsamkeit – Rechte Sammlung – Rechte Einstellung – Rechte Einsicht

19. Üben – warum und wozu? 210
Vier Motive bzw. Absichten – Zum Wohle aller: Der Bodhisattva-Weg – Eigene und andere Kraft und realistischer Optimismus

20. Die regelmäßige Übung 215
Wahl der Übung – Ort und Zeit – Körperhaltung – *Sieben Übungen: Die Erde spüren – Den Raum spüren – Den Atem spüren – Den Körper spüren – Gehen – Gedanken beobachten – Liebe* – Zuflucht

Zum Abschluss 228
Anhang 229
Überblick über die Übungen
Anmerkungen
Leseempfehlungen
Dank
Informationen zum Buddhismus
Entspannung, Meditation, Buddhismus mit Sylvia Wetzel
Ausführliches Inhaltsverzeichnis